Giacinto Maddalena

El síndrome del subdesempeño satisfactorio

Trazos de negociación colectiva en Bolivia

a caballo de los últimos dos siglos

I0491441

En la portada del libro *Tesis de Pulacayo*, Mural del Grupo Apacheta, La Paz, Bolivia.

A Mabel, cómplice y mentor de mi amor hacia ella y Bolivia.

ÍNDICE

PÁGS.

PREFACIO 7

PRESENTACIÓN 13

PREAMBULO 17

CAPÍTULO I GLOBALIZACION, DESGLOBALIZACION 23

CAPÍTULO II TEORIA DEL NEGOCIO DE RECURSOS HUMANOS 29

CAPÍTULO III RELACIONES INDUSTRIALES Y RECURSOS HUMANOS 41

CAPÍTULO IV DERECHOS DE ASOCIACIÓN Y REPRESENTACIÓN 61

CAPÍTULO V FORMAS DE PARTICIPACIÓN DE LOS TRABAJADORES 73

CAPÍTULO VI EL SISTEMA DE RELACIONES INDUSTRIALES EN BOLIVIA 79

CAPÍTULO VII ESTUDIO DE CASO: "ACUERDO DEL LAGO" 115

APÉNDICE: INTRODUCCION Y TEXTO DEL ACTA "ACUERDO DEL LAGO" 149

GLOSARIO 255

BIBLIOGRAFÍA 256

PREFACIO

Uno de los privilegios profesionales de mi estadía en Bolivia fue conocer y tratar con gente interesante, que no suele ser la que goza de fama y ocupa cargos públicos. Entre los muchos bolivianos de lujo que conocí, ninguno me impresionó tanto como Líber Forti. Forti fue un mito del anarquismo latinoamericano y un referente moral y humano irrepetible para los que pensamos que la coherencia entre lo que se dice y lo que se vive es posible.

Lo conocí en el 2001 en Cochabamba poco tiempo después de llegar a Bolivia para tomar el cargo de Director de Recursos humanos de la Empresa Nacional de telecomunicaciones de Bolivia, ENTEL.

A Liber me lo presento Juan León, Director en ese entonces de Relaciones institucionales de Entel. Casi lo puedo escuchar diciéndome: "Nino quiero que conozcas a Liber Forti, estoy seguro que te encantará". Tuvo mucha razón, como la tuvo algunas semanas antes cuando me llevó a conocer a un gigante del sindicalismo boliviano, anciano ya pero siempre gigante: Juan Lechín Oquendo.

Líber tenía la mirada pícara y el verbo cálido y cautivador, porque el siglo XX era su biografía y su espejo, tan movido y novelesco como su propia vida.

Por mi parte me pareció interesante comentarle la gestión de cambio que estábamos llevando a cabo con el sindicato "Fesentel" en ENTEL. Le ilustré el novedoso convenio que estábamos por firmar y que constituye la viga maestra de esta publicación. Aceptó de excelente humor y me pidió le dejase una copia para leer el documento con atención y que luego me enviaría su opinión a La Paz.

Continuando la agradable velada Liber notó mi genuino interés por escuchar su historia, su pensamiento y su opinión sobre la sociedad boliviana y el sindicalismo. Sorbiendo su café se levantó de su escritorio, se sentó a mi lado en los sillones de su salita y entre bocanadas de humo comenzó a contarme su historia.

Germinal Liber Forti Carrizo, más conocido como Liber Forti nació en Tucumán en 1919. Llegó a Tupiza en 1923, junto a su familia que huía de la persecuci política a los ferroviarios argentinos. Su padre, el mecánico italiano Mario Forti, sindicalista anarquista, eligió esa ciudad, ubicada a escasa distancia de Villazón, colindante con La Quiaca (Argentina), donde instaló la Imprenta–Librería "Renacimiento".

Liber Forti aprendió a leer en Tupiza y a amar a Bolivia. Allí, me dijo, encontró "el divino rincón de la fraternidad y el amor por una gente trabajadora".

En 1946, junto a un grupo de jóvenes tupiceños, fundó el Conjunto Teatral "Nuevos Horizontes", convirtiéndose en el centro de creación cultural anarquista. Liber entró en contacto con la Federación Sindical de Trabajadores Mineros de Bolivia y participó en la fundación de la Central Obrera Boliviana. Había sido el ideólogo de la independencia política de la COB y la FSTMB. En 1961 asumió el cargo de Secretario de Cultura de la FSTMB y después de la misma COB al lado de Lechin Oquendo.

Lo que más me impactó de esta historia, es el hecho que Liber con su grupo teatral, llevó un teatro itinerante a la gran mayoría de minas bolivianas, a espectadores que veían conmovidos y extasiados el teatro por primera vez en su vida. "Eran esos los obreros que tanta gente los considera ignorantes e ineptos para las emociones artísticas serias" me dijo Liber.

Dos semanas después de encontrarlo, Liber me envió algunos comentarios sobre el cambio del sistema de relaciones industriales que estábamos instalando en Entel. A continuación quiero compartir dicho texto escrito por Liber Forti como prefacio del libro.

Liber falleció en Cochabamba en el 2015. Un honor haberlo conocido.

Giacinto Maddalena

El cambio en las relaciones industriales

Poco trabajo cuesta, porque resalta, encontrar la presencia de la voluntad de cambio para cambiar, en los textos del llamado "Acuerdo del Lago", Puerto Pérez, del 7 de junio de 2001, firmado entre los representantes de la empresa ENTEL y los trabajadores, Fesentel.

Pareciera que las vueltas y coqueteos de la historia maduran con el transcurso del cernidor del tiempo.

Años hace que, en los vericuetos de las luchas por conseguir, los unos mayores niveles de vida, y los otros por aumentar sus ganancias — representadas esas partes, respectivamente, por sus sindicatos y por empresas monopólicas, y otras aspirantes a serlo — aparecen voces, intentos de ahorrar energías de ambas partes, sustituyendo en espera de lo que la evolución de las sociedades puede traer, la característica belicosa de las aspiraciones en lucha de los contendientes, por términos de acuerdos posibles que se condensaron en las llamadas tentativas de cogestión obrero - patronal; que nuestro país también llegó a lograr y que no es del caso historiar.

Esa voluntad, parece, ha madurado con el tiempo, aun en nuestro país, como lo expresa el motivo que comentamos, del Acuerdo del Lago, que señala no solamente para el país, sino para la región sudamericana, por lo menos, y, porque no, para el continente, un rumbo novedoso y que se enlaza a una madurada voluntad de cambio para cambiar.

¿Fruto de la obligada -los medios de comunicación señalan- observancia de lo que sucede con las diferencias de pensamiento político, de credo religioso, de influencias y aspiraciones culturales, étnicas, etc. que culmina en este crepitar de guerras criminales -como todas-- que significan un desarrollo histórico de la codicia y crueldad de que lastimosamente es capaz la especie?

¿Producto de la consideración de estudiosos empresariales y tecnológicos, que ante el anatema centralizador y monopólico de los "grandes" que día a día fusionan gigantes para serlo más, y ante lo que se arriba a la conclusión de que la primera fusión que, para subsistir, es necesario lograrla de entre los que integran el conglomerado de trabajadores, empleados, administrativos, técnicos, directivos de una empresa de servicios que reclama un lugar bajo el sol?.

O, finalmente, ¿florecimiento de las particulares sensibilidades humanas de unos y otros, laborales y empresarios, por el rechazo de sus sentidos a hundirse también en las náuseas de las contiendas de lobos desatados en el lado oscuro del ser, por motivos económicos, religiosos, políticos, étnicos u otros?.

Resultado de alguna, o de todas esas posibles motivaciones, ahí está el citado Acuerdo del Lago, cuya simplificación en términos sencillos podría traducirse así: "Entel: Bueno...el panorama de la competitividad establecida por los monopólicos y poderosos, así como por el de las variantes tecnológicas con que la justifican, y de todo lo cual hemos hecho conocer a ustedes, nos lleva a elaborar una estrategia empresarial cuyos términos son los siguientes, y que buscan asegurar tanto el funcionamiento de nuestra entidad como el de asegurar las fuentes de trabajo que la misma ofrece...

"Fesentel: Por toda la información que nos han hecho ustedes conocer, nos damos cuenta de que el tiempo venidero es difícil para la empresa y para nosotros, consiguientemente...Por eso, damos acuerdo a medidas ineludibles, pero queremos que ustedes conozcan también nuestra problemática, resultado de nuestros salarios, horarios, viáticos, seguros, etc...

Y creemos que sin dejar de lado nuestro planteo de algunas medidas que ustedes puedan aportar a la solución de nuestra problemática, corresponde que unamos esfuerzos en procura de facilitar las mismas...".

Y es claro que los tira y afloja puedan proseguir, entre Ente! y Fesentel, pero sobre la nueva base de que ellos serán tratados con un espíritu renovado, de que conseguirlos es obra de un incesante concordar, a través de las herramientas que establece el Acuerdo del Lago, como el diálogo sistemático y permanente, o como esa Comisión para la Formación... y otras que tal vez el funcionamiento del Nuevo Sistema de Relaciones Industriales, acordado por las partes, pueda requerir...

Y entre las que, ojalá para cultivar y asegurar el cambio para cambiar, podría llegar a sustanciar la de una Comisión de Cultura...

Porque siendo de Perogrullo la verdad de que el ser humano realiza un conjunto de necesidades físicas y espirituales, será de interés común, de ENTEL y Fesentel, el de procurar atender así como a la formación tecnológica, a la de la atención de las tendencias, vocaciones, hasta instintivas, por ejemplo a las actividades artísticas y por lo tanto culturales, que son las que para y desde el individuo, la unidad, lo humanizan, con el ejercicio de sus sentidos, que integran su irrenunciable sensibilidad e imaginación.

Así, la revolución apuntada al comienzo, de que el Acuerdo del Lago muestra una voluntad de cambio para cambiar... se completaría positivamente con la de que esto sea para humanizar, o neohumanizar al individuo y su proyección que es la colectividad, lo que constituye una hasta inconsciente -por eso a veces escondida – voluntad de la especie... de nuestra especie, de la que "no debemos diferir"...

Agosto de 2001

Liber Forti

PRESENTACION

Lo que me impulsó a escribir este libro, es el deseo de dar un testimonio de los efectos que conllevará y los cambios que tendremos que manejar una vez que haya pasado la emergencia de salud del covid 19. Hablo de testimonio porque a principios de siglo estuve involucrado como Director de Personal de Entel para gestionar los efectos sobre los empleados y sindicatos de un cambio feroz y urgente de una empresa monopolística a una en el mercado libre.

Pero, ¿de qué sirve escribir sobre experiencias laborales, además de un periodo del pasado, frente a cientos de víctimas diarias y desastres económicos que se pueden vislumbrar en el futuro?

Pienso que una vez que salgamos del encierro contaremos los escombros causados por la pandemia y mi interés por continuar escribiendo este libro se acrecenta.

En particular, vuelvo a mi reflexión sobre las diferencias entre los dos mundos el año 2000 en Bolivia y el de hoy: En el presente nos encontramos con un mundo caótico y paradójico, un mundo globalizado y desglobalizado, asimétrico e inestable, y además con un Cisne negro como Covid 19, encaramado en nuestras cabezas.

Desde finales de febrero, las oficinas de las empresas trabajan de forma remota en el trabajo inteligente, han cambiado los horarios de los turnos, y suspendieron las reuniones presenciales. En estos días el internet se ha convertido en algo tan indispensable en el hogar como el agua o luz. Después de vivir esta nueva experiencia teniendo a internet como principal aliado, no se podrá ya volver sobre nuestros pasos.

Las personas mayores descubrieron la computadora y comenzaron a ordenar todo en la web. Se acostumbraron a pagar con instrumentos digitales y no con efectivo. Cuando termine la pandemia, es poco probable que estos consumidores regresen a sus anteriores costumbre y las empresas italianas se están quedando atrás en este frente.

Es probable que el efecto y las consecuencias del bloqueo y la tecnología sea explosivo si no se encuentran nuevos paradigmas de confrontación entre empresas, trabajadores, sindicatos, organizaciones empresariales e instituciones, en resumen, si no se encuentran nuevos modelos de relación.

¿Cómo cambiarán las formas de relacionarse para gestionar un proceso tan difícil y delicado? ¿Cuáles pueden ser las prácticas y los métodos de comparación entre las partes? ¿Cómo involucrar a los empleados? Estas son algunas de las preguntas que me hago y creo que todas nos conciernen. Preguntas que surgieron en el 2000 en Bolivia y que curiosamente surgen de nuevo hoy.

En el 2000, Entel tuvo que enfrentarse a una conversión feroz en todos sus sectores: técnico, comercial y de soporte. Tenía 2.000 empleados, la mayoría de los cuales, no contaba con las habilidades necesarias para enfrentar el desafío, con el agravante que para que la empresa fuese competitiva se requería menos de la mitad de ese número de capital humano.

El tiempo para enfrentar el libre mercado era muy corto y aunque ENTEL fue privatizada en 1997, era una empresa monopolista, que no conocía el mundo de la competencia y que había reinado siempre sola.

En resumen, este cóctel explosivo, difícil de manejar para cualquiera, fue finalmente domado y la transformación se completó con gran éxito.

El resultado se obtuvo con la transformación de la empresa tanto en lo económico como en lo social. Entel introdujo, quizás por primera vez en América Latina, métodos de negociación con organizaciones sindicales que aún hoy son "optimas practicas" en temas conflictivos.

Según el Reporte de Competitividad 2020 del World Economic Forum, Bolivia ocupa la posición 135, entre 141 países, del pilar del mercado laboral. "Eficiencia en el Mercado Laboral". Este valor es el más bajo en comparación con los de los otros pilares que forman el conjunto de valores que componen el "Índice de Competividad Global".

Esta situación refleja la poca atención que en Bolivia prestan las entidades públicas y las empresas a la gestión de Recursos Humanos y al Sistema de Relaciones Industriales. Bolivia vivió un período de gran efervescencia en torno a temas laborales en los años cuarenta y cincuenta. La Tesis de Pulacayo, la Ley General del Trabajo y la Reforma Agraria constituyeron un hito en la historia laboral de Latinoamérica.

Pero, con el paso del tiempo, las ideas decayeron y todo quedó congelado en la arcaica Ley General del Trabajo de hace 80 años, y tampoco la actual Constitución Política del Estado ha realizado ninguna innovación al respecto.

Evidentemente, tras un éxito inicial, Bolivia ingresó en un largo período de inercia, con prácticas mediocres, que declinaron en el *llamado "síndrome del subdesempeño satisfactorio".*

En ese sombrío panorama, hubo un resplandor cuando ENTEL y su Federación Sindical, en el 2002, firmaron un inédito Convenio Colectivo de Trabajo denominado "Acuerdo del Lago".

Éste marcó un quiebre con el pasado, al poner en marcha un modelo de Relaciones Industriales que, aún hoy, se constituye en una "best practice" reconocida por organismos internacionales.

PREAMBULO

En los albores de la era industrial, en Gran Bretaña y Norte América, las asociaciones sindicales se enfrentaron tenazmente con las asociaciones empresariales para regular las condiciones del trabajo. Los sindicatos no eran solo organizaciones para dar voz a los trabajadores, sino que se convirtieron también en un sujeto colectivo, un actor destinado a entrar directamente en escena con otros actores, en la mayoría de los casos con empresas, con las cuales se establecía una "relación" de colaboración y participativa una veces y otras, conflictiva.

Al conjunto de estas "relaciones" entre sindicatos y asociaciones empresariales se le ha atribuido, al pasar los años, el término de "relaciones industriales". La expresión se difundió rápidamente en el mundo y llegó a Bolivia donde fue ampliamente aceptada. Actualmente, a veces, viene reemplazada con el término "relaciones laborales" o "relaciones sindicales".

Sin embargo, el origen de la expresión ha dejado una huella sobre lo que representa o define y sobre lo que excluye. La palabra "relaciones" define una conexión estable, duradera en el tiempo y no solo ocasional entre los actores. Implica alguna forma de transacción voluntaria y no solamente una relación marcada por la autoridad.

Con el transcurso del tiempo, las relaciones industriales se han ido acercando al sistema político, cruzándose de alguna forma con él. Los sistemas políticos, a menudo, han intervenido en el ámbito de las relaciones industriales ya sea con fines de promoción u otros.

Las relaciones industriales han atravesado, también, fases de elevada conflictividad, en las cuales el elemento de la voluntariedad, que caracteriza las relaciones, llegó a ofuscarse hasta el punto de desaparecer. En esos momentos (al final de los años sesenta en Italia y en Francia, o en algunos países de América Latina de hoy, incluida Bolivia) se han difundido conflictos "a suma cero" y la lucha de clases con pocas mediaciones se reveló, a veces, en toda su aspereza.

Son los momentos en los que aparecen los llamados: "objetivos no negociables", por ejemplo, la abolición de la organización capitalista del trabajo. Estos objetivos que mal se condicen con la estructura de las relaciones industriales, pueden ser solicitados por exigencias de identidad de las organizaciones sindicales.

La expresión "relaciones industriales" debería, por tanto, ser limitada a las situaciones en las que se encuentren presentes elementos relevantes de "voluntariedad" y de intercambio de transacciones.

De la premisa "voluntariedad" deriva el carácter "consensual" de las relaciones industriales y los dos conceptos se encuentran estrechamente relacionados.En el desarrollo normal de las relaciones, más allá de las polémicas típicas, es necesario que las partes que negocian lleguen a un consenso para encontrar soluciones. Como enseña el popular dicho: "Se requiere de dos para bailar el tango".

Al identificar, también, el origen anglosajón de la expresión "relaciones industriales", se encuentra la palabra "industriales" que deriva del inglés *industry*, término con el que se hace referencia a todos los sectores de actividad económica, incluidos los del sector terciario. Por ello, no causa extrañeza que se hable de "relaciones industriales" en la administración pública.

Las relaciones industriales se refieren, en la realidad económica-social, política e institucional, a los comportamientos de los varios actores implicados. En este sentido es que el tema de relaciones industriales ha despertado la atención de un amplio número de disciplinas: desde la economía, derecho, sociología pasando por la ciencia política, hasta la psicología industrial y del trabajo.

En este libro se examinarán las relaciones industriales con el enfoque de Recursos Humanos, es decir, de quien en la empresa tiene la responsabilidad de contribuir a la gestión del personal, ya sea desde un punto de vista individual o a través de sus representantes, o sea, a través de las organizaciones sindicales.

El lector puede pensar que lo comentado hasta el momento, tendría sentido si viviéramos en países desarrollados. Pero, ¿acaso tiene sentido hablar de desarrollo del capital humano en la empresa en un país como Bolivia, caracterizado por la pobreza, el desempleo y la exclusión social secular; donde la mayoría de la población tiene necesidades básicas insatisfechas, donde aun demasiados sobrevive bajo la línea de la pobreza; donde el 80% de la población ocupada se encuentra en micro o pequeñas empresas con un importante sector de empleados que trabaja por cuenta propia y donde solo el 20% de los ocupados lo hacen en medianas y grandes empresas; y donde la corrupción alcanza elevados valores en la escala mundial?

Si nos limitamos a estos datos parecería fuera de contexto hablar de técnicas o metodologías de última generación en la gestión de Recursos Humanos, cuando el problema de la mayoría de los bolivianos es cómo poder hacer alcanzar hasta el fin de mes su salario. Existen por lo menos cinco motivos que nos llevan a afirmar que sí es necesario ocuparse de estos temas, pese al contexto antes descrito.

1. Cabe destacar que solo el 20% de los asalariados trabaja en medianas y grandes empresas y es, precisamente, este 20% el que contribuye con el 70% del Producto Interno Bruto, PIB, del país. Por lo tanto, no se puede descuidar esa parte de capital humano, porque al hacerlo se pondría en riesgo el PIB Boliviano.

2. Bolivia se ubica en el antepenúltimo puesto de competitividad en América Latina, según el Informe Global de Competitividad 2020 y ocupa el puesto 107 de 141 países examinados. De acuerdo al informe Singapur es la economía más competitiva de los países evaluados, seguido por Estados Unidos y Hong Kong, mientras n América Latina el liderazgo lo mantienen Chile seguido de México y Uruguay. En los últimos puestos de América Latina, despues de Bolivia estan Nicaragua y Venezuela.

Según el report Bolivia registra sensibles desventajas competitivas en tema de recursos humanos, relaciones laborales y administración de empresas siendo sus valores en los lugares mas bajos del ultimo cuartil de la distribución de los 141 paises examinados

Veamos los mas importantes entre12 pilares del report con indicación del lugar ocupado:

- Skills de la fuerza de trabajo actual: 124
- Calidad de la formación gerencial y profesional: 103
- Pensamiento critico: 127
- Flexibilidad: 140
- Cooperación Obrero Patronal: 134
- Flexibilidad del salario: 129
- Meritocracia: 110
- Sueldo y productividad: 133
- Calidad de *management*: 132
- Capacidad de Innovacion: 124
- Investigacion y desarrollo: 119
- Comercializacion: 104
- Participación de las mujeres: 82

Doing Business es un informe anual del Banco Internacional de Reconstrucción y Fomento y del Banco Mundial que investiga las regulaciones que favorecen la actividad empresarial y aquéllas que las oprimen.

Este informe presenta indicadores cuantitativos sobre las regulaciones empresariales de 190 economías, desde Afganistán hasta Zimbabwe, y a través del tiempo.

El informe cubre las regulaciones que influyen en once áreas del ciclo vital de una empresa: apertura de una empresa, manejo de permisos de construcción, obtención de electricidad, registro de propiedades, obtención de crédito, protección de inversores, pago de impuestos, comercio transfronterizo, cumplimiento de contratos, resolución de la insolvencia y empleo de trabajadores.

Es evidente que muchos de los parámetros del *Doing Business* están relacionados a la preparación profesional y al manejo de las empresas privadas o del Estado que tienen a cargo dichas regulaciones.

Bolivia ocupa el lugar 150 del ranking mundial 2020, cuarta ultima en América Latina y Caribe.

Cabe mencionar que muchos de los gobiernos populistas, en particular de Latinoamérica, comprendido el de Bolivia, afirman que los organismos internacionales que hemos mencionado (World Bank, World Economic Forum y Transparency International) u otros dedicados a la calificación de riesgos como Standard & Poor's, Moody's y Fitch Group son hijos de métodos neoliberales, colonialistas e imperialistas.

A menudo, algunos países elaboran métodos domésticos diseñados por los gobiernos de turno y con cuyos datos, que no tienen relevancia o comparación internacional, salen siempre "campeones".

Lo que pasa es que los estatutos y accionistas de las grandes compañías internacionales y en particular las *public company*[1], (comprendidas las de los países marxistas) prevén que la empresa deba tener en consideración, antes de invertir en un país, los datos de los organismos internacionales antes mencionados.

Esto condiciona, naturalmente, que se lleven a cabo inversiones produc-

---

[1] Una public company (literalmente en español: compañía pública) es un tipo de empresa autorizada a ofrecer a la venta sus títulos valores (acciones, bonos, etc.) al público en general, típicamente a través de una bolsa de valores. Ejemplos de public company son: Industrial and commercial bank of China, JP Morgan Chase, General Electric, Exxon Mobil, Shell, Chevron, Wolkswagen, AT&T, Samsung, Nestlé, Vodafone, Siemens, etc.

tivas e industriales en Bolivia que continua caracterizándose como un país de economía informal y proveedor de materias primas con muy escaso desarrollo de industria local, con la consecuencia de que las grandes compañías estatales de hidrocarburos o telecomunicaciones o de energía, como YPFB, ENTEL y Ende (que representan más del 85% del PIB) adquieren, en el exterior y ante los países "imperialistas y colonialistas", más del 90% del valor de las compras dada la inexistencia de industria local.

3. El tema ligado a la ética en los negocios, asume una particular relevancia en el país, dado que la percepción de corrupción en el ámbito internacional es elevadísima: Bolivia resulta en el lugar 123 de 180 países examinados y décimo a partir del último en América Latina y el Caribe, según la encuesta de Transparency International, 2019.

Administrar con éxito los recursos humanos no significa gestionar personas, sino sus comportamientos y actitudes. Lograr un comportamiento ético en los negocios y empresas puede constituir un motor de progreso y de éxito.

4. Otra oportunidad de mejora para la economía y el mundo del trabajo en Bolivia está constituida por las grandes potencialidades de un Sistema de Relaciones Industriales acorde al nuevo milenio.

Pese a la gran historia y tradición sindical del país, conocida en todo el mundo, con raíces sindicales mucho más profundas que en otros países latinoamericanos, en Bolivia las relaciones industriales se encuentran como estaban en Europa en los años cincuenta del siglo pasado. Parece que el reloj de la concertación laboral —salvo contadas excepciones— se detuvo hace decenas de años. El enfrentamiento y la incomunicabilidad caracterizan las relaciones entre el mundo empresarial y el mundo sindical, ambos ciegos frente a la oportunidad de crecimiento que conlleva la dialéctica y la participación.

Quien se ocupa de relaciones industriales en Bolivia (empresarios, Central Obrera Boliviana, Ministerio de Trabajo y microempresa) tiene el deber de revertir esta situación por las notables potencialidades que tiene el sistema y así, también, revertir años de historia. Sería falso, o serviría solo como fachada, sostener la centralidad que tienen los recursos humanos en el sistema de desarrollo económico y social de Bolivia, sin contar con un canal abierto de discusión entre las empresas y los trabajadores.

5. Otra oportunidad que brinda una gestión inteligente y de valorización del capital humano, es la posibilidad de evitar prácticas discriminatorias que tiendan a segmentar o segregar una o más partes de los recursos humanos de la empresa, sobre todo, en un país como Bolivia que, debido a su diversidad étnica, cultural y lingüística, tiene elevados índices de discriminación.

El lugar de trabajo —sea en una fábrica, oficina, plantación, granja, hogar o la calle— es un punto de partida estratégico para erradicar la discriminación en la sociedad. Cuando al lugar de trabajo asisten personas de distintas características y se les proporciona un trato justo, se combaten estereotipos de la sociedad en su conjunto. Con ello se impone la posibilidad de construir una situación en la que se puede neutralizar y superar los prejuicios.

En este sentido, un ambiente de trabajo socialmente integrador contribuye a prevenir, e incluso a remediar, la fragmentación social, los conflictos raciales y étnicos, así como las desigualdades entre hombres y mujeres.

De no reforzarse la capacidad para abordar eficazmente la discriminación en el lugar de trabajo, resultará más difícil enfrentarse a los retos que plantean el aumento de la migración interna y externa; la evolución tecnológica sin precedentes; la transición a las economías de mercado, con sus ganadores y perdedores; y la necesidad de acomodar y conciliar idiomas, culturas y valores diversos, para que coexistan en armonía. Esta tarea quizás sea la que entraña un mayor reto para la sociedad contemporánea boliviana y resulta además fundamental para la paz social y la democracia.

Capítulo I

Globalizacion, desglobalizacion, covid 19, revolucion digital

Desde la época del presidente de Estados Unidos, Ronald Reagan, y la primera ministra británica, Margreth Thatcher, las virtudes del libre mercado se han profesado en todo el mundo, como un generador de riqueza, pero también como el único futuro posible después de la caída de la Unión Soviética.

Aquí presento algunas citas de representantes de las mayores potencias mundiales, que muestran la evolución de las cosas hasta nuestros días.

Comencemos con el hijo de George W. Bush: *"Para competir con cualquier persona en el mundo, debemos confiar en los trabajadores estadounidenses, apoyándolos con la apertura de nuevos mercados en el extranjero. Hoy, nuestro crecimiento económico depende de nuestra capacidad de vender bienes, productos agrícolas y servicios estadounidenses en todo el mundo. Gracias a los acuerdos de libre comercio, pudimos acceder más fácilmente a unos 100 millones de clientes"*[2].

Ahora pasemos a las declaraciones del presidente Donald Trump, quien en 2017 declaró: *"De ahora en adelante, una nueva visión de las cosas gobernará nuestra tierra. A partir de este momento, el eslogan será: Estados Unidos primero. Cualquier decisión sobre comercio, impuestos, inmigración, política exterior se tomará en beneficio de los trabajadores estadounidenses y las familias estadounidenses. Debemos proteger nuestras fronteras de la devastación creada por otros países que producen nuestros productos, nos quitan nuestras empresas y destruyen nuestros trabajos. El proteccionismo traerá gran prosperidad y fortaleza"*.[3]

Entre las declaraciones del presidente Bush hasta las del presidente Donald Trump, solo han pasado diez años, pero las visiones son completamente opuestas. En una década, pasamos del elogio al libre comercio y a la globalización imparable e inevitable, a un presidente de los Estados Unidos que viene a decirnos lo contrario.

Asimétricamente, el presidente comunista de la República Popular de China, Xi Jin Ping, nos dice, unos días después de la toma de posesión de Trump: *"Debemos seguir comprometidos con el desarrollo del libre comercio e inversión global, promoción del comercio, liberalización de la inversión y facilitación a través de la apertura para decir no al proteccionismo.*[4]

---

[2] Discurso del Estado de la Unión, enero de 2008

[3] Discurso de juramento como Presidente, enero de 2017.

[4] Discurso del Presidente de la República Popular de China, Xi Jin Ping, durante la reunión anual del Foro Económico Mundial celebrada en Davos en enero de

Todo parece invertido. Quienes proclamaron el libre mercado como una base fundamental para dar un futuro a la humanidad hoy nos dicen que el futuro se encuentra en el proteccionismo. Aquellos que abogaron por una economía centralizada y cerrada, hoy por el contrario, luchan como campeones del mercado libre.

Volviendo al discurso de Donald Trump, éste coloca la globalización en el centro de la disputa política y la indica como uno de los principales peligros y problemas de Estados Unidos. Trump acusa a la globalización de ser el único responsable de cualquier problema que afecte a la economía estadounidense.

¿Por qué razón? Simple, por que causa la pérdida de empleos. Este argumento utilizado magistralmente por Trump para lograr el consenso, tomó a todos por sorpresa y fue una elección políticamente exitosa.

Sin embargo debemos preguntarnos si este razonamiento de Trump, que lo condujo a la victoria como Presidente, realmente corresponde a la realidad.

Muchos no están de acuerdo en absoluto, porque para muchos economistas y expertos en el sector, es la tecnología la que causa la pérdida de empleos.

El peligro no proviene tanto de China o de países que tienen un costo laboral mucho más bajo que el de los competidores. El verdadero peligro se encuentra en la revolución digital representada por el smartphone!

El mundo laboral está cada vez más "invadido" por la tecnología, que reemplaza al hombre y causa desempleo progresivo y continuo.

El economista Keynes ya había anticipado en 1930 lo que sucedería en los años siguientes: El desempleo tecnológico[5].

Obviamente, el uso de la tecnología no debe considerarse algo malo en sí mismo: no es necesario hacer juicios de valor apresurados y también es necesario tener en cuenta que en algunas fases la tecnología crea muchos trabajos.

Sin embargo en el tercer milenio, la automatización ha eliminado muchos trabajos, especialmente de la clase media y la revolución digital avanza inexorablemente. Al cambiar la tecnología, también cambia el poder económico, concentrándose en manos de unos pocos. Por ejemplo el

---

2017.

[5] *"Estamos sufriendo una nueva enfermedad de la que algunos lectores aún no han leído el nombre, pero de la que escucharán mucho en los próximos años, a saber, el desempleo tecnológico. Esto significa desempleo causado por el descubrimiento de herramientas para economizar el uso de mano de obra y la incapacidad simultánea de encontrar otros usos para la fuerza laboral redundante ".*

cinturón tecnológico que va desde San Diego a Seattle, reúne empresas cuya capitalización supera el PIB de toda Europa. Apple y Google tienen una capitalización que excede el PIB de los países sudamericanos.

Quiero dar otro ejemplo usando una asimetría: El multimillonario chino Jack Ma Yung, fundador de Alibaba[6], una de las compañías más importantes de la República Popular de China en el mundo, tomó la tarjeta del Partido Comunista Chino.

¿Extraño? ¡No! Intento explicar por qué.

Cuando trabajé en China en la década de 1990, me di cuenta de lo grave que era para los involucrados en Recursos Humanos ser "universalista" irreductible, partiendo de la suposición equivocada de que los seres humanos piensan de la misma manera.

Hay muchas diferencias de pensamiento y, en consecuencia, de enfoque. Tratemos de ver cuáles son estas diferencias culturales entre Occidente y Oriente.

Asia oriental se basa en la cosmovisión confuciana / taoísta / budista. Occidente (Europa y las sociedades "coloniales" europeas, incluidas América Latina y Estados Unidos) tiene sus raíces en la filosofía de la antigua Grecia representada por Aristóteles.

Para resumir, los occidentales usualmente razonamos con lógica aristotélica: "o el capitalismo o el comunismo". El pensamiento confuciano es diferente, casi opuesto: Al "o-o" aristotélico prevalece el "y". Es decir: capitalismo y comunismo.

Entonces para los orientales es completamente legítimo enriquecerse y conquistar los mercados con las herramientas del capitalismo para luego hacerlos compatibles con el comunismo. Así es como la gran empresa, dirigida por gerentes adinerados y formalmente privada, sufre una metamorfosis y se convierte en un instrumento en manos del partido comunista que la reorienta.

Todo esto tiene lugar en empresas de energía y especialmente en aquellas activas en digital (Alibaba, Huawei) donde se injerta la gran visión de la política industrial de expansión china.

La tecnología también causa desequilibrios importantes: las treinta personas más ricas del mundo, cuya rotación está vinculada a la tecnología, son más ricas que la mitad de la población mundial. Por lo tanto, solo treinta personas poseen una riqueza mayor que la de tres mil quinientos millones de personas. Parece una locura, pero es una simple realidad.

A continuación me gustaría hacer una breve reflexión sobre cómo afecta la revolución digital incluso a la democracia.

¿Qué ha favorecido al desarrollo de la democracia a lo largo de la hi-

---

[6] Competidor de Amazon

storia? La difusión de la democracia fue posible gracias a la invención de la prensa, ya que permitió multiplicar la efectividad de la comunicación para que todos pudieran disfrutarla. Así ganó el mensaje general, el que encontró una respuesta positiva entre el mayor número de votantes.

En comparación con la prensa, la televisión no representaba un punto de discontinuidad: al contrario, solo aumentaba la efectividad y la eficiencia. Efectividad porque la comunicación soportada por la imagen es más penetrante que la del papel impreso.

Con el advenimiento de Internet y las redes sociales, todo esto cambia. De el mensaje general que debe afectar al mayor número de personas, pasamos a la microtargeting o al mensaje dirigido al individuo.

Hoy todos pueden producir información y lo paradójico es que la información verdadera tiene el mismo valor que la información falsa. Diría que la información técnica racional tiene incluso menos peso que la información irracional y emocional.

Una nota final sobre la globalización. Es fundamental enfrentar los mayores riesgos de la humanidad y del planeta que son sustancialmente cuatro: energía nuclear, cambio climático, seguridad cibernética e inteligencia artificial. La energía nuclear no puede tener una regulación nacional, porque si cada país, incluso el más pequeño (Belice, por ejemplo) la maneja individualmente, el peligro se vuelve enorme.

Lo mismo ocurre con el cambio climático. La contaminación se mueve, no se queda sòlo donde se produce y en consecuencia, no puede ser un problema manejado por países individualmente.

La seguridad cibernética, es decir la protección contra ataques intencionales, violaciones o accidentes, y sus consecuencias, tiene una complejidad similar. Por lo tanto, existe la necesidad de una acción concertada si desea tener cierto éxito en esta área.

El mismo concepto se aplica a la inteligencia artificial, la disciplina que estudia el diseño, desarrollo e implementación de sistemas capaces de simular habilidades, razonamientos y comportamientos humanos. Si no se controla centralmente, puede ser devastador.

En resumen, podemos decir con certeza que este es el mundo de hoy: un mundo caótico, paradójico, desglobalizado, asimétrico e inestable. Nadie puede estar en desacuerdo conmigo en este punto.

Como si todo esto no fuera suficiente para crear inestabilidad y dificultades, el cisne negro del coronavirus se posó en nuestro planeta que no puede hacer nada más que dejarse llevar a una realidad "suspendida", hecha de solo del momento presente.

Algunos medios de comunicación han atribuido el nombre de Black Swan a la epidemia de coronavirus que está alterando nuestros hábitos y cosechando víctimas. La expresión proviene de un ensayo de 2007 titulado "El cisne negro" de Nassim Nicholas Taleb.

Este término se usa para indicar un evento impredecible que cambia las condiciones anteriores. El primer episodio ocurrió cuando se descubrieron cisnes negros hasta entonces desconocidos en Australia. La globalización se ha presentado al mundo como una catedral grande y brillante, con los pasillos que se elevan hacia el cielo, como los de Notre Dame.

Destinada a ser el templo del nuevo hombre y del nuevo mundo, un restablecimiento radical de la historia, la catedral de la globalización que duró veinte años, ahora se derrumba.

En este período, se pensaba que el mercado era sicut deus, como Dios. Una guerra sin armas, que usaba sòlo propagación y finanzas.

Por primera vez en la historia, Creso, o dinero, venció al emperador y se convirtió en emperador: Los símbolos e instrumentos del dinero reemplazaron a los de la política.

Estamos acostumbrados a pensar que el futuro es predecible. De hecho, los economistas y los políticos creen que pueden medir hasta en decimales, cuánto crecerá nuestro Producto Interno Bruto.

Luego, mientras todo el planeta, sin darse cuenta de lo que le espera, celebra el nuevo año, los cien días que alterarán al mundo están a punto de comenzar en Wuhan: en la víspera de la víspera de Año Nuevo, las autoridades chinas informan a la OMS que hay casos en esa ciudad una neumonía de origen desconocido. Un virus oscuro se propaga en China y todo en lo que basamos nuestras elecciones políticas, económicas y sociales se derrumbó en unas pocas semanas.

Ahora el mercado laboral ha experimentado una profunda transformación, especialmente después del advenimiento de las nuevas tecnologías de información y digitales. En consecuencia, desde muchos sectores, se cree que esos estándares lanzados hace 80 años, necesitan una revisión porque el mundo ha cambiado mucho desde entonces.

Por lo tanto, vivimos en una economía muy diferente y aún más después de la emergencia de salud. Sin embargo, será necesario mantener una gran competitividad, colaboración y capacidad para repensar los sistemas de relaciones de trabajo.

Es importante comprender qué innovaciones se necesitan hoy en día, ampliar la perspectiva y encontrar mayores espacios de colaboración entre el trabajador y la empresa. La empresa no solo es del emprendedor, sino también del trabajador y, por lo tanto, interesa a este último y a los sindicatos asegurarse de que las empresas sean competitivas. Por supuesto, respetando los derechos y deberes de todos y buscando un espacio común de iniciativa que requiera innovación tecnológica.

Si en el pasado se discutieron los aumentos salariales, hoy será necesario comprender y ver juntos cómo la digitalización, la inteligencia artificial y los algoritmos afectan la organización del trabajo, los procesos, las horas de trabajo y por último pero no menos importante, el personal y las nuevas habilidades requeridas para que los trabajadores se sientan involucrados.

Hoy no sòlo las empresas y los trabajadores tienen que pensar en el cambio. El sindicato también está llamado a una profunda transformación. ¿Se está adaptando el sindicato a los cambios, no sea en el mercado laboral sea en la sociedad?

El sindicato debe asumir el desafío de ser parte de la solución de los problemas posteriores a Covid 19, de la innovación tecnológica al mejorar su capacidad para comprender los procesos y el diálogo con las empresas.

Junto con los otros actores sociales, el sindicato deberá poder asumir el desafío de reiniciar el país a partir de los escombros del coronavirus. No será fácil porque también es necesario cambiar las competencias internas del sindicato. Si no lo hace, sòlo se convertirá en una página de un texto de historia social del siglo XX.

Capítulo II
Teoria del negocio de Recursos Humanos

En su ensallo *The Theory of the Bisiness*, publicado en el numero de octubre 1998 en la revista Harward Business Review, Peter Drucker[7] afirma :*"El exito de un negocio depende de lo acertado de su modelo estratégico, esto es de lo atinado de sus interpretaciones; y supuestos sobre su ambiente externo y su propia realidad interna."*

Por lo tanto las partes de la teoría de negocios son:

— Los supuestos acerca del entorno de la organización, la sociedad, el mercado, el cliente y la tecnología.

— Supuesto sobre la misión o razón de ser de la organización.

— Supesto acerca de las competencias centrales que se necesitan para que la organización realice su razón de ser.

Por analogía a lo antes dicho, cual seria la "Teoria del negocio de RRHH" en una organización, cual es su razón de ser?, para que existe?

Muchos responderían: para pagar los sueldos, para organizar cursos de formación, paras hablar con el sindicato o para despedir a la gente.

Entiendo, eso lo hace, pero ¿para que lo hace?, ¿cual es, para decirla con Docker, su misión en la organización?

En mi opinión la misión, la razón de ser, la Teoria de Negocios de RRHH en una compañía es *Aportar a la creación de valor y rentabilidad de la organización, orientando y desarrollando el Capital Humano para ser una empresa competitiva con una cultura de excelencia*

¿Como RRHH aporta a la creación de valor y la rentabilidad?

— Promoviendo y gestionando un cambio cultural que acompañe la estrategia de la compañìa.

— Dotando recursos humanos adecuados en número, conocimientos, destrezas y habilidades para llevar adelante la estrategia/propuesta de valor de cada Unidad Operativa

— Desarrollando y difundiendo herramientas gerenciales que aporten a la toma de decisiones y a una gestión moderna.

— Facilitando procesos internos orientados al negocio a

---

[7] Drucker es considerado el más acertado de los exponentes en temas de administración, sus ideas y modismos vienen influenciando el mundo corporativo desde los años 40. Peter Drucker es el pensador más influyente del mundo en el campo de la administración de empresas.

través de una estructura organizativa eficaz que nos permita responder adecuadamente a exigencias del entorno.

– Cumpliendo las necesidades remunerativas y administrativas básicas para asegurar una gestión eficiente del negocio.

– Desarrollando relaciones sindicales e interinstitucionales que nos permitan aportar conjuntamente al bienestar del negocio,a eliminar conflictos potenciales y cumplir con un rol social.

– Informando a actores clave sobre la gestión de recursos humanos para obtener apoyo y compromiso, cuales accionistas, socios, organismos gubernamentales, sindicatos, CEOs, top management, empleados, contratistas, etc.

Todo lo que RRHH hace fuera de esta misión es nada mas y nada menos que un costo improductivo apa la empresa, sus accionistas o contribuyentes si se trata de empresa publica.

Este es el nuevo punto de partida para los gerentes de Recursos Humanos. Un punto que refleja los grandes cambios que están sucediendo en los lugares de trabajo gracias al progreso tecnológico, a la transformación de la sociedad y a la modificación de las actitudes.

Es un cambio que se combina con las nuevas y mayores expectativas de los actores donde se presentan las cooperaciones: accionistas, trabajadores, instituciones, gobierno, clientes, sociedad civil, ambientalistas, grupos indígenas y otros; todos con derechos legítimos de exigir conductas corporativas socialmente responsables.

Adaptarse a esta nueva realidad, no es para nada simple. En los últimos decenios del siglo XX, se ha visto una gran reestructuración de la industria con el crecimiento de la competencia, la cual ha llegado, inclusive, a amenazar la vida misma de las organizaciones.

Las empresas se han reestructurado quitándose de encima aquellos estratos de grasa que las habían vuelto turbias y no competitivas en un mercado en el que los precios se han nivelado hacia abajo.

Este fenómeno ha reducido el número de los competidores y ha obligado a los viejos gigantes mundiales de todos los sectores (energía, servicios, telecomunicaciones, automóviles y otros) a transformarse en nuevas entidades para evitar correr el riesgo de llegar a extinguirse.

Este nuevo nivel de competencia no se ha determinado por casualidad. Los accionistas han impulsado gran parte de estas reestructuraciones. Ellos son los que, en el último cuarto de siglo, han pretendido alcanzar resultados y ganancias sin precedentes, con la consecuente preocupación de los gerentes en cómo crear valor para los accionistas, olvidando, a menudo, la responsabilidad social de las corporaciones que, de facto, no pueden eludir porque su actividad ejerce un impacto tridimensional en lo económico, social y ambiental.

Los signos de la reestructuración se hicieron visibles desde los años ochenta y noventa, en los cuales gran cantidad de reportajes y noticieros televisivos, retrataron la tragedia de los despidos en el mundo, en Latinoamérica y en Bolivia.

Esta reestructuración ha puesto patas arriba a las empresas y se ha traducido en una revolución en el ambiente de trabajo, porque las estadísticas que antes parecían impersonales, asumieron un nuevo significado mucho más dramático e involucrador, ya que ahora son individuos con una cara y un nombre, amigos o vecinos de casa, que se quedaron sin trabajo.

Los sobrevivientes a esta hecatombe, han quedado dentro de sus empresas, pero sumidos en una profunda incertidumbre. El sentido de seguridad que existía en la era del empleo "a vida" se ha desvanecido de un golpe. Ya escépticos sobre las intenciones del *management*, los trabajadores han comenzado a poner en discusión su pauta de fidelidad con la empresa.

En este contexto es que los estudiosos de organización han comenzado a hablar del contrato psicológico. Este nuevo contrato refleja una mentalidad completamente diferente, que ya no se basa en el sentimiento de confianza en la empresa, sino en el principio de "cuídate a ti mismo".

El capital humano talentoso, poseedor de *know how*, también comenzó a darse cuenta de que el nuevo sentido de seguridad en la empresa se crea llevando adelante el interés propio, no necesariamente los intereses de la compañía. En los últimos años en el mercado de trabajo, el crecimiento económico ha premiado a estos trabajadores más ricos en talento y en conocimiento. Obviamente estos empezaron a sentirse libres de abandonar su empresa y cambiarla por una que les brinde mejores oportunidades.

Los expertos en recursos humanos también han entendido que el capital humano talentoso es cada vez más escaso, y que el éxito o el fracaso de la compañía depende de la capacidad de atraer y retener colaboradores competentes y a motivarlos para que sus intereses coincidan con los intereses de la organización, pues son ellos los que pueden lograr estándares de calidad que induzcan a los clientes a escoger los productos y los servicios de una determinada empresa.

Ahora, serán los profesionistas creativos de los recursos humanos, quienes deberán aprovechar las herramientas utilizadas con éxito en el pasado y usar nuevas para transformar organizaciones desmoralizadas e inciertas en empresas de primer orden, focalizadas en el cliente con una precisión láser.

Las empresas que lleguen a adaptarse a este nuevo contexto quedarán en el tiempo, mientras que aquellas que continúen realizando *"bussines as usual"*, terminarán, seguramente, por declinar.

Las organizaciones que sepan utilizar la creatividad y energía de los colaboradores y entender el nuevo contexto social podrán ofrecer los productos y servicios requeridos por los nuevos mercados.

Esta fuerza está empujando a los gestores de recursos humanos hacia la "cabina de control" donde se hacen las estrategias de la compañía. Asimismo, está definiendo el rol de los *managers*, más allá de la simple realización de programas *"ad hoc"* o el brindar soluciones a breve plazo.

LAS ACTIVIDADES DE GESTIÓN DEL PERSONAL

Gestión del personal comprende un conjunto de actividades que tienen como referencia a las personas: mujeres y hombres, jóvenes y menos jóvenes, con su inteligencia, sus emociones y sus sentimientos. Gestión del personal significa, entonces, mirar a estas personas desde diferentes puntos de vista: de planificación, reclutamiento, selección, ingreso, formación, adiestramiento, evaluación de sus prestaciones, evaluación de su potencial, administración de sus sueldos, compensaciones, comunicación y clima.

Todas éstas son áreas de interés y de responsabilidad de la gestión del personal, las cuales por sí mismas pueden ser objeto de especialización. En organizaciones grandes una sola persona u organismo se ocupa de todas estas actividades; más bien, existe una persona encargada de administración, otra de desempeño, o de potencial, otra de comunicación, o de clima interno, de relaciones con el sindicato, de normativa del trabajo, etc.

Para realizar todas las actividades de la gestión de las personas, las empresas en general, —a la luz de los grandes espacios de discrecionalidad dejados por las normas de ley— definen políticas de personal que después se traducen en específicos procedimientos y metodologías de administración, retribución, evaluación, desarrollo, formación de personal y, por lo tanto, adoptan herramientas de gestión que resultan más útiles, actuales y coherentes con el objetivo de cada actividad.

EMPRESAS Y LA GESTIÓN DE RECURSOS HUMANOS EN BOLIVIA

Al realizar las diferentes actividades que se refieren a la gestión del personal, se debe observar que no todas las empresas son iguales y que la atención dedicada al tema varía mucho de una a otra.

Existen empresas, como la mayoría en Bolivia, en las cuales gestión del personal significa aplicar lo requerido por las normas de ley o por un contrato colectivo de trabajo. En estas empresas la gestión de Recursos Humanos se ocupa de realizar los pagos al personal, de velar por la seguridad del trabajo, de cumplir con los aportes a los entes de seguridad social, etc., es decir, solo de lo indispensable, además, porque si no lo hicieran, podrían incurrir en infracciones también de tipo penal.

Pero, también, existen otras empresas un poco más avanzadas que miran con mayor atención a las personas que trabajan en ellas. Para éstas, realizar la gestión de Recursos Humanos, significa considerar a las personas como tales y reconocer en ellas necesidades que van más allá de ser administradas y retribuidas monetariamente. Sin embargo, esta actitud no basta, porque utiliza iniciativas poco cautivantes, poco participativas, casi como si las personas y la empresa fuesen dos entidades distintas.

Estas dos actitudes empresariales no parecen tener en consideración que en los últimos tiempos, los factores de competitividad están estandarizando para las empresas, pues las materias primas se compran en los mismos lugares, las tecnologías se adquieren en el mismo circuito internacional y todos tienen acceso al mismo tipo de información.

Sobre el tema específico de políticas de Recursos Humanos, en el sector empresarial boliviano no se invierte en educación, ni en desarrollo de actitudes. No existe ideología organizacional y los empleados no creen que estén aportando a su sociedad.

En Bolivia, la cultura empresarial y sus organizaciones no aportan de manera significativa al desarrollo, pero hemos encontrado al enemigo. El enemigo somos nosotros, porque somos, notablemente, nosotros los que influimos en las esferas de toma de decisión y en empresas que tienen el potencial de tener un impacto sobre los recursos humanos.

El desarrollo del capital humano es esencial para la prosperidad y la competitividad pero su consecuencia más importante no es solo económica sino, también, política y social, puesto que el desarrollo del capital humano aporta al cambio de la cultura nacional, generando no solamente mejores empleados sino mejores ciudadanos.

Yo creo que nosotros tenemos la responsabilidad, desde el sector empresarial, no solamente de aportar con mejores empleados sino que estamos en el negocio de crear mejores empresas y mejores ciudadanos. Por último, debemos tomar consciencia de que no somos víctimas del sistema empresarial boliviano, realmente somos sus co-creadores.

Hagámonos una pregunta: ¿Cuántos invierten en la capacitación de sus trabajadoras del hogar? Nuestros niños pasan más tiempo con ellas. ¿Cuánto las capacitamos para que nuestro hijo se beneficie por estar a su lado? Este tipo de preguntas sencillas nos hacen reflexionar y así poder comprender que podemos, desde nuestra vida cotidiana, aportar al cambio.

Si queremos cambiar el país y hacerlo más competitivo para aportar al desarrollo, tenemos las oportunidades a diario a través de nuestras interacciones permanentes con las demás personas. Es en el espacio cotidiano que construimos nuestra sociedad, nuestro futuro, nuestro país y nuestra propia vida.

Lo que verdaderamente hace la diferencia —en términos de competitividad del producto y del servicio— son las personas, porque son ellas las que los realizan, los administran, los ofrecen y los venden al cliente.

En base a estas consideraciones, se perfila una tercera categoría de empresas, aquellas en las cuales las "políticas" y actividades de la gestión de personal están ligadas con los objetivos de competitividad y desarrollo de la empresa misma, entendiendo por "políticas" a todas aquellas elecciones que se realizan dentro de una pluralidad de alternativas posibles, en coherencia con los valores y objetivos de la compañía.

Las políticas de personal marcan el rumbo a las actividades operativas de la empresa buscando mejorar las metodologías y activar herramientas nuevas con el fin de asegurar que las actividades de las personas tengan un nexo estrecho y continuo con los objetivos empresariales. Estas acciones ligadas a los objetivos inciden en la calidad del producto o servicio y en la satisfacción del cliente, la cual, a su vez, influye en el clima interno y en la motivación de las personas que trabajan en la compañía.

Puede ser que en Bolivia algunas empresas, como bancos o entidades privadas —acosadas por la competencia—, hayan comenzado a dirigirse hacia esta dirección. Pese a un mercado pequeño y al bajo desarrollo industrial del país, no hay ninguna duda de que éste será el rumbo a seguir en el tercer milenio, así como ya ha ocurrido en otros países latinoamericanos como Brasil, Chile, Colombia, Perú, México, Argentina y en la misma Cuba, donde la apertura a los capitales extranjeros, en particular europeos, ha comenzado a imponer esta necesidad.

RELACIONES INTERNAS Y RELACIONES INDUSTRIALES

Después de haber mencionado las posturas que las empresas pueden adoptar en relación a la gestión de personal, se necesita aún diferenciar dos aspectos, a los cuales corresponden dos diferentes estilos de comportamiento empresarial.

El primero resuelve aspectos de la gestión del personal de manera directa, sin ningún intermediario. Esto significa que los jefes tienen la atribución de tomar decisiones acerca de la evaluación de las personas gestionadas, del incremento de su retribución, de su participación en programas de formación y de su crecimiento profesional.

Este contexto, denominado "relaciones internas", se presenta cuando la empresa enfrenta, de manera autónoma, los problemas que requieren soluciones de tipo individual, en el ámbito de algunos criterios de carácter general, representados por las políticas de personal.

El segundo comportamiento empresarial resuelve aspectos de la gestión que no pueden tener una solución directa de tipo solo individual y necesitan, por lo tanto, una de tipo colectivo.

Para resolver estos problemas, la empresa cultiva las relaciones sindicales y pasa a negociar con el interlocutor representante de los trabajadores, el Sindicato. Por ejemplo, cuando se trata de tomar decisiones respecto a los aumentos salariales colectivos, la solución —que seguramente interesa a todos los individuos— es difícil que pueda ser negociada con cada uno; y por lo tanto la solución se busca con los sujetos que institucionalmente representan sus intereses.

Normalmente, en los niveles gerenciales y de alta dirección prevalece la dimensión individual. Es verdad, también, que los gerentes podrían tener contratos colectivos de trabajo (en muchos países europeos es la norma), pero no es solo dentro de las reglas del contrato colectivo que se juega la relación gerente-empresa.

Por ejemplo, la retribución fijada en un convenio colectivo puede ser una retribución mínima de ingreso. Sin embargo, la que percibe un gerente, sigue otros criterios que no son referidos a parámetros colectivos, sino a otros como aquéllos ligados a la posición, a la competencia profesional o a aquellos parámetros presentes en el mercado de trabajo para posiciones semejantes.

A nivel de empleados y obreros prevalece la dimensión de carácter colectivo. Un convenio colectivo, por ejemplo, puede representar un punto de referencia importante, y necesario, para la gestión de estas categorías de trabajadores.

EVOLUCIÓN DE LA FUNCIÓN DE RECURSOS HUMANOS

Respecto a otras funciones empresariales, la de Recursos Humanos es, seguramente, una función mucho más joven. No tiene la historia de la producción, de la venta y de la administración que han nacido "con" la empresa.

La función aparece en la escena organizativa relativamente tarde, en particular en algunos países latinoamericanos, en los años cincuenta y sesenta con matices de tipo prevalentemente contable. Aún en los años sesenta, la gestión de personal era sinónimo de administración contable de personal.

En términos de competencias profesionales, en este período, se ha desarrollado una fase en la cual se han afirmado los juristas. La razón es de carácter, también, histórico: en los años sesenta en Latinoamérica se comenzó a realizar una serie de iniciativas legislativas en materia de derecho del trabajo, paralelamente a la evolución cualitativa y cuantitativa de la contratación colectiva.

Todas estas normas fueron insertadas en un contexto, hasta aquel momento estable y tranquilo, y que determinaron la necesidad de una competencia nueva, la cual implica saber elaborar e interpretar las normas, no solo desde un punto de vista jurídico, sino también desde un punto de vista de una eventual confrontación con los sindicatos y los trabajadores.

El fenómeno creció en los turbulentos años setenta, donde predominó la conflictividad entre empresa y sindicato, cuando no contaba tanto saber interpretar o elaborar normas, pero sí saber negociar y vencer en la mesa de negociaciones. En todo este período de gestión del personal en sentido estricto, se hizo muy poco; la dimensión de las relaciones internas se encontraban, prácticamente, ausentes y predominaban las relaciones industriales.

La formación y el desarrollo del personal, aparecieron a principios de los años setenta, para consolidarse en los ochenta. Es evidente, por lo tanto, que el *know how* que puede haberse acumulado, profundizado y capitalizado en estos temas, es relativamente reciente.

Al comenzar los años ochenta la profunda complejidad sindical, — que se había desarrollado en Europa y en América Latina — fue, progresivamente, reabsorbida; las empresas comenzaron a recuperar sus propios espacios de gestión y empezó a surgir el período de las relaciones internas.

En esta época la función de Recursos Humanos entró, significativamente, en un mecanismo importante como es el de la organización de la empresa. Las razones de este enriquecimiento parecen lógicas.

La organización, en base a las estrategias y objetivos del *business*, diseñó estructuras y detectó los mecanismos más idóneos para hacerla funcionar; es decir, detectó por primera vez a las personas. Desde ese momento, al pensar en la organización se piensa también en las personas que permiten su funcionamiento y surgió una estrecha relación entre la organización y la gestión del personal.

Al terminar la década de los años ochenta, ingresó, en el escenario empresarial, en completa concordancia con las nuevas necesidades de las personas y de las empresas, la comunicación interna, pero no aquella que siempre se hizo y que se limitaba a difundir reglamentos internos, comunicados, órdenes de servicio, reuniones de trabajo, etc., sino un tipo de comunicación organizada y coherente con los objetivos de la compañía, que se preocupa por la motivación en las personas y que con la implementación del "feedback" establece un verdadero contacto entre la alta dirección y los colaboradores, cuya voz, hasta este momento, había permanecido muda o sin ser escuchada.

En los años noventa y albores del nuevo milenio, diversos compromisos se delinearon para la función de personal: fomentar la ética, las relaciones con el mundo de la escuela y la responsabilidad social así como eliminar la discriminación laboral.

El desarrollo de la función de Recursos Humanos en Bolivia presenta un retraso de cuatro décadas respecto a otros países también latinoamericanos (Brasil, México, Colombia, Chile, Argentina).

Con una legislación laboral que tiene más de ochenta años, a la que se suma la prepotencia de la clase patronal hasta los años cincuenta, el posterior dominio sindical, las dictaduras militares, la escasa industrialización, los bajos salarios y la abundancia de mano de obra barata se ha comprobado que, aún en el nuevo milenio, cuando en Bolivia se habla de una Gerencia de Recursos Humanos, se piensa en quien se ocupa contablemente de sueldos, despide a las personas o como máximo las contrata.

RECURSOS HUMANOS FRENTE AL POST COVID 19

Con el covid 19 creo que todos hemos asumido ya de verdad, que no hay un planeta B. Por lo tanto, hemos de cuidar nuestro planeta de una forma sostenible. Y para ello, cada uno de nosotros estamos trabajando desde nuestra auto responsabilidad para ser cada vez mucho más conscientes de este planeta que hemos de cuidar.

Del mismo modo que hemos asumido eso, creo que tenemos que asumir todos que no podemos tener empresas B, por más que algunas sigan teniendo cajas B.

Por lo tanto, hemos de cuidar nuestra empresa, hemos de hacer que nuestra empresa sea una empresa para las personas, de personas y gestionadas por personas.

¿Y cómo se hace eso? Yo creo que gran Nelson Mandela nos dio la clave cuando nos dijo que la educación es el arma más poderosa para cambiar el mundo.

Obviamente, eso debemos empezar a trabajarlo desde las escuelas, desde los colegios, con los profesores, hemos de trabajarlo en las escuelas de negocios, y hemos de trabajarlo en las empresas sobretodo en los departamentos de recursos humanos.

Creo que RRHH es elemento clave para realmente hacer una empresa orientada a las personas, una empresa de personas, y una empresa gestionada por personas.

Obviamente, habra muchísimos Departamentos de Personal que yo conozco, que están haciendo las cosas fantásticamente. Pero hay otros que creo que, básicamente, están siendo la voz de su amo.

Están mirando continuamente al CEO, al Consejo de Administración y no se están preocupando realmente por el desarrollo de las personas. Prueba de ello es que en algunas empresas, cuando yo doy formaciones, y hay personas del Departamento del Recursos Humanos dentro del aula, el clima no es el mismo que cuando no están esas personas. Por tanto, es curioso que un departamento que debe ser el que cuide a las personas, sea considerado por algunos, el departamento espía, con el cual, no puedes sentirte abierto.

Esto no puede ser, hemos de cambiarlo. Por lo tanto, yo diría, desde el Departamento de Personal, hemos de trabajar siempre con tres indicadores.

- Uno, obviamente qué podemos hacer para mejorar la cuenta de resultados, por supuesto.

- Dos, qué podemos hacer para orientarnos y generar experiencia cliente.

- Y tres, qué podemos hacer para generar experiencia empleado, es decir, people experience.

Debemos hacer que todas, todas nuestras acciones, vayan orientadas a que sean coherentes con los indicadores que planteamos.

No podemos lanzar rumbos, proyectos, metas e indicadores, y por otro lado en el día a día, que la gente vea que eso no se cumple.

Creo que hemos de ser muy honestos a la hora de marcar caminos. Y cada vez tenemos más herramientas que nos permiten vincular productividad con experiencia empleado y experiencia cliente. Utilicémoslas. Pero tienen que ser indicadores que si alguien no los cumple, suceda algo, y si alguien los cumple, las cosas vayan bien.

No podemos poner metas para burocratizar a nuestra empresa, sino medidas o indicadores para que, a partir de ellos, se tomen decisiones. De verdad creo que eso depende mucho del Departamento de Personas, al que yo amo y con el que trabajo.

Y hay muchos departamentos que realmente son una auténtica maravilla, y otros departamentos que creo que lo pueden intentar, pero están demasiado supeditados a lo que desde arriba les piden.

Por lo tanto, cambiemos, somos el arma más poderosa para cambiar el mundo, somos del departamento en el que la gente confía, por lo tanto, vamos a ganarnos su confianza.

Hagamos que lo que decimos realmente suceda. Hagamos que aquello que declaramos en las aulas de formación que suceda. Y si no sucede, tomemos decisiones, para eso cobran los ejecutivos, para tomar decisiones.

Capítulo III

Relaciones Industriales: una visión general

Relaciones Industriales o laborales

Los términos relaciones industriales (también se utiliza relaciones laborales) se refieren al sistema en el que las empresas, los trabajadores y sus representantes y, directa o indirectamente, la administración, interactúan con el fin de establecer las normas básicas que rijan las relaciones de trabajo.

Asimismo, indican el campo de estudio dedicado al análisis de dichas relaciones. Su aparición es consecuencia de la Revolución Industrial, cuyos excesos dieron lugar a la creación de los sindicatos como medio de representación de los trabajadores y al desarrollo de las relaciones laborales colectivas.

Un sistema de relaciones laborales o industriales refleja la interacción entre los principales actores que lo componen: el Estado, la empresa (empresas o asociaciones de empresas), los sindicatos y los trabajadores (que pueden participar o no en los sindicatos y otras entidades encargadas de su representación).

Los términos "relaciones laborales" y "relaciones industriales" se emplean, asimismo, cuando se refieren a diversas formas de participación de los trabajadores; además, pueden vincularse a las relaciones de empleo específicas establecidas entre una empresa y un trabajador en virtud de un contrato de trabajo escrito o implícito, éstas suelen denominarse "relaciones de empleo".

La variación en la utilización de los términos es considerable, lo que refleja, en parte, la evolución de este campo de estudio en el tiempo y en el espacio.

No obstante, existe un acuerdo generalizado respecto a la consideración en el mismo de la negociación colectiva, las diversas formas de participación de los trabajadores (como los comités de empresa, y los comités conjuntos de salud y seguridad) y los mecanismos de resolución de conflictos colectivos e individuales.

La amplia gama de sistemas de relaciones laborales existentes en el mundo ha dado lugar a la necesidad de matizar los estudios comparativos y de la identificación de tipos debido a las limitaciones por el exceso de la generalización y las analogías erróneas.

Tradicionalmente, se han descrito cuatro tipos diferentes de gestión del lugar de trabajo: dictatorial, paternalista, institucional y participativo. En este capítulo se analizan fundamentalmente los dos últimos.

En un sistema de relaciones laborales se ponen en juego, simultáneamente, intereses públicos y privados. El Estado también participa y su papel puede ser pasivo o activo, según el país del que se trate. El carácter de las relaciones entre los trabajadores organizados, las empresas y el Estado sirve de indicativo de la situación general de las relaciones laborales en un país o en un sector y viceversa.

Los sistemas de relaciones laborales poco desarrollados suelen ser autoritarios y sus normas son dictadas por las empresas sin que el trabajador participe directa o indirectamente, salvo en lo que se refiere a aceptar el empleo en las condiciones ofrecidas.

En un sistema de relaciones laborales se incorporan valores sociales (por ejemplo, libertad de asociación, sentido de la solidaridad de grupo y/o búsqueda de la optimización de beneficios) y técnicas (como, métodos de negociación, organización del trabajo, consulta y resolución de conflictos).

Históricamente, los sistemas de relaciones laborales se han clasificado de acuerdo a categorías nacionales, pero la validez de este procedimiento es cada vez menor debido a la creciente diversidad de las prácticas de cada país y el auge de una economía de naturaleza más global impulsada por la competencia internacional.

Algunos países se han caracterizado por mantener modelos basados en la cooperación (Alemania y Bélgica), mientras que otros son conocidos por su tendencia al conflicto (Argentina, Bolivia, Italia y Grecia).

Asimismo, los diversos sistemas se han clasificado en función de la utilización de mecanismos de negociación colectiva centralizada (por ejemplo, los países nórdicos, aunque tienden actualmente a abandonar estos procedimientos, como sucede en Suecia), negociación a escala sectorial o industrial (como en Alemania), o negociación a escala de empresa o centro de trabajo (Japón y Estados Unidos).

En los países que han pasado de una economía de planificación a otra de libre mercado, dichos sistemas se encuentran en transición.

Por otra parte, aumenta el número de estudios sobre las tipologías de las relaciones de empleo individuales como indicadores de los tipos de sistemas de relaciones laborales.

Ni aun las descripciones clásicas de tales sistemas contienen características estáticas, ya que cambian para adaptarse a las nuevas circunstancias económicas y políticas. La globalización de la economía de mercado, el debilitamiento del Estado como fuerza efectiva y el declive del poder sindical, en numerosos países industrializados, plantean desafíos importantes a los sistemas de relaciones laborales tradicionales.

El desarrollo tecnológico ha provocado cambios en el contenido y en la organización del trabajo que tienen una repercusión fundamental en la posibilidad de desarrollo de las relaciones laborales colectivas y en la dirección que adoptan las mismas.

La jornada de trabajo convencional y el lugar de trabajo común han ido cediendo el paso a la utilización de horarios más variados y a la realización de las tareas en diversos emplazamientos, incluido el domicilio propio, con una supervisión menos directa por parte de la empresa.

Lo que se había denominado relaciones de empleo "atípicas" lo son cada vez menos, a medida que la población activa afectada sigue ampliándose. Esta tendencia, a su vez, ejerce presión sobre los sistemas establecidos de relaciones laborales.

Las formas más recientes de representación y participación de los trabajadores crean una nueva orientación en la situación de las relaciones laborales en varios países.

Un sistema de relaciones laborales establece las normas básicas formales e informales que determinan la naturaleza de las relaciones industriales colectivas, así como el marco de las relaciones de empleo individuales entre el trabajador y su empresa.

La situación en el lado de la gestión se complica por la intervención de actores como las agencias de trabajo temporal y los contratistas de mano de obra y puestos de trabajo, que pueden tener responsabilidades respecto a los trabajadores sin tener el control del entorno físico en el que desarrollan su actividad.

Por otra parte, los trabajadores de los sectores público y privado se rigen por legislaciones específicas en la mayoría de los países, por lo que los derechos y las medidas de protección en cada sector suelen diferir significativamente.

Además, el sector privado está influido por las fuerzas de la competencia internacional, que no afectan directamente a las relaciones laborales en el sector público.

Por último, la ideología neoliberal, que favorece la celebración de contratos de trabajo individualizados en detrimento de los acuerdos basados en la negociación colectiva, representa una amenaza adicional para los sistemas tradicionales de relaciones laborales.

Estos se desarrollaron como resultado de la aparición de la representación colectiva de los trabajadores, debida a la experiencia acumulada de que el poder individual de un trabajador es débil comparado con el de la empresa.

El abandono de toda forma de representación colectiva podría dar lugar al retorno del concepto propio del siglo XIX según el cual, por ejemplo, la aceptación de un trabajo peligroso se consideraba, en gran medida, como una cuestión de libre elección personal.

La globalización de la economía, el ritmo acelerado del cambio tecnológico y la consiguiente flexibilidad por parte de las instituciones implicadas en las relaciones industriales plantean nuevos retos para su supervivencia y prosperidad.

En función de las tradiciones y las instituciones existentes, las partes que intervienen en un sistema de relaciones laborales pueden reaccionar de modo diferente a las mismas presiones: por ejemplo, los directivos pueden optar por una estrategia basada en los costos o bien, otra relacionada con el valor añadido, al enfrentarse a un aumento de la competencia.

Sin lugar a duda, en la medida en que la participación de los trabajadores y la negociación colectiva se constituyan en elementos ordinarios de los sistemas de relaciones laborales repercutirán en el modo en que el personal directivo aborde los problemas de los empleados.

Por otra parte, existe una constante: la dependencia económica del trabajador respecto a la empresa sigue siendo el factor que subyace a su relación y tiene consecuencias importantes.

Además, el incumplimiento de las obligaciones del empleador puede generar conflictos que dependen del sistema de relaciones laborales para su resolución; entre los mecanismos que facilitan la misma figuran las normas que rigen no solo las interrupciones de la actividad (huelgas, en general, de celo o de trabajo lento) y los cierres patronales, sino también la disciplina y el despido de los trabajadores.

PROTAGONISTAS DE UN SISTEMA DE RELACIONES INDUSTRIALES

Tradicionalmente, se han definido tres partes integrantes del sistema de relaciones laborales: el Estado, las empresas y los representantes de los trabajadores.

En este contexto deben incluirse otras fuerzas que trascienden a estas categorías: los sistemas de integración económica, regionales y multilaterales, a otra escala, establecidos entre Estados y empresas multinacionales como empleadores que carecen de identidad nacional, pero que pueden considerarse instituciones del mercado de trabajo.

Puesto que la repercusión de estos fenómenos en las relaciones laborales sigue siendo poco clara, en muchos aspectos, el análisis se centrará en los actores más clásicos, a pesar de la restricción que supone limitar el estudio en una comunidad cada vez más global.

Además, es necesario prestar especial atención a la consideración del papel que desempeña la relación de empleo individual en el ámbito de los sistemas de relaciones laborales generales y el impacto de las nuevas formas alternativas de trabajo.

El Estado

El Estado siempre ejerce un efecto, al menos indirecto, en las relaciones laborales. Como fuente de legislación, se constituye en un factor inevitable en la aparición y el desarrollo de los sistemas que rigen las mismas.

Las leyes pueden dificultar o fomentar, directa o indirectamente, la creación de organizaciones representativas de los trabajadores y las empresas. Asimismo, establecen un nivel mínimo de protección a los trabajadores y estipulan "las reglas del juego". Por ejemplo, puede garantizar una mayor o menor protección a los trabajadores que se niegan a llevar a cabo tareas que, razonablemente, consideran peligrosas en exceso, o a aquellos trabajadores que actúan como representantes en materia de salud y seguridad.

Mediante el desarrollo de una administración laboral, el Estado influye en el modo en que funcionan los sistemas de relaciones laborales. Si se asegura la aplicación efectiva de la legislación mediante la intervención de la inspección de trabajo, puede recurrirse a la negociación colectiva en los campos en los que la ley no se pronuncia.

Si, por el contrario, la infraestructura del Estado, dedicada a la protección de los derechos y a la ayuda a la resolución de conflictos entre empresas y trabajadores es débil, estos actores tendrán que arreglárselas para desarrollar sus propias instituciones y mecanismos alternativos.

Asimismo, en la medida en que el Estado establezca tribunales eficaces u otros sistemas de resolución de conflictos, puede afectar al desarrollo de las relaciones laborales. La facilidad con la que trabajadores, empresas y sus respectivas organizaciones puedan ejercer sus derechos jurídicos puede ser tan importante como los propios derechos.

Así, la decisión adoptada por un gobierno de establecer órganos administrativos o tribunales especiales para atender los conflictos laborales y los desacuerdos relativos a problemas de empleo individuales puede indicar la prioridad que se da a estas cuestiones en la sociedad.

En muchos países, el Estado desempeña un papel directo en las relaciones laborales. En aquellos en que no se respetan los principios de la libertad de asociación, esta intervención puede consistir en un control directo de las organizaciones de empresarios y trabajadores y la interferencia en sus actividades.

El Estado puede tratar de invalidar los acuerdos alcanzados por la vía de la negociación colectiva que considere contrarios a sus objetivos de política económica. No obstante, en general, el papel del Estado en los países industrializados ha consistido en fomentar las relaciones industriales ordenadas, mediante el establecimiento del marco legislativo necesario, del que forman parte la fijación de niveles mínimos de protección al trabajador, la oferta de información a las partes, el asesoramiento y la prestación de servicios para la resolución de conflictos.

En algunos países, el Estado es un participante activo más en el Sistema de Relaciones Industriales e interviene en las negociaciones nacionales tripartitas. Por ejemplo, en Bélgica durante décadas y, más recientemente en Irlanda, los representantes de la administración se han reunido con los de las empresas y los sindicatos para concluir acuerdos o pactos nacionales sobre una amplia gama de cuestiones laborales y sociales.

El mecanismo tripartito de determinación de los salarios mínimos ha formado parte, tradicionalmente, del sistema de relaciones laborales en Argentina y México. El interés del Estado en esta participación deriva de su deseo de lograr que la economía nacional evolucione en una dirección concreta y de mantener la paz social durante la vigencia de los pactos; estos acuerdos bipartitos y tripartitos crean lo que se ha denominado el "diálogo social", como en los casos de Austria, Bélgica, Irlanda y Países Bajos, por ejemplo. Las ventajas y los inconvenientes de los enfoques "corporativistas" o "neo corporativistas" respecto a las relaciones laborales se han debatido ampliamente durante años.

Con su estructura tripartita, la Organización Internacional del Trabajo ha defendido tradicionalmente una cooperación sólida a esa escala, en la que los "interlocutores sociales" desempeñen un papel significativo en la configuración de la política de la administración pública relativa a numerosos temas.

En algunos países, como Alemania y Estados Unidos, la idea misma de que el Estado participe en la negociación del sector privado es inconcebible. En este tipo de sistema, el papel que desempeña el Estado, aparte de su función legislativa, está, por lo general, restringido a proporcionar ayuda para que las partes lleguen a un acuerdo, proporcionando servicios voluntarios de mediación.

Pasivo o activo, el Estado es, en cualquier sistema de relaciones laborales, un socio permanente. Además, cuando el mismo Estado es la empresa, o cuando la empresa es propiedad pública, participa directamente en las relaciones laborales con los empresarios y sus representantes. En tales circunstancias, el Estado cumple su papel de proveedor de servicios públicos y/o de protagonista económico.

Para finalizar este acápite, el impacto de los acuerdos de integración económica regionales en la política estatal también hace que se resienta el ámbito de las relaciones laborales. En la Unión Europea, la práctica en los Estados miembros ha variado para reflejar las directivas relativas a la consulta con los trabajadores y sus representantes, incluidos los que se ocupan en concreto de la salud y la seguridad. Los acuerdos comerciales multilaterales, como el acuerdo laboral incluido en el Tratado de Libre Comercio de América del Norte (Canadá, Estados Unidos y México) o los constitutivos del mercado común de Mercosur (Argentina, Brasil, Paraguay, Uruguay, Venezuela y Bolivia) también contienen, en ocasiones, mecanismos y disposiciones relativas a los derechos de los trabajadores que pueden tener, con el tiempo, una repercusión indirecta en los sistemas de relaciones laborales de los países miembros.

Empresas

Las empresas (es decir, los oferentes de trabajo) suelen diferenciarse en los sistemas de relaciones laborales en función de su pertenencia a los sectores público o privado.

Históricamente, el sindicalismo y la negociación colectiva se desarrollaron primero en el sector privado, pero en los últimos años, este fenómeno se ha extendido también a muchos centros de trabajo del sector público.

La posición de las empresas de propiedad estatal (cuyo número, en cualquier caso, se reduce en todo el mundo) como oferentes de empleo varía en función del país (siguen desempeñando un papel fundamental en China, India, Cuba, Corea del Norte y muchos países africanos). En Europa central y oriental, uno de los mayores retos de la era postcomunista ha consistido en la creación de organizaciones independientes de empresas. En el sector privado, la situación puede resumirse como sigue:

Las empresas tienen intereses comunes que defender y causas precisas que propugnar. Al organizarse, persiguen varios objetivos que, a su vez, determinan el carácter de sus organizaciones. Estas pueden adoptar la forma de cámaras de comercios, federaciones económicas y organizaciones empresariales (para las cuestiones sociales y laborales). Cuando los aspectos abordados pertenecen esencialmente al ámbito social y de las relaciones industriales, incluida la negociación colectiva, la salud y la seguridad en el trabajo, el derecho laboral y los salarios, y/o el deseo de coordinar las acciones ha dado lugar a la creación de organizaciones de empresarios, que siempre son de carácter voluntario.

Algunas organizaciones de empresarios se establecieron inicialmente en respuesta a la presión ejercida por los sindicatos para negociar, mientras que otras tienen su origen en los gremios medievales u otros grupos fundados para defender intereses de mercado particulares. Estas organizaciones se han definido como grupos formales de empresas creados para defender, representar y asesorar a sus afiliados y consolidar su posición en la sociedad en general respecto a las cuestiones laborales, distintas de las económicas. A diferencia de los sindicatos, compuestos por personas, estas entidades están constituidas por empresas.

Tres funciones principales suelen ser comunes a todas las organizaciones de empresarios: la defensa y la promoción de los intereses de sus miembros, la representación en la estructura política y la prestación de servicios a sus afiliados.

La primera función se refleja, en gran medida, en el ejercicio de presiones sobre la administración para que ésta adopte políticas favorables a los intereses de las empresas e influya sobre la opinión pública, sobre todo, mediante campañas en los medios de comunicación. La función representativa puede desempeñarse en la estructura política o en las instituciones que rigen las relaciones industriales.

La representación política se ejerce en los sistemas en los que la consulta de los grupos económicos interesados está prevista por la legislación (por ejemplo, en Suiza), en los países en que los comités económicos y sociales contemplan la representación de las empresas (en Francia, países africanos francófonos y Países Bajos) y en las instancias donde existe participación en foros tripartitos, como la Conferencia Internacional del Trabajo y otros aspectos de la actividad de la OIT. Además, estas organizaciones pueden ejercer una influencia considerable a escala regional (especialmente en la Unión Europea).

El modo en que se concreta la función representativa en el sistema de relaciones laborales depende en gran medida de la escala a la que tiene lugar la negociación colectiva en cada país.

Asimismo, este factor determina, en buena parte, la estructura de las organizaciones de empresas. Si la negociación se centraliza a escala nacional, la estructura interna y el funcionamiento de las organizaciones reflejarán esta circunstancia (banco central de datos estadísticos y económicos, creación de mutuales de seguros de huelga, sentido estricto de la disciplina de los miembros, etc.).

Incluso en los países en que la negociación se produce en el ámbito empresarial (como Japón y Estados Unidos), las organizaciones de empresas pueden ofrecer a sus miembros información, orientación y asesoramiento. Obviamente, la negociación a escala sectorial (como en Alemania, donde, sin embargo, algunas empresas se han desvinculado de sus organizaciones) o a múltiples escalas (como en Francia e Italia) también influye en la estructura de las organizaciones.

En cuanto a la tercera función, no siempre es fácil trazar una línea divisoria entre las actividades que apoyan las funciones descritas anteriormente y las realizadas por los miembros en su propio interés. La investigación es un ejemplo característico, ya que puede utilizarse con diversos fines. La salud y la seguridad es un área en la que los datos y la información pueden ser compartidos por empresas de varios sectores.

A menudo, nuevos conceptos o reacciones a recientes avances en el ámbito del trabajo han sido el resultado de una amplia reflexión desarrollada en el seno de las organizaciones de empresas. Asimismo, estos grupos imparten formación a sus miembros sobre diversas cuestiones relacionadas con la gestión y emprenden acciones en la esfera social, como el desarrollo de viviendas para trabajadores o el apoyo a las actividades comunitarias. En algunos países, las organizaciones de empresas prestan asistencia jurídica a sus miembros en los tribunales de trabajo.

La estructura de estas organizaciones no depende únicamente de la escala a la que se desarrolla la negociación, sino también del tamaño, el sistema político y, en ocasiones, a las tradiciones religiosas de cada nación.

En los países en desarrollo, el reto principal ha sido la integración de miembros muy heterogéneos, como las pequeñas y medianas empresas, las empresas públicas y las filiales de las empresas multinacionales. La fuerza de una organización de empresas se refleja en los recursos que sus miembros están dispuestos a dedicarle, ya sea en forma de cuotas y aportaciones o de conocimientos técnicos y tiempo.

El tamaño de una empresa es un determinante fundamental en su planteamiento respecto a las relaciones laborales: es más probable que aquéllas con una plantilla reducida se basen en medios informales para abordar la relación con sus trabajadores.

Las pequeñas y medianas empresas, cuya definición es variable, se encuentran, en ocasiones, en el umbral de los regímenes de participación de los trabajadores impuestos por la legislación.

Si la negociación colectiva se produce a escala empresarial, es mucho más probable que se dé en las grandes empresas; si tiene lugar a escala sectorial o nacional, es posible que afecte a áreas en las que las grandes empresas han dominado históricamente el mercado del sector privado.

Como instituciones que defienden intereses, las organizaciones de empresas (al igual que los sindicatos) tienen problemas en lo que se refiere a la dirección, la toma de decisiones interna y la participación de los miembros. No obstante, puesto que las empresas tienden a ser individualistas, el reto de imponer disciplina entre los afiliados es superior en el caso de estas organizaciones.

Las asociaciones empresariales tienen, en general, numerosas afiliadas. Sin embargo, las empresas consideran que cumplir con las decisiones y las normas de sus asociaciones constituyen un gran sacrificio, ya que éstas reducen la libertad de la empresa que les es tan querida. Las tendencias en la estructura de estas organizaciones reflejan, en gran medida, las del mercado de trabajo: a favor o en contra de la centralización y la regulación de la competencia.

Las empresas públicas han comenzado a verse a sí mismas como tales en fecha relativamente reciente. En un principio, las administraciones consideraban que la participación de los trabajadores en la actividad sindical era incompatible con el servicio al Estado soberano.

Después, hicieron caso omiso de las llamadas a participar en la negociación colectiva con el argumento de que el poder legislativo, y no la administración pública, es la entidad encargada de los pagos y que, por tanto, es imposible que ésta sea parte en un acuerdo al respecto.

No obstante, este razonamiento no impidió las huelgas (a menudo ilícitas) del sector público en muchos países, práctica que acabó abandonándose. En 1978, la Conferencia Internacional del Trabajo adoptó el Convenio sobre la protección del derecho de sindicación y los procedimientos para determinar las condiciones de empleo en la administración pública (N° 151), no ratificado por Bolivia y la Recomendación sobre los procedimientos para determinar las condiciones de empleo en la administración pública (N° 159). La negociación colectiva en el sector público ha pasado a ser habitual en muchos países desarrollados (por ejemplo, Australia, Francia y Reino Unido) y en algunos países en desarrollo (numerosos países de África francófona y de América Latina).

El nivel de representación de las empresas en el sector público depende, en gran medida, del sistema político del país. En algunos, se trata de una función centralizada (Francia), mientras que, en otros, refleja las divisiones de la administración (como en Estados Unidos, donde la negociación puede tener lugar a escala federal, estatal o municipal). Alemania constituye un caso interesante, ya que miles de comunidades locales se han agrupado para que un único agente se encargue de la negociación colectiva con los sindicatos en el sector público de todo el país.

Puesto que las empresas públicas forman parte del Estado, no son objeto de las leyes que exigen el registro de las organizaciones empresariales. La designación del agente negociador varía considerablemente de un país a otro; puede ser el Ministerio de Trabajo, el de Economía u otra entidad.

Las posiciones adoptadas por las empresas públicas al negociar con los trabajadores de este sector tienden a seguir la orientación política del partido político en el poder. Ésta puede oscilar entre la toma de una postura específica en la negociación y la negación absoluta del derecho de los funcionarios a organizarse sindicalmente. No obstante, aunque el número de empresas públicas se reduce en muchos países, su disposición a participar en las negociaciones y las consultas con los representantes de los trabajadores es cada vez mayor.

Sindicatos

Según la definición clásica, un sindicato es una asociación continua de asalariados cuyo objetivo es mantener y mejorar las condiciones de su empleo. Los orígenes de los sindicatos se remontan a los primeros intentos de organizar la acción colectiva al comienzo de la Revolución Industrial.

Sin embargo, en su concepción moderna, los sindicatos surgieron en la última parte del siglo XIX, cuando los gobiernos comenzaron a concederles el derecho jurídico a constituirse (anteriormente, se habían considerado asociaciones ilícitas, perjudiciales para la libertad de comercio o como grupos políticos al margen de la ley).

Los sindicatos son el resultado de la convicción de que solo aunando esfuerzos los trabajadores pueden mejorar su situación. Los derechos sindicales se obtuvieron gracias a la lucha económica y política basada en la consideración del sacrificio individual a corto plazo a causa del beneficio colectivo a largo plazo.

Los sindicatos han desempeñado, con frecuencia, un papel importante en la política de los países y han influido en la evolución del ámbito laboral a escala regional e internacional.

Pero, en los últimos años, tras haber registrado una caída en el número de afiliados en varios países (América del Norte y ciertas áreas de Europa), su función se ha puesto en tela de juicio en numerosas instancias. Esta tendencia se combina con ciertas áreas de crecimiento de la afiliación en el servicio público de muchos países y la aparición de nuevos sindicatos en lugares donde no existían o actuaban limitados por restricciones graves (como en Corea, Filipinas, y algunos países de Europa central y oriental).

El progreso de las instituciones democráticas coincide con el ejercicio de las libertades sindicales, como ocurrió en los casos de Chile y Polonia en los años ochenta y noventa. Asimismo, puede observarse en el ámbito sindical de muchos países el inicio de un proceso de reforma interna y reorientación para atraer a un mayor número de afiliados de diversa procedencia, especialmente mujeres.

El tiempo dirá si estos y otros factores serán suficientes para someter las tendencias a la "descolectivización", también denominada "atomización" de las relaciones laborales, que ha acompañado al auge de la globalización económica y el individualismo ideológico.

Básicamente, las funciones desempeñadas por los sindicatos en los sistemas de relaciones laborales contemporáneos son semejantes a las que cumplen las organizaciones empresariales: defensa y promoción de los intereses de los afiliados, representación política y prestación de servicios.

La función que les diferencia es la de control: su legitimidad depende en parte de su capacidad para imponer disciplina a sus afiliados, por ejemplo, al convocar o levantar una huelga. El reto constante de los sindicatos consiste en aumentar su densidad, es decir, el número de afiliados como porcentaje de los trabajadores del sector formal.

Los afiliados a los sindicatos son personas físicas; sus cuotas, denominadas cotizaciones en algunos sistemas, financian las actividades de la organización. Los sindicatos financiados por empresas, llamados "sindicatos de empresa" o por el Estado, como los de los antiguos países comunistas, no se consideran aquí, ya que solo las organizaciones independientes de trabajadores son verdaderos sindicatos.

En general, la afiliación depende de la decisión voluntaria individual, sin embargo, existen algunos sindicatos que han celebrado acuerdos de sindicación obligatoria y se consideran los representantes de todos los trabajadores cubiertos por un convenio colectivo determinado (en los países en los que los sindicatos son reconocidos como representantes de los trabajadores en una unidad de negociación determinada). Los sindicatos pueden afiliarse a organizaciones generales que operan a escala sectorial, nacional, regional e internacional.

Los sindicatos se estructuran de acuerdo a diversas categorías: por oficio o profesión, por rama de la industria, por desempeño de actividades manuales o no manuales y, en ocasiones, incluso por empresa.

Asimismo, existen sindicatos generales, a los que se afilian trabajadores de diversas profesiones y sectores. Incluso en los países en los que las fusiones de sindicatos sectoriales y generales constituyen la tendencia, la situación de los trabajadores agrarios o rurales ha favorecido, con frecuencia, el desarrollo de estructuras especiales para este sector.

Aparte de esta división, existe otra territorial caracterizada por la existencia de unidades regionales y, en ocasiones, locales dentro del sindicato.

En ciertos países, se ha producido la fragmentación del movimiento sindical siguiendo líneas ideológicas (política de partidos) e incluso religiosas, que se ven reflejadas en la estructura y la forma de afiliación. Los funcionarios suelen estar representados por sindicatos ajenos a los representantes de los trabajadores del sector privado, aunque también existen excepciones.

La situación jurídica de un sindicato puede ser la de cualquier otra asociación o, bien, puede someterse a normas especiales. Un gran número de países exigen a los sindicatos que se registren y ofrezcan ciertos datos básicos a las autoridades (nombre, dirección, identidad de los gestores, etc.).

En algunos casos, esta exigencia trasciende al mero registro y llega al intervencionismo y, en los más extremos, caracterizados por la desconsideración de los principios de libertad de asociación, los sindicatos necesitan de la autorización de la administración estatal para funcionar. Como representantes de los trabajadores, los sindicatos están capacitados para asumir compromisos en su nombre. Ciertos países (como Estados Unidos) exigen el reconocimiento del sindicato por parte de la empresa como requisito previo para participar en la negociación colectiva.

El número de afiliados a los sindicatos varía en gran medida a escala intra e internacional. Por ejemplo, en algunos países de Europa occidental, es muy elevado en el sector público, pero tiende a ser limitado en el privado, en especial entre los trabajadores no manuales.

Las cifras correspondientes a los trabajadores manuales, en esta región, son dispares y oscilan entre valores elevados en Austria y Suecia a otros bajos en Francia, donde, sin embargo, el poder político de los sindicatos es mucho mayor al que podría deducirse del número de afiliados. Existe cierta correlación positiva entre la centralización de la negociación y la cantidad de afiliados al sindicato, pero se observan algunas excepciones.

Como asociaciones voluntarias, los sindicatos establecen sus propias normas, habitualmente compiladas en estatutos y reglamentos. En las estructuras sindicales democráticas, los miembros eligen a sus gestores mediante el voto directo o a través de delegados asistentes a las asambleas generales.

Es probable que la gestión interna, en un sindicato pequeño y altamente descentralizado de trabajadores de un determinado colectivo profesional, difiera, de forma significativa, con la de los grandes sindicatos generales o sectoriales centralizados.

Las tareas se asignan entre los gestores y los representantes remunerados y no remunerados del sindicato y deben llevarse a cabo labores de coordinación. Asimismo, los recursos financieros disponibles varían en función de su tamaño y de su facilidad para recaudar las cuotas.

La instauración de un sistema de retención de la cotización sindical, mediante una nómina, es decir, el descuento de las cuotas del salario del trabajador por planilla, simplifica esta tarea en gran medida.

En la mayoría de los países de Europa central y oriental, los sindicatos que eran dominados y financiados por el Estado están siendo transformados o incorporados a las nuevas organizaciones independientes; todos luchan por encontrar su lugar y desarrollar su actividad con éxito en la nueva estructura económica.

Los salarios extremadamente bajos (y, por tanto, las cuotas) en esta región y en los países en desarrollo, junto con la existencia de sindicatos financiados por el Estado, dificultan la creación de un movimiento sindical independiente y sólido.

Además de la participación en la negociación colectiva, una de las principales actividades de los sindicatos en muchos países es su labor política. Ésta puede adoptar la forma de la representación directa, basada en la asignación de escaños en ciertos parlamentos y en la intervención en órganos tripartitos que participan en la formulación de la política económica y social nacional (por ejemplo, en Austria, Francia y Países Bajos), o que desempeñan un papel consultivo en los ámbitos del trabajo y los asuntos sociales (como pasa en varios países de América Latina y algunos de África y Asia).

En la Unión Europea, las federaciones sindicales han tenido un efecto importante en la formulación de la política social. Habitualmente, los sindicatos influyen mediante el ejercicio del poder (respaldado por la amenaza de huelga) y de presiones sobre los responsables de la toma de decisiones políticas a escala nacional. No cabe duda de que han tenido éxito en su lucha por lograr una mayor protección legislativa para los trabajadores en todo el mundo; sin embargo, algunos creen que ésta ha sido una victoria agridulce, ya que, a largo plazo, socava la justificación de su existencia.

A menudo, los objetivos y los problemas abordados mediante la acción política sindical han trascendido ampliamente a otros intereses más limitados. Un ejemplo fundamental de esta tendencia consiste en la lucha contra el apartheid en Sudáfrica y la solidaridad internacional expresada por los sindicatos de todo el mundo mediante palabras y hechos, como por ejemplo, el boicot de los trabajadores portuarios al tránsito de carbón importado de Sudáfrica.

Obviamente, la actitud, al ataque o a la defensiva, de la actividad política sindical dependerá, en gran medida, de que el gobierno en el poder sea favorable o contrario a la actuación de los sindicatos. Asimismo, dependerá de la relación de los sindicatos con los partidos políticos; algunos, especialmente en África, participaron en la lucha de su país para lograr la independencia y mantienen una vinculación muy estrecha con los partidos políticos en el poder.

En ciertos países, existe una interdependencia tradicional entre el movimiento sindical y un partido político (como en Australia y Reino Unido), mientras que en otros, las alianzas pueden modificarse con el tiempo. En cualquier caso, el poder de los sindicatos suele exceder a lo que podría esperarse de su fuerza numérica, en especial, cuando representan a los trabajadores de la función pública o de sectores económicos claves como el transporte o la minería.

Aparte de los sindicatos, han surgido otras formas de participación de los trabajadores para garantizar su representación directa o indirecta. En algunos casos, co-existen junto a los sindicatos; en otros, constituyen la única vía de participación disponible.

El tercer tipo de función de los sindicatos, que consiste en la prestación de servicio a sus miembros, se centra prioritariamente en el lugar de trabajo. La misión de un delegado sindical activo, a escala empresarial, es garantizar que los derechos de los trabajadores, recogidos en el convenio colectivo y en la legislación, sean respetados y, en caso de registrarse lo contrario, adoptar las medidas pertinentes.

La tarea del gestor sindical consiste en defender los intereses de los trabajadores ante la dirección, legitimando su propio papel representativo. Esta función puede exigir la presentación de un reclamo individual por causas disciplinarias o por despido, o cooperar con la dirección en un comité mixto de salud y seguridad.

Fuera del lugar de trabajo, muchos sindicatos ofrecen otro tipo de prestaciones, como el acceso preferencial al crédito y la participación en programas sociales. Además, las sedes sindicales pueden utilizarse para el desarrollo de actividades culturales e incluso grandes celebraciones familiares. La gama de servicios que un sindicato puede ofrecer a sus miembros es amplia y refleja su creatividad y sus recursos, así como el entorno cultural en el que desempeña su labor.

El poder de los sindicatos depende de diversos factores externos e internos. Puede distinguirse entre el poder organizativo (¿cuántas fuentes de poder internas pueden movilizar los sindicatos?), el institucional (¿de qué fuentes de apoyo externas pueden depender los sindicatos?) y el económico (¿qué fuerzas de mercado actúan teniendo en cuenta el interés de los sindicatos?).

Entre los factores que se señalan para lograr una estructura sindical sólida, figura la movilización de un número elevado y estable de afiliados cualificados que paguen sus cuotas (podría añadirse que la composición del conjunto de afiliados debe reflejar la del mercado de trabajo), evitar la fragmentación organizativa, de las políticas e ideología, y fomentar el desarrollo de una estructura organizativa que favorezca la presencia en cada unidad empresarial y permita, al mismo tiempo, mantener un control central de los fondos y de la toma de decisiones.

La capacidad de este modelo, que hasta la fecha ha tenido un carácter nacional, para actuar con éxito y evolucionar en el contexto de una economía cada vez más internacionalizada, constituye el gran reto actual de los sindicatos.

RELACIONES INDUSTRIALES POST COVID 19

En un momento tan turbulento, en el que una epidemia oscura se está extendiendo en todas las tierras del mundo, es muy probable que los escenarios futuros diseñados para el post-Covid estén equivocados o inciertos.

Sin embargo, es precisamente el momento en que los protagonistas de la vida económica y social deben ejercitarse en encontrar medidas y soluciones creativas, como lo hizo Entel hace veinte años frente a la apertura del mercado de las telecomunicaciones en Bolivia.

Uno de los principios más sólidos de la gestión de crisis es que, cuando estás en medio de la tormenta, elegir una ruta y proceder con decisión ofrece mayores esperanzas de salvación que abandonarse inerte y desarmado a la furia de olas y vientos.

En cualquier caso, no hay duda de que la crisis pandémica marca la conclusión, después de treinta años, de la temporada histórica de la globalización que tuvo inicio con la caída del Muro de Berlín en 1989 hasta el primer informe a Wuhan de un paciente afectado por el nuevo virus a fines de diciembre de 2019.

Todos están de acuerdo en que esta crisis será mucho más grave, debido a su intensidad de aquella desgarradora que comenzó con el quiebre de Lehman Brothers que hundió la economía global en 2008.

No es casualidad que todas las proyecciones económicas conduzcan a una prefiguración una caída del producto interno bruto peor de la que se registró en el peor año de las crisis anteriores; y no es casualidad que alguien llame a la nueva crisis no solo como financiera, sino completamente antropológica. De hecho, involucra, y desmorona la misma idea de progreso que había animado e impulsado las últimas décadas.

Estos tan radicales cambios conllevaran un nuevo y profundo remapeo de las relaciones laborales, que representan el terreno cultural y organizativo en el cual se encuentran y regulan las relaciones entre industrias, sindicatos, instituciones y trabajadores.

Trataré de delinear algunas líneas de tendencia de las relaciones laborales post covid, suponiendo que, a diferencia de las crisis anteriores, se generarán esta vez, las condiciones para un auténtico renacimiento de las mismas:

Las relaciones laborales serán más estructuradas. Se asistirá por parte de las empresas a una reingeniería de su cadena de valor aumentando el control y disminuyendo el impacto de los riesgos exógenos. Esto significará sistemas de relaciones laborales con representaciones sindicales preparadas y con una gobernanza contractual formalizada, con reglas claras y actitud proactiva.

2. *Las relaciones laborales estarán más integradas en el gobierno corporativo general.* Aunque en los años de la crisis anterior, las partes sociales han sido llamadas a resolver miles de situaciones de fragilidad y dificultad económica, esto no ha favorecido un fortalecimiento significativo de los procesos de información y consulta previa, aunque fueran previstos por los convenios colectivos. Por lo tanto, tendremos cada vez más modelos participativos entre empresa y sindicato basados diagnóstica y terapia de las complejas situaciones emergentes, por ejemplo, atravres el establecimiento de comités permanentes de consulta.

3. *Las relaciones laborales serán menos conflictivas.* El resultado de la pandemia ciertamente favorecerá la consolidación de las pautas de una manera menos agresiva y más abierta a la dimensión plural.

4. *Las relaciones laborales serán más intervencionistas.* Es de esperar que los interlocutores sociales se equipen de herramientas para resolver de forma rápida situaciones críticas para prevenir o resolver sus crisis o para facilitar un fortalecimiento competitivo.

5. *Las relaciones laborales serán más responsables.* En un momento en que los interlocutores sociales serán llamados a un esfuerzo titánico para reconstruir la riqueza nacional corroída y dañada por Covid-19, la concordia aparecerá como un valor esencial y el conflicto como un elemento patológico.

6. *Las relaciones laborales serán más cohesivas.* Es probable que el proceso unitario en el lado sindical cobre impulso, conduciendo, si no a la unión organizativa, al menos a un sólido pacto de unidad.

Capítulo IV
Derechos de asociación y representación

La OIT y los derechos de asociación y representación

El "derecho legal de asociación a todos los efectos para los trabajadores y las empresas" era uno de los métodos y principios establecidos en el artículo 41° de la Constitución original de la OIT.

Actualmente, este principio es objeto de un reconocimiento expreso en el preámbulo a la Constitución como una de las condiciones previas esenciales para la materialización de la justicia social que, a su vez, se considera un requisito inicial básico para lograr una paz universal y duradera.

Junto con el principio del tripartismo, también es reconocido explícitamente en el artículo I de la Declaración de Filadelfia, que se incluyó como apéndice a la Constitución de 1946. Esta consideración en la Constitución de la importancia del respeto a los principios de libertad de asociación ayuda a establecer una de las bases jurídicas de la capacidad de la Comisión de Investigación y de Conciliación en Materia de Libertad Sindical y del Comité de Libertad Sindical del Consejo de Administración para investigar las presuntas contravenciones de dichos principios.

Ya en 1921, la Conferencia Internacional del Trabajo adoptó el Convenio sobre el derecho de asociación (agricultura), 1921 (N° 11) —no aceptado por Bolivia—, que exige la ratificación de los Estados para "asegurar a todas las personas dedicadas a la agricultura los mismos derechos de asociación y organización que a los trabajadores industriales".

Sin embargo, no se mencionan los derechos que deben concederse a estos para situarse en las mismas condiciones que los trabajadores agrarios.

Los intentos de adoptar un instrumento general relativo a la libertad de asociación en la década de los veinte del pasado siglo fracasaron debido a la insistencia de empresas y gobiernos en que el derecho a constituir y afiliarse a sindicatos se acompaña, necesariamente, del derecho correspondiente a no afiliarse.

Este tema fue retomado inmediatamente después de la Segunda Guerra Mundial. Y se dio lugar a la adopción del Convenio relativo al derecho de asociación y a la solución de los conflictos de trabajo en los territorios no metropolitanos, 1947 (N° 84) —no ratificado por Bolivia—; el Convenio relativo a la libertad sindical y a la protección del derecho de sindicación, 1948 (N° 87) —ratificado por Bolivia— y el Convenio relativo a la aplicación de los principios del derecho de sindicación y de negociación colectiva, 1949 (N° 98) —ratificado por Bolivia—.

Los Convenios N° 87 y N° 98 se encuentran entre los más importantes y más ampliamente ratificados por los países miembros de la OIT: a enero 2020, el primero había sido ratificado por 153 países y el segundo, por 167.

Estos convenios recogen los que pueden considerarse como los cuatro elementos principales de la noción de libertad de asociación. Se les cataloga como el punto de referencia fundamental relativo a la protección internacional de la libertad de asociación a efectos sindicales, como reflejan, por ejemplo, el artículo 8° del Pacto Internacional de Derechos Económicos, Sociales y Culturales y el artículo 22° del Pacto Internacional de Derechos Civiles y Políticos.

Dentro de la estructura de la OIT, constituyen la base de los principios de libertad de asociación desarrollados y aplicados por el Comité de Libertad Sindical del Consejo de Administración y la Comisión de Investigación y de Conciliación en Materia de Libertad Sindical, aunque, desde un punto de vista técnico, estos órganos reciben sus competencias de la Constitución de la Organización y no de los Convenios. Asimismo, se constituyen en una referencia esencial para las deliberaciones del Comité de Expertos para la Aplicación de los Convenios y Recomendaciones y de la Comisión de la Conferencia para la Aplicación de los Convenios y Recomendaciones.

Pese al papel esencial desempeñado por los Convenios N° 87 y N° 98, debe tenerse en cuenta que no son los únicos instrumentos formales para la determinación de normas que han sido adoptados bajo los auspicios de la OIT en el campo de la libertad de asociación. Por el contrario, desde 1970, la Conferencia ha aprobado otros cuatro convenios y cuatro recomendaciones que abordan, con mayor detalle, diversos aspectos de los principios de libertad de asociación y su aplicación en ciertos contextos específicos:

– Convenio relativo a la protección y facilidades que deben otorgarse a los representantes de los trabajadores en la empresa, 1971 (N° 135) –no ratificado por Bolivia– y la Recomendación, 1971 (N° 143).

– Convenio sobre las organizaciones de trabajadores rurales y su función en el desarrollo económico y social, 1975 (N° 141) –no ratificado por Bolivia– y la Recomendación, 1975 (N° 149).

– Convenio sobre la protección del derecho de sindicación y los procedimientos para determinar las condiciones de empleo en la Administración Pública, 1978 (N° 151) –no ratificado por Bolivia– y la Recomendación, 1978 (N° 158).

– Convenio sobre el fomento de la negociación colectiva, 1981 (N° 154) –no ratificado por Bolivia– y la Recomendación, 1981 (N° 163).

PRINCIPIOS DE LIBERTAD DE ASOCIACIÓN

Elementos esenciales

Los elementos esenciales de los principios de libertad de asociación recogidos en los Convenios N° 87 y N° 98 son:

– "Los trabajadores y empleadores, sin ninguna distinción y sin autorización previa, tienen el derecho de constituir las organizaciones que estimen convenientes, así como el de afiliarse a estas organizaciones, con la sola condición de observar los estatutos de las mismas" (artículo 2° del Convenio N° 87).

– "Las organizaciones de trabajadores y de empleadores tienen el derecho de redactar sus estatutos y reglamentos administrativos, el de elegir libremente sus representantes, el de organizar su administración y sus actividades y el de formular su programa de acción" (artículo 3° punto 1 del Convenio N° 87). Además, en el mismo artículo, en su punto 2 dice: "las autoridades públicas deberán abstenerse de toda intervención que tienda a limitar este derecho o entorpecer su ejercicio legal".

- "Los trabajadores deberán gozar de adecuada protección contra todo acto de discriminación tendente a menoscabar la libertad sindical en relación con su empleo", (artículo 1°, punto 1 del Convenio N° 98).

- "Deberán adoptarse medidas adecuadas a las condiciones nacionales, cuando ello sea necesario, para estimular y fomentar entre los empleadores y las organizaciones de empleadores, por una parte, y las organizaciones de trabajadores, por otra, el pleno desarrollo y uso de procedimientos de negociación voluntaria, con objeto de reglamentar, por medio de convenios colectivos, las condiciones de empleo" (artículo 4° del Convenio N° 98).

Todas las garantías contempladas en el Convenio N° 87 se someten a la condición establecida en el artículo 8°, punto 1: "Al ejercer los derechos que se les reconocen en el presente Convenio, los trabajadores, los empleadores y sus organizaciones respectivas están obligados... a respetar la legalidad". Esta obligación se somete, a su vez, a la estipulación siguiente: "La legislación nacional no menoscabará ni será aplicada de suerte que menoscabe las garantías previstas por el presente Convenio".

Asimismo, debe señalarse que, en virtud al artículo 9°, punto 1 del Convenio N° 87, es permisible, pero no necesario, restringir la aplicación de las garantías previstas en el mismo respecto a los miembros de la policía y las fuerzas armadas. El artículo 5°, punto 1 del Convenio N° 98 recoge la misma condición, mientras que en el artículo 6° de este instrumento se estipula que el Convenio "no trata de la situación de los funcionarios públicos al servicio del Estado y no deberá interpretarse, en modo alguno, en menoscabo de sus derechos o de su estatuto".

El derecho de afiliación

El derecho de los trabajadores y las empresas a constituir organizaciones y a afiliarse a las de su elección es el elemento esencial de todas las garantías previstas por los Convenios N° 87 y N° 98 y por los principios de libertad de asociación.

Solo está sujeto a la condición establecida en el artículo 9°, punto 1 del primer Convenio. Así, no es permisible denegar a ningún grupo de trabajadores distintos de los miembros de la policía y las fuerzas armadas el derecho a constituir sindicatos y a afiliarse a los de su elección.

Por tanto, la denegación o la restricción del derecho de los funcionarios públicos, los agricultores, los profesores u otros colectivos a crear organizaciones e incorporarse a las de su elección no sería coherente con los requisitos establecidos en el artículo 2°.

No obstante, es permisible que las normas de un sindicato o una organización empresarial restrinjan las categorías de trabajadores o de empresas que pueden afiliarse. Se trata de que esta restricción sea el resultado de la libre elección de los miembros de la organización y no sea impuesta desde el exterior.

El derecho de afiliación recogido en el artículo 2° no se acompaña del derecho correlativo a no afiliarse. Debe recordarse, como ya se indicó, que los primeros intentos de adoptar un convenio general sobre la libertad de asociación fracasaron debido a la insistencia de los delegados de las empresas y de algunos gobiernos respecto a la necesidad de que el derecho positivo de afiliación conllevase un derecho negativo a la no afiliación. Esta cuestión volvió a plantearse en el contexto de los debates sobre los Convenios N° 87 y N° 98.

Con todo, en esta ocasión se alcanzó un compromiso con el cual la Conferencia adoptó una resolución en la que se establecía que los instrumentos de seguridad sindical (como los sistemas de sindicación obligatoria y de retención en nómina de la cotización sindical) eran admisibles. En otras palabras, los Convenios no sancionan ni condenan la sindicación obligatoria y otros instrumentos de seguridad sindical, aunque estas medidas no se consideran aceptables si se imponen legalmente y no se adoptan mediante el acuerdo de las partes.

Quizás el tema más difícil planteado en relación con el artículo 2° sea la medida en la que avala la noción de pluralismo sindical. Es decir, ¿es coherente con el artículo 2° que la legislación limite, directa o indirectamente, el derecho de los trabajadores (o las empresas) a constituir una organización o afiliarse a la de su elección mediante la aplicación de criterios administrativos o legislativos?

En este contexto existen dos conjuntos de intereses en conflicto. Por una parte, el artículo prevé, claramente, la protección del derecho de los trabajadores y de las empresas a elegir la organización a la que deseen pertenecer y optar por no afiliarse a aquéllas con las que no simpatizan por razones políticas, religiosas o de otro tipo. Por otra parte, las administraciones (e incluso los sindicatos) pueden argumentar que una proliferación excesiva de sindicatos y organizaciones empresariales, como posible consecuencia de la libertad de elección ilimitada, no facilita el desarrollo de organizaciones libres y eficaces, ni la creación y el mantenimiento de procesos ordenados de relaciones industriales.

Este asunto suscitó dificultades especiales en la etapa de la Guerra Fría, cuando los gobiernos trataban de restringir la cantidad de sindicatos a los que podían afiliarse los trabajadores por causas ideológicas.

Y aún, sigue siendo una cuestión muy sensible en muchos países en desarrollo cuyos gobiernos, fundada o infundadamente, desean evitar, lo que consideran, una proliferación excesiva de sindicatos mediante la imposición de restricciones en cuanto al número y al tamaño de los que pueden actuar en un lugar de trabajo o en un sector de la economía determinados.

Los órganos de supervisión de la OIT han tendido a adoptar un enfoque restrictivo respecto a este tema, permitiendo la formación de monopolios sindicales cuando son el resultado de la libre elección de los trabajadores y la adopción de criterios de registro "razonables", pero haciendo excepciones en el caso de los monopolios impuestos legalmente y de los criterios de registro "no razonables".

Debido a esta actitud, han sido objeto de numerosas críticas, expresadas, especialmente, por los gobiernos de los países en desarrollo, que los acusan de adoptar un planteamiento eurocéntrico respecto a la aplicación del Convenio y de no tener en cuenta que el interés, típicamente europeo en los derechos del individuo, se opone a las tradiciones colectivistas de muchas culturas no europeas.

Autonomía organizativa y derecho a la huelga

Si el artículo 2° del Convenio N° 87 protege el derecho fundamental de las empresas y los trabajadores a constituir organizaciones y a afiliarse a las de su elección, el artículo 3° puede considerarse como su consecuencia lógica, al proteger la autonomía organizativa de dichas entidades, una vez establecidas.

Como se indica claramente en el artículo 3º, punto 1, la autonomía organizativa incluye la redacción, la adopción y la aplicación de los estatutos y reglamentos administrativos y la realización de elecciones.

Sin embargo, los órganos de supervisión han aceptado que las autoridades públicas impongan condiciones mínimas sobre el contenido y la administración de las normas con el fin de "garantizar una administración adecuada y evitar complicaciones jurídicas debidas a una elaboración de estatutos y reglamentos insuficientemente detallada" (OIT 1994b). En cualquier caso, si tales condiciones son excesivamente detalladas o de aplicación onerosa, es probable que sean declaradas disconformes con los requisitos del artículo 3º.

Con el tiempo, los órganos de supervisión han adoptado, firmemente, una visión según la cual, "el derecho a la huelga" se constituye en una consecuencia intrínseca del derecho a organizarse, contemplado en el Convenio Nº 87.

El derecho a la huelga es uno de los medios esenciales de los que disponen los trabajadores y sus organizaciones para proteger sus intereses económicos y sociales. Estos no solo tienen que ver con la obtención de mejores condiciones de trabajo y el planteamiento de demandas colectivas de carácter profesional, sino también con la búsqueda de soluciones a las cuestiones relacionadas con la formulación de políticas económicas y sociales y con los problemas laborales de todo tipo que afectan directamente a los trabajadores.

Este es uno de los aspectos más controvertidos de la jurisprudencia relativa a la libertad de asociación y, sobre todo, en los últimos años, ha sido objeto de profundas críticas por parte de los miembros representantes de las empresas y la administración en la Comisión de la Conferencia para la Aplicación de los Convenios y las Recomendaciones.

No obstante, constituye un elemento firmemente arraigado en la jurisprudencia sobre la libertad de asociación. Se reconoce, con claridad, en el artículo 8º, punto 1, inciso d del Pacto Internacional de Derechos Económicos, Sociales y Culturales y fue avalado por la Comisión de Expertos en su Encuesta general sobre la libertad de asociación y la negociación colectiva de 1994.

Pero, es importante hacer notar que el derecho a la huelga reconocido por los órganos de supervisión no es ilimitado. En primer lugar, no es aplicable a los grupos de trabajadores respecto a los que pueden atenuarse las garantías establecidas en el Convenio N° 87, es decir, los miembros de la policía y las fuerzas armadas.

Además, se ha determinado que el derecho a la huelga puede denegarse legítimamente a "funcionarios públicos que actúen como agentes de la autoridad pública" y a los trabajadores que prestan servicios esenciales "cuya interrupción podría poner en peligro la vida, la seguridad personal o la salud de toda o de parte de la población".

En cualquier caso, las restricciones del derecho a la huelga de los trabajadores en estas categorías deben compensarse mediante garantías como "los procedimientos de conciliación y mediación tendentes, en el caso de llegar a un punto muerto, a la aplicación de un mecanismo de arbitraje considerado fiable por las partes implicadas.

Es esencial que éstas puedan participar en la determinación y la puesta en práctica del procedimiento, que, además, debe ofrecer suficientes garantías de imparcialidad y rapidez: los laudos arbitrales serán vinculantes para ambas partes y, una vez emitidos, deben ser aplicados con rapidez y en su totalidad".

Asimismo, es admisible imponer restricciones temporales respecto al derecho a la huelga en períodos de "emergencia nacional grave". En general, pueden exigirse condiciones previas como el planteamiento de requisitos de voto, el agotamiento de los procedimientos de conciliación y otros, al ejercicio del derecho a la huelga. Con todo, estas restricciones deben "ser razonables y... de tal naturaleza que no constituyan una limitación considerable de los medios de acción de que disponen las organizaciones sindicales".

El derecho a la huelga suele describirse como el último recurso en el contexto de la negociación colectiva. Si se interpreta que el artículo 3° protege su utilización, parece razonable suponer que también debe proteger el proceso de negociación colectiva en sí mismo.

De hecho, los órganos de supervisión han adoptado esta postura en varias ocasiones, pero, en general, han preferido basar su jurisprudencia sobre la negociación colectiva en el artículo 4° del Convenio N° 98.

La autonomía de las organizaciones de empresas y trabajadores se aborda, también, en los artículos del 4° al 7° del Convenio N° 87 y en el artículo 2° del Convenio N° 98. En el artículo 4° se establece que tales organizaciones no están "sujetas a disolución o suspensión por vía administrativa".

Esto no significa que los sindicatos o las organizaciones empresariales no puedan ser excluidas del registro o disueltas, por ejemplo, en el caso de mala conducta grave en el ámbito laboral o de una gestión no acorde a las normas establecidas, pero sí que este tipo de sanciones deben ser impuestas por un tribunal debidamente constituido y otro órgano pertinente y no mediante una resolución administrativa.

El artículo 5° protege los derechos de las organizaciones a constituir federaciones y confederaciones y a afiliarse a las mismas, así como el derecho de estas entidades a incorporarse a organizaciones internacionales de empresas y de trabajadores.

Por otra parte, de acuerdo con el artículo 6°, las garantías previstas en los artículos 2°, 3° y 4° se aplican a las federaciones y confederaciones del mismo modo que a las organizaciones de base, mientras que en el artículo 7° se estipula que la adquisición de personalidad jurídica por las organizaciones de empresarios y de trabajadores no puede estar sujeta a "condiciones cuya naturaleza limite la aplicación de las disposiciones de los artículos 2°, 3° y 4° de este Convenio".

Por último, en el artículo 2°, punto 1 del Convenio N° 98 se exige que las organizaciones de empresarios y de trabajadores gocen de "adecuada protección contra todo acto de injerencia de unas respecto de las otras, ya se realice directamente o por medio de sus agentes o miembros, en su constitución, funcionamiento o administración".

En la práctica, parece poco probable que los sindicatos interfieran o puedan interferir, realmente, en el funcionamiento interno de las organizaciones empresariales. Sin embargo, es factible que, en ciertas circunstancias, las empresas o sus organizaciones traten de inmiscuirse en los asuntos internos de las organizaciones de trabajadores, por ejemplo, financiándolas parcial o totalmente. Esta posibilidad se recoge expresamente en el artículo 2°, punto 2:

Se consideran actos de injerencia, en el sentido del presente artículo, principalmente, las medidas que tiendan a fomentar la constitución de organizaciones de trabajadores dominadas por un empleador o una organización de empleadores o a sostener económicamente o en otra forma a organizaciones de trabajadores, con el fin de que éstas estén bajo el control de un empleador o de una organización de empleadores.

PROTECCIÓN FRENTE A LAS REPRESALIAS

Obviamente, para que las garantías previstas en los Convenios N° 87 y N° 98 sean plenamente practicadas, es necesario que las personas que ejercen su derecho a constituir o afiliarse a organizaciones de trabajadores sean protegidas frente a las posibles represalias tomadas por su acción.

Este principio lógico es reconocido en el artículo 1°, punto 1 del Convenio N° 98, que, como se ha indicado, estipula que "los trabajadores deberán gozar de adecuada protección contra todo acto de discriminación tendente a menoscabar la libertad sindical en relación con su empleo".

En el artículo 1°, punto 2 se amplía la consideración de este tema: Dicha protección deberá ejercerse especialmente contra todo acto que tenga por objeto a) condicionar el empleo de un trabajador obligándole a que no se afilie a un sindicato o a la de dejar de ser miembro de un sindicato; b) despedir a un trabajador o perjudicarle de cualquier otra forma a causa de su afiliación sindical o de su participación en actividades sindicales fuera de las horas de trabajo o, con el consentimiento del empleador, durante las horas de trabajo.

La discriminación tendente a menoscabar la libertad sindical incluirá, a estos efectos, la negativa a contratar, el despido y otras medidas como "el traslado, la reubicación, la reducción de categoría y otras privaciones y restricciones de todo tipo (remuneración, prestaciones sociales y/o formación profesional)" que puedan causar graves perjuicios al trabajador en cuestión.

No solo debe garantizarse una protección generalizada respecto a la discriminación contra la libertad sindical, sino que, en virtud del artículo 3° del Convenio N° 98, debe disponerse de medios eficaces para aplicarla.

Las normas jurídicas son inadecuadas si no están acompañadas de procedimientos eficaces, expeditivos y de sanciones penales con el suficiente poder de disuasión para asegurar su aplicación. La responsabilidad asignada a las empresas para que prueben que presuntas medidas de discriminación contra la libertad sindical están relacionadas en realidad con cuestiones ajenas a los sindicatos, y los supuestos establecidos a favor de los trabajadores, constituyen vías adicionales para asegurar una protección efectiva del derecho a organizarse garantizado por el Convenio.

La legislación que permite a una empresa, en la práctica, terminar la relación de empleo con un trabajador a condición de pagar la indemnización prevista por la ley en caso de despido injustificado es inadecuada de acuerdo con las disposiciones del artículo 1° del Convenio. Asimismo, la legislación debe ofrecer medios eficaces para aplicar los mecanismos de indemnización, que constituyen la solución jurídica más apropiada en los casos de discriminación contra la libertad sindical.

La garantía establecida en el artículo 4º del Convenio Nº 98 ha sido interpretada como una medida de protección tanto del derecho a participar en la negociación colectiva como de la autonomía del proceso de negociación.

En otras palabras, no es coherente con el artículo 4º que a las empresas y a los trabajadores les sea negado el derecho a participar en la negociación colectiva si desean intervenir en ésta, teniendo en cuenta que no es contrario al Convenio negar estos derechos a los miembros de la policía y las fuerzas armadas y que "el Convenio no trata de la situación de los funcionarios públicos al servicio del Estado".

Las partes no solo deben ser libres para participar en la negociación colectiva si así lo desean, sino que debe permitírseles alcanzar acuerdos propios sujetos a sus propias condiciones sin injerencias de las autoridades públicas, sin perjuicio de ciertas limitaciones por "razones apremiantes de interés económico nacional" y a los requisitos razonables que se impongan en cuanto a forma, registro, etc.

Por el contrario, no se ha interpretado que el artículo 4º proteja el derecho de reconocimiento a efectos de la negociación colectiva. Los órganos de supervisión han subrayado repetidamente la conveniencia de dicho reconocimiento, pero no han podido avanzar un paso más en la determinación de que la negativa a reconocer y la ausencia de un mecanismo mediante el cual las empresas puedan ser obligadas a aceptar los sindicatos a los que pertenecen sus trabajadores, constituya un incumplimiento del artículo 4º.

Han justificado esta interpretación basándose en que el reconocimiento obligatorio privaría a la negociación colectiva de su carácter voluntario, contemplado en dicho artículo. En contra de este razonamiento, puede argumentarse que el pretendido derecho a participar en la negociación colectiva se verá inevitablemente comprometido si las empresas son libres para negarse a ejercerlo, a pesar de tener derecho a intervenir en dicha negociación, si lo desean. Por otra parte, permitir a las empresas negarse a reconocer a los sindicatos, en los que sus trabajadores están afiliados, parece poco coherente con el deber de "promover" la negociación colectiva, que, aparentemente, constituye el principal objetivo del artículo 4º.

Capítulo V

Formas de participación de los trabajadores

PARTICIPACION DE LOS TRABAJADORES

Introducción

La expresión "participación de los trabajadores" se utiliza de manera imprecisa para hacer referencia a las diversas formas de intervención de los mismos en los procesos de toma de decisiones, normalmente a escala empresarial. Estas formas son un complemento de otras que pueda existir a escala sectorial o nacional, como los órganos de cooperación tripartita.

Existen grandes diferencias entre las funciones y facultades de estos sistemas, que van desde los programas informales de presentación de propuestas por parte de los trabajadores hasta la determinación conjunta de ciertos temas por sus representantes y el personal directivo. Los mecanismos utilizados para fomentar la participación de los trabajadores presentan una variedad tan grande que resulta imposible analizarlos aquí con detalle.

Las modalidades principales que han sido objeto de interés recientemente, especialmente, en el campo de la organización del trabajo, se estudian más adelante; a ellas puede añadirse el ejemplo histórico de la autogestión de los trabajadores en la antigua Yugoslavia.

Por su especial importancia en la actualidad, los comités conjuntos de salud y seguridad se analizan como una forma especial de participación de los trabajadores en el contexto más amplio de las relaciones laborales.

La idea de la participación de los trabajadores surgió en Europa, donde la negociación colectiva se ha desarrollado habitualmente a escala sectorial, lo que, con frecuencia, ha dejado un hueco sin cubrir en lo que se refiere a la representación en las empresas y los centros de trabajo, que ha sido llenado por órganos como los comités de empresa, los consejos de trabajadores y otros.

También, muchos países en desarrollo han emprendido iniciativas legislativas encaminadas a establecer comités de empresas y estructuras similares para fomentar la cooperación entre trabajadores y directivos. La relación de estos órganos con los sindicatos y la negociación colectiva ha sido objeto de numerosas iniciativas legislativas y de negociaciones.

Esta actividad se refleja en una disposición del Convenio relativa a la protección y facilidades que deben otorgarse a los representantes de los trabajadores en la empresa, 1971 (Nº 135) de la OIT —no ratificado por el Estado Boliviano—, en la que se establece que, cuando existan simultáneamente representantes sindicales y representantes elegidos en la misma empresa, se adoptarán las medidas oportunas para garantizar que dicha coincidencia no se utilice para menoscabar la posición de los sindicatos (artículo 5º).

Participación directa

Los trabajadores pueden participar en la toma de decisiones de una manera directa o indirecta a través de sus representantes, ya sean sindicales o elegidos por ellos mismos. Desde la década de los ochenta se ha ampliado la participación directa, si el término participación se entiende como el ejercicio de algún tipo de influencia en su trabajo o en el modo en que se lleva a cabo.

Por tanto, los trabajadores "participan" en las decisiones relacionadas con el trabajo, no solo cuando existen instituciones como los círculos de calidad en el lugar de trabajo. Un sencillo ejercicio de enriquecimiento de tareas puede constituir una forma de promoción de la participación directa.

Esta puede tener un carácter individual, como ocurre con los programas de presentación de propuestas. Asimismo, puede practicarse colectivamente, como en los círculos de calidad o en actividades semejantes organizadas en grupos similares, pero reducidos.

El trabajo en equipo constituye, en sí mismo, una forma de participación directa de grupo. Este tipo de participación puede integrarse en las decisiones sobre el trabajo diario o tener lugar fuera del horario habitual, como en el caso de los círculos de calidad voluntarios diferenciados de las estructuras colectivas que suelen utilizarse. Además, la participación directa puede ser "consultiva" o "deliberante".

En el caso de la participación consultiva, se anima y capacita a los trabajadores, individualmente o como miembros de un grupo, a manifestar sus opiniones, pero la aceptación o el rechazo de sus propuestas depende de la dirección. En la participación deliberante, por el contrario, se asigna a los trabajadores parte de las responsabilidades tradicionales en materia de gestión, como sucede en el trabajo en equipo o en los grupos de trabajo semiautónomos, en los que se delegan algunas competencias en los componentes de la plantilla.

Comités de empresa y estructuras similares, co-gestión

Los términos "comités de empresa" agrupan a las organizaciones creadas para la representación de los trabajadores, habitualmente en los centros de trabajo, aunque también a escalas superiores (empresa, grupo de empresas, sector, Unión Europea, entre otras). La relación con los sindicatos suele estar determinada por la legislación o especificada en los convenios colectivos, pero, en ocasiones, siguen caracterizándose por las tensiones.

La utilización generalizada de los comités de empresa, a veces denominados comités de trabajadores o de cooperación, se encuentra consolidada en varios países europeos como Alemania, Bélgica, Dinamarca, Francia y Países Bajos y, debido al impulso transmitido por la Directiva N° 94/45/CE de 1994 sobre comités de empresa europeos, puede preverse su difusión en las grandes empresas de esta región.

Varios países de Europa central y oriental, como Hungría y Polonia, han dictado normas con el fin de fomentar el establecimiento de estos órganos. Se prevén, asimismo, su presencia en algunos países de África, Asia y América Latina; por ejemplo, la reforma de la legislación laboral posterior al "apartheid" en Sudáfrica comprende la creación de un tipo de comités de empresa paralelos a las estructuras sindicales.

Las posibles competencias de los comités de empresa pueden analizarse mejor observando el ejemplo de Alemania, aunque, en cierto modo, éste es un caso único. El comité de empresa, en dicho país, es entendido como la forma de representación institucionalizada de los intereses de los trabajadores en el centro de trabajo.

El comité de empresa dispone de ciertos derechos de información, consulta (como en todos los países) y co-gestión (mucho menos habitual). Como forma de participación de mayor alcance, la co-gestión implica la intervención en los programas de salud y seguridad en el trabajo, la adopción formal de un sistema de conciliación de intereses y un "plan social" en caso de alteración sustancial del centro, como ocurre cuando se proyecta su cierre.

La co-gestión se extiende también al establecimiento de directrices para la selección y la evaluación del personal, la formación en el puesto y las medidas que afectan específicamente a los trabajadores, como la clasificación en categorías, los traslados y los despidos. Los comités de empresa alemanes tienen capacidad para celebrar convenios laborales a escala empresarial y presentar reclamos cuando consideran que el convenio no está siendo respetado.

Son áreas de co-gestión obligatoria la prevención de accidentes y la protección de la salud, las normas de trabajo, la jornada de trabajo, la determinación de las tasas de remuneración en relación con el rendimiento, la forma de pago, los principios generales que rigen la administración de las vacaciones, entre otros. En estos temas, la empresa no puede adoptar acciones sin el consentimiento del comité de empresa. Asimismo, éste tiene derecho a tomar la iniciativa y puede remitir un asunto a un comité de arbitraje del centro para su resolución, si considera necesario.

El papel del comité de empresa es el de participar en el "cómo" concretar una medida cuando la empresa ha tomado la decisión de adoptarla. El derecho de consulta brinda a los comités de empresa la posibilidad de intervenir en las decisiones tomadas por la empresa, pero la falta de consulta no invalida la decisión tomada en su caso. Las cuestiones que exigen una consulta previa son la protección contra el despido, la prevención de los riesgos laborales, y la formación y la elaboración de planes sociales.

Los comités de empresa deben atenerse a los principios de cooperación con la empresa y respetar la "obligación de paz" (evitar las interrupciones del trabajo); asimismo, colaborar con los sindicatos existentes en el lugar de trabajo y con la organización empresarial pertinente.

Estos comités están obligados a llevar a cabo su actividad con imparcialidad, sin tener en cuenta la raza, la religión o el credo, la nacionalidad, el origen, la actividad política o sindical, el sexo o la edad de los trabajadores. Las empresas ponen a su disposición fondos e instalaciones y son responsables por sus acciones.

En Alemania se eligen comités de empresa específicos para trabajadores manuales y no manuales. Se celebran elecciones especiales para unos y otros y, aunque no existe una vinculación jurídica entre estos representantes y los dirigentes sindicales, en la práctica los puestos son ocupados a menudo por las mismas personas.

En Austria y Alemania se garantiza la representación especial de los trabajadores con capacidades diferentes, los jóvenes y el personal en período de formación. Los miembros de los comités no reciben ninguna remuneración por su actividad en los mismos, aunque se les reembolsan los gastos justificables efectuados, como ser alojamiento, comida, boleto de viaje, etc.

Además, se les garantiza el mantenimiento de su nivel de retribución y su categoría laboral una vez que su mandato concluye y gozan de una protección especial contra el despido. Tienen derecho a abandonar el puesto de trabajo para realizar las tareas relativas al comité de empresa y recibir formación.

Estas medidas de protección son coherentes con lo estipulado en el Convenio relativo a la protección y facilidades que deben otorgarse a los representantes de los trabajadores en la empresa, 1971 (Nº 135), en el que se establece que los representantes de los trabajadores en una empresa deben ser objeto de una protección efectiva contra los actos que les perjudiquen, incluido el despido, por razón de su situación o sus actividades de representación (artículo 1º).

En muchos países se admiten regímenes de comités de empresa menos ambiciosos en los que se reconocen los derechos de información y consulta. Especialmente en los casos en que los sindicatos tienen una presencia menor en los centros de trabajo, existe un interés muy grande en establecer comités de empresa o de trabajadores como medio para dotarles de voz en este ámbito.

Algunos observadores consideran las formas de co-propiedad de los trabajadores y de representación de estos en los órganos empresariales como expresiones de su participación. En Alemania y los países escandinavos, entre otros, los trabajadores tienen una participación indirecta a nivel empresarial mediante la inclusión de sus representantes en los órganos de supervisión.

Para ello se incorporan representantes de la plantilla a la estructura tradicional de gestión, en la que se encuentran en minoría (aunque, en ocasiones, amplia, como en el caso de Alemania). No existe, necesariamente, una participación en la gestión activa de la empresa y los representantes de los trabajadores tienen la misma consideración que otros miembros de los órganos de dirección.

Esto significa que deben velar, en primer lugar, por los intereses empresariales y que están vinculados por el mismo deber de confidencialidad que los demás miembros. Sin embargo, su participación en los órganos de dirección puede facilitar el acceso a información adicional y varios sindicatos han solicitado la concesión del derecho a incluir sus representantes en los mismos. Este fenómeno se observa actualmente en Europa oriental y occidental y en América del Norte, pero sigue siendo poco frecuente en el resto del mundo.

Otra forma de participación de los trabajadores se basa en la posesión de acciones en las empresas. En ocasiones, consiguen reunir el capital suficiente para adquirir empresas que, de otra forma, desaparecerían del mercado. La explicación de este tipo de situaciones consiste en que un trabajador que se identifica económicamente con su empresa trabajará más para contribuir a su éxito.

Este sistema presenta variaciones importantes, debidas a la forma de participación (derechos a obtener el rendimiento del capital invertido o derechos de control), al grado de ésta (cuantía y periodicidad de los beneficios) y a las razones que subyacen a la participación financiera.

En cualquier caso, estas prácticas se concentran mayoritariamente en Europa y América del Norte. Ahora bien, si las cooperativas se consideran una forma más de participación, la noción de los trabajadores como accionistas interesados en la eficacia de su trabajo está mucho más generalizada en todo el mundo. Sería interesante analizar en qué medida la propiedad de una empresa o de acciones de la misma por parte de los trabajadores afecta al nivel de salud y seguridad en el lugar de trabajo

Capítulo VI

El Sistema de las Relaciones Industriales en Bolivia

El Sistema de Relaciones Industriales

Se puede definir Sistema de Relaciones Industriales como el conjunto de relaciones entre los sujetos institucionales de una sociedad industrial. Tradicionalmente estos sujetos son los trabajadores y sus organizaciones sindicales, los emprendedores y sus organizaciones sindicales y, en fin, las instituciones.

Por ejemplo, el Estado cuando produce normas para la reglamentación de las relaciones industriales o el poder judicial, pues, dirime los pleitos que pueden surgir de la interpretación de estas normas.

Obviamente, no existe un único Sistema de Relaciones Industriales. Al observar lo que ocurre en varios países de América Latina y del mundo, se encuentran sistemas basados en lógicas y en ordenamientos normativos profundamente diferentes.

No obstante, en la diversidad de los modelos se pueden detectar algunos elementos constantes que configuran, en cierto modo, el Sistema de Relaciones Industriales. Influyen sobre éste las condiciones de carácter económico, político, social del país, la naturaleza jurídica de los sujetos, los objetivos y las estrategias para alcanzarlos, los métodos y los procedimientos de reglamentación de las relaciones, la acción del Estado, los ámbitos de negociación colectiva y, finalmente, las modalidades de participación de los trabajadores y de los sindicatos en la gestión de la empresa.

En consecuencia, existen sistemas muy centralizados que prevén grandes acuerdos con los primeros niveles de las organizaciones sindicales, por ejemplo, en Francia, Alemania, Italia, Brasil y Argentina. Existen también sistemas en los cuales la contratación es realizada, a menudo, por empresas como ocurre en el panorama sindical anglosajón.

En Bolivia se detecta una situación mixta porque las negociaciones son centralizadas a nivel gobierno-Central Obrera Boliviana, en lo que se refiere a aumentos salariales colectivos de la administración pública y descentralizadas en el sector privado.

La empresa, el sindicato y las Relaciones Industriales

El sindicato es un fenómeno moderno cuyo nacimiento coincide con el del movimiento obrero, producto directo de aquella revolución industrial, localizable históricamente en Inglaterra hacia la mitad de 1700 y que está estrechamente ligada a la entrada en escena de la empresa, la cual ha determinado profundos cambios de naturaleza económica, política, social y jurídica.

Se conocen asociaciones y coaliciones de trabajadores también antes de la Revolución Industrial con manifestaciones muy asombrosas. Volviendo en el tiempo se puede rescatar la revuelta de los esclavos de Espartaco, sin embargo, nadie se atrevería a definirla como la revuelta de un sindicato, así como no fueron asociaciones sindicales las corporaciones de artes y oficios del período medieval.

De sindicato, en el sentido propio, se puede hablar solo cuando en la escena económica comparece el sujeto empresa, dado que ésta lleva consigo una gran innovación en las relaciones de producción. Similar importancia revisten las innovaciones introducidas en el mundo occidental por dos grandes revoluciones de aquel período, la Revolución Americana (1776) y la Revolución Francesa (1789).

Antes que aparezca la empresa, la producción manufacturera había sido realizada, sustancialmente, de dos maneras. La primera es conocida desde los orígenes de la civilización, está centrada en la maestría del artesano, quien ejecuta su trabajo como propietario de las materias primas que compra y de las herramientas que utiliza, a menudo, inclusive, construidas por él mismo. En la bodega artesana trabajan también otras personas, pero no lo hacen solo para percibir una retribución sino para aprender un oficio, el cual lo ejercerán por su cuenta una vez aprendido.

La segunda modalidad de producir se refiere sobre todo a grandes obras públicas más que a productos de uso común y es realizada con personas reducidas a la esclavitud. Este sistema ha sido practicado por casi todos los países durante mucho tiempo y hasta años no muy lejanos, durante la Segunda Guerra Mundial, en los campos de concentración y en las grandes haciendas bolivianas con el famoso pongueaje.

Cuando en la escena económica surgió la empresa, su nacimiento determinó la aparición de dos nuevos roles: en primera instancia, el rol de quien ha invertido el capital, ha construido la fábrica, ha comprado la maquinaria y las materias primas, ha realizado las instalaciones para producir un determinado producto; y el otro rol, de quien, desprovisto de medios de producción y únicamente en poder de su fuerza de trabajo, pone ésta a disposición del primer sujeto y trabaja en esa fábrica, con esas máquinas y equipamientos para realizar el producto en cuestión.

Jurídicamente estamos en presencia de dos sujetos libres, que a paridad de condiciones estipulan libremente un contrato, pese a que desde un punto de vista económico esto no es sustancialmente verdadero porque, obviamente, la condición de quien ofrece trabajo y de quien lo pide es muy diferente. Pero desde el momento en el que la empresa es un fenómeno nuevo, no existen aún normas específicas que digan cómo este contrato deba ser estipulado; la única posibilidad que el derecho ofrece a los dos sujetos es la de utilizar otras previsiones normativas existentes y referirlas a su relación.

El referente al que se recurre es al contrato de alquiler, del cual se copia el diferenciar la relación de trabajo autónomo y la relación de trabajo subordinado, distinguiendo, justamente, entre *locatio operis (alquiler de una obra)* y *locatio operarum (alquiler de una prestación)*, subrayando que el trabajador autónomo otorga un producto mientras que el trabajador subordinado otorga una prestación. Inclusive, hoy en día, continúa vigente esta separación.

Cuando nace la empresa, el trabajo es concebido como un bien que dos sujetos, jurídicamente libres (trabajador y patrón), intercambian en el mercado como cualquier otro producto y, como tal, está sujeto a la férrea ley de la demanda y de la oferta. Falta un específico derecho del trabajo y como consecuencia el patrón, en su rol de empleador, estipula el contrato en las condiciones económicas que logra en el mercado y después como emprendedor, constituye la organización del trabajo que piensa es la idónea al logro de sus objetivos. En este período el trabajador es considerado como un bien material sujeto a la ley de la demanda y de la oferta.

El sindicato, casi en todos los países europeos encabezando Inglaterra y Francia, sigue, a groso modo, un mismo camino evolutivo articulado en tres fases: de represión, tolerancia y fase de reconocimiento jurídico. Este último se presentó, por primera vez, en Inglaterra en el año 1871.

En este panorama evoluciona también la concepción de conflicto laboral. Al inicio y, por largo tiempo, fue considerado una desviación social, un crimen y, como tal, reprimido. Posteriormente, se lo consideró como un factor accidental, eliminable con una organización científica del trabajo (Taylor). Con el surgimiento de una óptica social en la empresa, se lo expulsa a través de la posibilidad de mejorar las relaciones entre las personas. Finalmente, el conflicto laboral es reconocido como un hecho congénito de la organización e investido de una función social.

En el período definido como la primera industrialización, el Estado, que hasta aquel momento había descuidado lo que ocurría en el mercado del trabajo, toma consciencia del hecho de que la libertad jurídica de los dos sujetos, a la hora de estipular el contrato, no tiene paridad de condiciones. El naciente derecho del trabajo asume, por lo tanto, que uno de los dos contrayentes es, desde el comienzo, más débil y debe ser protegido.

Esta protección se refiere, inicialmente, a la integridad física del trabajador y es por esto que las primeras normas de derecho del trabajo en el mundo, comienzan a colocar barreras a la autonomía del empleador sobre la manera de estipular el contrato y, especialmente, sobre el horario de trabajo. Mientras se ponen estos límites a las modalidades con las cuales debe ser ofrecida la prestación, queda enteramente atribuida a la discrecionalidad del emprendedor la organización del trabajo.

Bajo el perfil de las Relaciones Industriales surgen, en este período, las primeras formas de asociación sindical, las empresas de mutuo socorro, desde las cuales se desarrollarán después las estructuras organizativas del sindicato.

Desde el punto de vista normativo, la huelga, que hasta aquel momento era considerada como un delito, se vuelve civilmente ilícita pero penalmente lícita, siempre y cuando no tenga connotaciones de violencia y amenaza.

El sindicalismo en Bolivia nace en la segunda década del siglo pasado como férrea oposición a los gobiernos liberales. En 1916, los obreros de imprenta de La Paz organizaron la Federación de Artes Gráficas, una sociedad "mutualista y de resistencia" con el primordial objetivo de defender sus intereses y luchar por un mejoramiento efectivo de sus condiciones de vida y de trabajo.

Lo extraño es que este flamante organismo aceptó en su seno a los propietarios de las imprentas, contra los que debían dirigir su lucha y su acción defensiva. El ejemplo fue seguido por otros organismos como los ferroviarios y los mineros que, a su vez, organizaron grupos de defensa de sus intereses.

El 17 de abril del 1952 se fundó la Central Obrera Boliviana en el local del Sindicato Gráfico de La Paz, a iniciativa de la Federación de Mineros como culminación de un largo, doloroso y heroico proceso de construcción de un movimiento proletario que representa a la totalidad de los trabajadores bolivianos. En ella se encuentran los representantes de los fabriles, mineros, ferroviarios, bancarios, empleados de la industria y comercio, harineros, constructores y campesinos.

Desde las etapas embrionarias de principios del siglo XX hasta esta instancia, se logró construir una consciencia de clase y madurez política que hizo posible la coincidencia entre la revolución y la creación de este instrumento de lucha que unificó a los sindicatos bolivianos.

LAS RELACIONES INDUSTRIALES EN BOLIVIA SEGÚN LA CONSTITUCIÓN POLÍTICA DEL ESTADO Y LA LEY GENERAL DEL TRABAJO

Las partes fundamentales de la Constitución Política del Estado (CPE) y de la Ley General del Trabajo (LGT) que impactan en el sistema boliviano de Relaciones Industriales son aquellos artículos que definen lo que los estudiosos denominan "derecho colectivo de trabajo".

El derecho colectivo de trabajo es una rama amplia que comprende el derecho de asociación sindical, el convenio colectivo, los conflictos y la huelga. El derecho de asociación laboral da lugar al desarrollo de los convenios colectivos y a la creación de mecanismos administrativos que solucionen los problemas derivados de la relación de trabajo.

A continuación se presentan los principales artículos de la Constitución Política del Estado, de febrero de 2009, que enmarcan el Sistema de Relaciones Industriales en Bolivia.

Derecho al trabajo y empleo. Artículo 46°.

Toda persona tiene derecho: 1. Al trabajo digno, con seguridad industrial, higiene y salud ocupacional, sin discriminación, y con remuneración o salario justo, equitativo y satisfactorio, que le asegure para sí y su familia una existencia digna.

2. A una fuente laboral estable, en condiciones equitativas y satisfactorias.

Derecho a la actividad económica. Artículo 47°.

Toda persona tiene derecho a dedicarse al comercio, la industria o a cualquier actividad económica lícita, en condiciones que no perjudiquen al bien colectivo.

Cumplimiento de obligaciones laborales, igualdad de género y jóvenes. Artículo 48°.

I. Las disposiciones sociales y laborales son de cumplimiento obligatorio.

II. Las normas laborales se interpretarán y aplicarán bajo los principios de protección de las trabajadoras y de los trabajadores como principal fuerza productiva de la sociedad; de primacía de la relación laboral; de continuidad y estabilidad laboral; de no discriminación y de inversión de la prueba a favor de la trabajadora y del trabajador.

V. El Estado promoverá la incorporación de las mujeres al trabajo y garantizará la misma remuneración que a los hombres por un trabajo de igual valor, tanto en el ámbito público como en el privado.

VI. Las mujeres no podrán ser discriminadas o despedidas por su estado civil, situación de embarazo, edad, rasgos físicos o número de hijas o hijos. Se garantiza la inamovilidad laboral de las mujeres en estado de embarazo, y de los progenitores, hasta que la hija o el hijo cumplan un año de edad.

VII. El Estado garantizará la incorporación de las jóvenes y los jóvenes en el sistema productivo, de acuerdo con su capacitación y formación.

Negociación Colectiva. Despido injustificado. Artículo 49°.

I. Se reconoce el derecho a la **negociación colectiva**.

II. La ley regulará las relaciones laborales relativas a contratos y convenios colectivos; salarios mínimos generales, sectoriales e incrementos salariales; reincorporación; descansos remunerados y feriados; cómputo de antigüedad, jornada laboral, horas extra, recargo nocturno, dominicales; aguinaldos, bonos, primas u otros sistemas de participación en las utilidades de la empresa; indemnizaciones y desahucios; maternidad laboral; capacitación y formación profesional, y otros derechos sociales.

III. El Estado protegerá la estabilidad laboral. Se prohíbe el despido injustificado y toda forma de acoso laboral. La ley determinará las sanciones correspondientes.

Libertad de asociación sindical. Fuero Sindical. Artículo 51°.

I. Todas las trabajadoras y los trabajadores tienen derecho a organizarse en *sindicatos de acuerdo con la ley.*

II. El Estado respetará los principios sindicales de unidad, democracia sindical, pluralismo político, autosostenimiento, solidaridad e internacionalismo.

III. Se reconoce y garantiza la sindicalización como medio de defensa, representación, asistencia, educación y cultura de las trabajadoras y los trabajadores del campo y de la ciudad.

IV. El Estado respetará la independencia ideológica y organizativa de los sindicatos. Los sindicatos gozarán de personalidad jurídica por el solo hecho de organizarse y ser reconocidos por sus entidades matrices.

V. El patrimonio tangible e intangible de las organizaciones sindicales es inviolable, inembargable e indelegable.

VI. Las dirigentas y los dirigentes sindicales gozan de fuero sindical, no se los despedirá hasta un año después de la finalización de su gestión y no se los disminuirán sus derechos sociales, ni se los someterá a persecución ni privación de libertad por actos realizados en el cumplimiento de su labor sindical.

Libertad de asociación empresarial. Artículo 52°.
I. Se reconoce y garantiza el derecho a la libre asociación empresarial.

II. El Estado garantizará el reconocimiento de la personalidad jurídica de las asociaciones empresariales, así como las formas democráticas organizativas empresariales, de acuerdo con sus propios estatutos.

Derecho a la huelga. Artículo 53°.
Se garantiza el derecho a la huelga como el ejercicio de la facultad legal de las trabajadoras y los trabajadores de suspender labores para la defensa de sus derechos, de acuerdo con la ley.

Iniciativa privada. Artículo 308°.
I. El Estado reconoce, respeta y protege la iniciativa privada, para que contribuya al desarrollo económico, social y fortalezca la independencia económica del país.

II. Se garantiza la libertad de empresa y el pleno ejercicio de las actividades empresariales, que serán reguladas por la ley.

Finalidades de la actividad económica. Artículo 312°.

I. *Toda actividad económica debe contribuir al fortalecimiento de la soberanía económica del país. No se permitirá la acumulación privada de poder económico en grado tal que ponga en peligro la soberanía económica del Estado.*

II. *Todas las formas de organización económica tienen la obligación de generar trabajo digno y contribuir a la reducción de las desigualdades y a la erradicación de la pobreza.*

III. *Todas las formas de organización económica tienen la obligación de proteger el medio ambiente.*

Monopolio y oligopolio. Artículo 314°.
Se prohíbe el monopolio y el oligopolio privado, así como cualquier otra forma de asociación o acuerdo de personas naturales o jurídicas privadas, bolivianas o extranjeras, que pretendan el control y la exclusividad en la producción y comercialización de bienes y servicios.

Función del Estado en la economía. Artículo 316°.
La función del Estado en la economía consiste en:
1. Conducir el proceso de planificación económica y social, con participación y consulta ciudadana. La ley establecerá un sistema de planificación integral estatal, que incorporará a todas las entidades territoriales.

2. Dirigir la economía y regular, conforme con los principios establecidos en esta Constitución, los procesos de producción, distribución, y comercialización de bienes y servicios.

Inversión boliviana y extranjera. Artículo 320°.
I. La inversión boliviana se priorizará frente a la inversión extranjera.

IV. El Estado es independiente en todas las decisiones de política económica interna, y no aceptará imposiciones ni condicionamientos sobre esta política por parte de estados, bancos o instituciones financieras bolivianas o extranjeras, entidades multilaterales ni empresas transnacionales.

Jerarquía normativa. Artículo 410°.
II. (...) La aplicación de las normas jurídicas se regirá por la siguiente jerarquía, de acuerdo a las competencias de las entidades territoriales: 1. Constitución Política del Estado. 2. Los tratados internacionales Las leyes nacionales,

los estatutos autonómicos, las cartas orgánicas y el resto de legislación departa-
mental, municipal e indígena 3. Los decretos, reglamentos y demás resolucio-
nes emanadas de los órganos ejecutivos correspondientes.

ALGUNOS COMENTARIOS

Más allá de comentarios puntuales acerca del derecho a la huelga, convenio colectivo, conclusión de la relación laboral y estabilidad laboral que se verá, puntualmente, más adelante, es importante destacar algunos aspectos importantes definidos en la CPE para entender el marco en el cual se mueve el sistema laboral en Bolivia.

En cuanto al *derecho al trabajo y empleo* establecido en el artículo 46°, se precisan términos clave para quien tiene la responsabilidad de gestión de Recursos Humanos: discriminación, remuneración justa y equitativa. Lo mismo ocurre al leer el artículo 48° referido a la *igualdad de género* y a la *juventud.*

También son importantes aquellas partes donde la Constitución *reconoce, protege y respeta la iniciativa privada* (artículo 308°), aunque el mismo parece fuertemente mitigado por el artículo 316° en el cual de indica no solo que es *función del Estado conducir el proceso de planificación económica* sino que en el segundo párrafo del mismo artículo se señala que la función del Estado es *"Dirigir" la economía,* verbo normalmente usado en las Constituciones y sistemas políticos con economía dirigista de tipo marxista como el de Cuba, Corea del Norte, Venezuela y China a su manera..

La Constitución reconoce, en forma expresa, *el derecho de libre asociación sindical* de los trabajadores y empleadores (artículos 51° y 52°) como partes representantes del trabajo y el capital en las unidades de producción.

Los dirigentes sindicales encargados de los intereses colectivos de la asociación, se encuentran amparados por el *fuero sindical* previsto en el artículo 51° de la Constitución. Además, conforme al Decreto - Ley del 7 de febrero de 1944 elevado a Ley en febrero de 2006 "los trabajadores elegidos para desempeñar los cargos directivos de un sindicato, no podrán ser destituidos sin previo proceso" a instaurarse ante la judicatura del trabajo.

A propósito del fuero sindical es necesario remarcar que la Ley General del Trabajo (LGT) boliviana, contrariamente a otras latinoamericanas y europeas, no pone un límite o una relación entre número de dotación de la unidad productiva y el número de personal con derecho al fuero sindical. Normalmente la relación es de uno —con fuero— por cada cien empleados.

Este vacío legislativo genera distorsiones también desde un punto de vista de credibilidad del sindicato mismo. Existen empresas, donde la relación de trabajadores con fuero, es de uno a diez y, a menudo, ocurre que se genera una "carrera" por alcanzar el fuero sindical, solo para protegerse de las hachas del *downsizing*.

En términos generales, la Constitución Política del Estado Plurinacional de Bolivia, con sus 411 artículos, es una de las más largas del mundo. Medianamente las Constituciones del continente americano y europeo no superan los 150 artículos, comprendida la de Cuba, constitucionalmente martiana-marxista-leninista y la Republica Popular de China.

Esto significa, no solo por los temas laborales contenidos que la Asamblea Constituyente ha querido elevar a rango de ley constitucional, que en otros países están regulados por leyes ordinarias, generando grandes disparidades en especial en el modo de llevar adelante temas laborales álgidos como la conclusión del contrato laboral o la misma contratación colectiva, como veremos más adelante.

Si a esto se suma que los "restos arqueológicos" de la Ley General del Trabajo y el Reglamento de la misma nacieron y son las mismas de hace más de 80 años, se puede, sin lugar a duda, concluir que el camino a seguir para alcanzar un Sistema moderno y equitativo de Relaciones Laborales en Bolivia es aún muy largo y complicado.

El derecho a la huelga

El derecho a la huelga "como el ejercicio de la facultad legal de los trabajadores de suspender labores para la defensa de sus derechos", es un precepto constitucional previsto también en la Ley General del Trabajo y su Decreto Reglamentario a los efectos de su aplicación concreta.

En la Legislación latinoamericana, se define la huelga como la suspensión pacífica del trabajo a consecuencia del abandono que se hace del centro de producción y mientras dure el conflicto.

La huelga suspende los efectos de los contratos de trabajo y en la legislación boliviana, cuando ésta es legal, se dispone el pago de los salarios por los días de cesación de la actividad laboral.

Desde el nacimiento formal del Derecho del Trabajo, la huelga, como el medio de coacción de las organizaciones de trabajadores, ha sido, paulatinamente, reconocida como un derecho tanto en las legislaciones especializadas como en los textos constitucionales de la mayoría de los países.

Estas normas legislativas regulan el ejercicio del derecho a la huelga, estableciendo las formalidades y l o s procedimientos previos a su declaratoria y realización o, bien, dejando a los convenios colectivos o los reglamentos sindicales la especificidad de sus causas y la responsabilidad de su realización.

En algunas legislaciones, también se han establecido criterios para determinar la justicia de una huelga, en relación directa con sus causas, buscando sancionar a quien ha incumplido la obligación social de evitarla. En este campo se atribuye la calidad de huelga justa, a aquella cuya causa sea imputable a los empleadores y huelga injusta a aquella cuya causa sea imputable a los trabajadores.

Siguiendo este criterio, se determinan los objetivos de la huelga para establecer su legitimidad en relación a las causas que impulsan a realizarla, dejando de ser huelga legítima aquella que no persigue los fines presentes en la ley.

De esta manera, para que una huelga sea legal, algunas legislaciones del trabajo exigen que sea legítima o justa además de formal, es decir, que las partes hayan observado los aspectos previstos en la norma con carácter previo. Otras legislaciones, como la boliviana, prescindiendo de los criterios de legitimidad se limitan a establecer el cumplimiento de los procedimientos prescritos como único requisito para su calificación como legal o ilegal.

La legislación boliviana no establece los objetivos de la huelga como tampoco los fines de la misma, únicamente se determina un procedimiento que prohíbe la huelga antes de cumplidas las etapas de conciliación y arbitraje, convirtiendo estos instrumentos de solución de los conflictos colectivos en prerrequisitos para la realización de huelgas legales.

El procedimiento mencionado es inadecuado e invertido cuando se trata de ejercer el derecho a la huelga en los conflictos reivindicatorios o económicos. Por otra parte, la legislación boliviana no establece un procedimiento para llegar a una huelga legal cuando se trata de conflictos colectivos de derecho, es decir, por incumplimiento de la ley de los Convenios o de los Laudos Arbitrales.

En relación a procedimientos previos y formalidades legales para ejercer el derecho a la huelga, ya empieza a ganar un gran espacio entre los teóricos del Derecho del Trabajo, el criterio de la autorregulación de la huelga, fundado en el precepto constitucional que establece este derecho, dejando a las organizaciones laborales la regulación de su ejercicio, de acuerdo a las condiciones que permitan su realización.

En el contexto de la práctica laboral latinoamericana, y con los mismos fundamentos de presión laboral establecidos en los principios del Derecho del Trabajo, se conocen con el nombre de "huelga de brazos caídos o huelga de brazos cruzados" a las que se ejecutan en el puesto de trabajo aunque absteniéndose los trabajadores de cumplir con sus labores habituales. Huelgas de brazos caídos o brazos cruzados que se presentan, también, bajo la modalidad de la ocupación del centro de trabajo durante el conflicto, como un medio de precautelar la continuidad de la relación laboral.

Se llaman huelgas de solidaridad a las que se cumplen por una coalición de trabajadores con el objeto expreso de apoyar la huelga legítima declarada por otra organización o grupo de trabajadores. Sobre las huelgas de solidaridad, las legislaciones del trabajo determinan situaciones contradictorias de permisibilidad o prohibición de las mismas.

Pero además de no trabajar, que es la particularidad de la huelga laboral, se conoce la llamada "huelga de hambre". Ésta tiene el propósito de mostrar la agudización del conflicto laboral y buscar una pronta solución con la participación de los poderes públicos y otras instituciones vinculadas con los derechos humanos.

Las huelgas que tienen por finalidad presionar a los poderes públicos para la solución favorable de los conflictos colectivos, encuentran restricciones para su realización en algunas legislaciones. Bajo el criterio de tratarse de huelgas políticas en un análisis simplista, se las excluye del texto normativo laboral.

En este sentido, debemos señalar que el derecho a la huelga no se ejerce solamente para defender los intereses de la relación laboral, sino también para defender los derechos colectivos de orden social, cuando estos derechos se encuentran consagrados en la Constitución, en la legislación laboral o en los convenios colectivos.

El Derecho del Trabajo, por su naturaleza protectora, trasciende el marco de la relación trabajador-empleador, reconociendo la desigualdad entre el trabajo y el capital. Cuando esta protección no es ejercida por el Estado a través de su política socio-laboral o cuando esa política contradice los derechos establecidos en la legislación o en los convenios colectivos, se producen huelgas que involucran a todas las, numerosas, categorías de trabajadores. Si bien estas huelgas llamadas políticas presionan a los poderes públicos, no por ello dejan de estar dirigidas a la defensa de las condiciones de trabajo o en muchos casos, a la sobrevivencia de las instituciones más importantes del Derecho Colectivo.

LA CONTRATACIÓN COLECTIVA

En el siglo XVIII se produjo uno de los acontecimientos más importantes de la historia de la humanidad: la Revolución Industrial.

Con la Revolución Industrial se dio un gran salto en el proceso productivo mundial. Pero, al mismo tiempo, empeoraron las condiciones de trabajo y se acrecentó la explotación laboral.

La legislación laboral de la época era incipiente y proclive a favorecer a los emergentes y poderosos capitalistas. De parte del Estado no existía la suficiente protección a los trabajadores, los que tuvieron que luchar incansablemente para contar con los más elementales derechos laborales.

Como producto de esa sacrificada lucha, se conquistó el Derecho a la Sindicalización Profesional, base fundamental del actual Derecho Colectivo. Esta conquista se convirtió, posteriormente, en la norma elemental para el funcionamiento de los sindicatos y la aplicación de los Contratos Colectivos.

Por ello, se puede decir que los Contratos Colectivos de Trabajo surgieron y evolucionaron a la par de la consolidación y desarrollo de los sindicatos. Ambos, son producto de la lucha de los trabajadores.

Asimismo, la lucha de los trabajadores bolivianos por la implantación de los Contratos Colectivos de Trabajo no es reciente. Como evidencia de ello se tienen algunos documentos históricos como la Tesis de Pulacayo (1946) que señala:

> *No se puede permitir que la prepotencia del capitalista arrolle al trabajador individual, incapaz de dar su libre consentimiento, porque no puede haber libre consentimiento allí donde la miseria del hogar obliga a aceptar el más ignominioso contrato de trabajo. A los capitalistas que obran de común acuerdo para extorsionar al obrero mediante el contrato individual, opongamos el Contrato*

Sin embargo, por diversas razones, los Contratos Colectivos no adquirieron gran importancia en el país sino con la llegada de las políticas neoliberales.

Los sindicatos adquirieron mayor fuerza a través de los Contratos y la Negociación Colectiva. Sin la lucha del movimiento sindical no existirían los Contratos Colectivos de Trabajo.

Un Contrato Colectivo de Trabajo es un documento que se suscribe entre el Sindicato de trabajadores de una empresa y su representación patronal, en el que se establecen las condiciones socioeconómicas en las que se debe desarrollar el trabajo y donde definen los derechos y obligaciones de trabajadores y empleadores.

El Contrato Colectivo, como afirma el artículo 49º de la Constitución, fija los temas específicos que le interesan al trabajador y al empresario tales como salarios mínimos generales, sectoriales e incrementos salariales; reincorporación; descansos remunerados y feriados; cómputo de antigüedad, jornada laboral, horas extra, recargo nocturno, dominicales; aguinaldos, bonos, primas u otros sistemas de participación en las utilidades de la empresa; indemnizaciones y desahucios; maternidad laboral; capacitación y formación profesional y otros derechos sociales.

Sin embargo, existen varios problemas que dificultan la institucionalización de los Contratos Colectivos de Trabajo, por ejemplo:

- El temor de los empresarios a que el Contrato Colectivo de Trabajo sea un instrumento que utilicen los trabajadores para perjudicar a la empresa.
- La falta de iniciativa y decisión del gobierno para promover la implementación de Contratos Colectivos de Trabajo.
- Los prejuicios que tienen algunos dirigentes sindicales con respecto a los Contratos Colectivos de Trabajo.
- La falta de práctica en el país, en la aplicación de Contratos Colectivos de Trabajo.

Ante esta realidad, dirigentes sindicales, empleadores y gobierno deben esforzarse por superar las dificultades para la aplicación de los Contratos Colectivos de Trabajo.

Todos los trabajadores organizados en sindicatos, sean del área urbana o rural, están facultados por nuestras leyes para realizar la negociación colectiva.

La negociación colectiva puede darse en varios niveles: nacional, sectorial (por rama de actividad), regional y por empresa, por ejemplo: la Cámara de Industrias puede negociar con la Confederación de Fabriles. Empresarios y trabajadores pueden designar asesores o apoderados para la negociación.

Pero, la negociación colectiva no adquirió tanta importancia debido, entre otras causas, a que los sindicatos tenían una fuerza capaz de imponer sus reivindicaciones a los gobiernos y a los empleadores, a través de la presión social.

Debido a ello, no se desarrolló un pleno conocimiento y conciencia acerca de la importancia de la Negociación y de los Contratos Colectivos de Trabajo.

Actualmente, son muy pocos los sectores que han emprendido el proceso de la negociación para lograr un Contrato Colectivo de Trabajo, es el caso de los trabajadores de ENTEL durante la capitalización, probablemente influenciada por la cultura europea.

En el proceso de la negociación colectiva suelen presentarse dificultades. Mencionaremos algunas de ellas:

- Falta de práctica, debido a ésta, empresarios y trabajadores desconocen las ventajas de la negociación colectiva de trabajo.

- Posiciones inflexibles de confrontación, dado que tanto empleadores como trabajadores tienen, a menudo, posiciones encontradas e inflexibles.

- Mentalidad empresarial estrecha debido a una cultura caudillista de la gerencia boliviana y la alta oferta de mano de obra; los empresarios prefieren negociar los contratos individualmente con cada trabajador y no con el sindicato.

- Falta de reconocimiento mutuo entre ambas partes, como actores con intereses particulares legítimos.

- La indisciplina e incumplimiento, las partes no cumplen lo convenido. Se quiere negociar otros temas fuera de lo ya establecido, no se cumplen con los tiempos previstos para la negociación, etc.

- Existen sectores de trabajadores que consideran la Negociación y el Contrato Colectivo de Trabajo como "instrumentos del neoliberalismo". Asimismo, existen empleadores que los asumen como una "maniobra de los sindicatos para desestabilizar a la empresa". Ambas concepciones dificultan el proceso de negociación. Para que la negociación colectiva sea fructífera, trabajadores y empleadores deben despojarse de posiciones cerradas.

El Estado debe garantizar las condiciones básicas adecuadas para que trabajadores y empleadores negocien. Asimismo, el Estado tiene que jugar el rol de "garante" para el debido cumplimiento de todas y cada una de las cláusulas del Contrato. El Estado debe garantizar el ejercicio de los derechos laborales y proteger al trabajador ya que la relación obrero-patronal no es de igualdad.

El artículo 17º del Decreto Reglamentario (DS 224 del 23 de agosto 1943) dispone:

> Contrato Colectivo de trabajo es el convenio celebrado entre uno o más patronos y un sindicato, federación o confederación de sindicatos de trabajadores con el objeto de determinar condiciones generales de trabajo o de reglamento.

Es decir, que se reconoce al Contrato Colectivo de Trabajo, son efectos de una ley con fuerza obligatoria para todos aquellos que se encuentran comprendidos dentro del área de su aplicación en las relaciones de trabajo.

Para la celebración de los contratos o convenciones colectivas se requieren de los mismos elementos esenciales de los contratos en general:

1. *La capacidad.* Los pactantes de una convención normativa de trabajo requieren una doble capacidad. Una personal, o sea aquella que se requiere para ejercer derechos y contraer obligaciones y otra social, condición requerida para representar a la organización laboral o patronal.

2. *El consentimiento.* El consentimiento está expresado en la representación que tienen los gestores del contrato colectivo. El consentimiento individual de los afiliados al sindicato pactante va desapareciendo ya que la voluntad mayoritaria está expresada en las asambleas sindicales, criterio que no siempre se acata por unanimidad, sino por simple mayoría como ocurre en la democracia sindical. Los efectos de la negociación colectiva alcanzan a los que no pertenecen al sindicato, e incluso, a los que se incorporan posteriormente.

3. *El objeto.* El objeto de las convenciones normativas —a las que se aplican las cláusulas del contrato laboral— es el de regla-

mentar los contratos individuales existentes, ya que en estos se conciertan servicios, mientras que en las convenciones normativas se pactan normas.

Las partes contratantes en el Convenio Colectivo de Trabajo son, por una parte, la organización sindical y, por otra, la representación patronal.

El Sindicato aparece como el único sujeto pactante y representante del interés colectivo profesional que concentra todas las individualidades de los trabajadores. Esto no quiere decir que la federación de sindicatos, por expreso reconocimiento de los federados, pacte un contrato colectivo como se reconoce en el Decreto Reglamentario de la legislación y reglamentación laboral boliviana vigente cuyo artículo 17º ya fue señalado y al que se suman otros.

> Artículo 19º   Solo los sindicatos, federaciones o confederaciones del sindicato de trabajadores, con personería jurídica reconocida por el Supremo Gobierno y organizados de acuerdo a la Ley General del Trabajo y al presente Reglamento podrán suscribir válidamente.
> Artículo 20º   La representación de todo sindicato, federación o confederación de sindicatos de trabajadores, será ejercida conforme a sus estatutos.

El representante del sector empresario. Puede ser sujeto pactante del contrato colectivo un sujeto individual, una sola empresa o un empleador aislado. En todo caso si actúan varios patrones individualmente considerados, el sujeto pactante debe tener representación para actuar en nombre de todos en la negociación colectiva.

Los sujetos obligados. Como norma de eficacia general, el convenio colectivo vincula a todos los trabajadores y empleadores incluidos en el campo de aplicación funcional y territorial del pacto, independientemente de que estén o no afiliados a las organizaciones pactantes.

REQUISITOS FORMALES

En la mayoría de las legislaciones para que el contrato colectivo tenga plena validez, es necesario que cumpla las siguientes formalidades esenciales:
- Que conste por escrito.
- Que se haya hecho público.

- Que se lo haya registrado.
- Que se lo haya homologado.

Las disposiciones establecen que los convenios colectivos deben celebrarse en un documento por escrito en el cual consten todas las cláusulas pertinentes, de lo contrario, no tiene efecto alguno. Este requisito no se aplica solo al contrato colectivo, sino también a todos los actos equivalentes, como la adhesión o las modificaciones posteriores que en caso de revisión se introduzcan al convenio inicial.

El artículo 23° de la Ley General del Trabajo determina:

> El Contrato colectivo no solo obliga a quienes lo han celebrado, sino a los obreros que después, se adhieran a Él por escrito, y a quienes posteriormente ingresan al sindicato contratante.

El Decreto Reglamentario de la Ley General del Trabajo establece:

> Artículo 18°   El contrato colectivo de trabajo deberá ser obligatoriamente celebrado por escrito y registrado ante el Inspector de Trabajo.

Se deben realizar tres ejemplares del documento —uno para el empleador, otro para el sindicato y el tercero para conocimiento de la autoridad respectiva— los cuales deben estar firmados por las partes ya que la ausencia de firmas provoca la nulidad del convenio. Los firmantes deben precisar cuál es la organización a la que representan.

Publicidad. El convenio colectivo puede ser conocido por cualquier interesado. Para tal efecto, en la legislación se establece que sea depositado ante la autoridad respectiva, se imprima y se fije en los lugares más visibles de los establecimientos donde deben aplicarse sus disposiciones.

El Registro. El registro como su nombre lo indica, es el depósito de un ejemplar ante la autoridad de trabajo competente, en el caso de Bolivia: "deberá ser registrado ante el Inspector de trabajo", según el artículo 18° del Decreto Reglamentario.

La Homologación. Consiste en la aprobación y ratificación por el Poder Público. Homologar una convención normativa consiste en que la autoridad competente, mediante resolución, apruebe el acuerdo al que llegaron las partes intervinientes en la negociación laboral respectiva, a fin de que ese acuerdo surta efectos entre terceros que no hayan participado. En algunas legislaciones europeas (España e Italia) desaparece la homologación o intervención del Estado, pero para evitar la aplicación de convenios ilegales y lesivos a terceros, dicho control se encomienda a los órganos jurisdiccionales.

En Bolivia, el empleador puede escoger libremente entre el contrato individual y/o Colectivo. Básicamente la relación de trabajo se inicia mediante un contrato individual que, como resultado de la libertad de asociación, puede tornarse en colectivo pero los alcances de éste no modifican, por ejemplo, la situación funcional o nivel salarial.

La tesis central de la Federación Sindical de Trabajadores Mineros de Bolivia con relación a los Contratos Colectivos de Trabajo establece:

1.	El Contrato Colectivo de Trabajo debe ser, sobre todo, revocable en cualquier tiempo por la sola voluntad de los sindicatos.

2.	Debe ser de adhesión, obligatorio aún para los no sindicalizados, el obrero que vaya a contratarse encontrará ya preestablecidas las condiciones pertinentes.

3.	No debe excluir las condiciones más favorables que se hubiesen conseguido mediante contratos individuales.

4.	Su ejecución y control deben estar controlados por los sindicatos.

5.	El contrato colectivo debe tomar como punto de partida la plataforma de reivindicaciones transitorias.

En el Decreto Supremo N° 05051 del 1 de octubre de 1958, se establecieron las normas del Contrato Colectivo de Trabajo:

Artículo 1°	A partir del primero de octubre del presente año, todas las empresas del país deberán suscribir con los sindicatos respectivos Contratos Colectivos de Trabajo de acuerdo a la Ley de 13 de diciembre de 1956. Los detalles y condiciones serán convenidos libremente por las partes.

Artículo 2°	Los contratos colectivos de trabajo se suscribirán entre el patrón o su representante legal y el sindicato de la empresa. En caso de que en una empresa existan dos o más sindicatos, todos ellos deberán organizar una sola representación sindical para la suscripción del respectivo contrato colectivo.

Artículo 3°	Todo contrato colectivo para ser válido deberá ser homologado por la Dirección General del Trabajo, repartición en la que se abrirá un "Registro Nacional de Contratos Colectivos".

Artículo 4°	Las empresas con domicilio legal en el interior de la República (Estado Plurinacional), presentarán en doble ejemplar los respectivos contratos a la más próxima Jefatura Regional del Trabajo, la misma que deberá remitir el original a la Dirección General para su homologación.

Artículo 5° Para facilitar la aplicación del Contrato Colectivo, el Ministerio de Trabajo y Seguridad Social proporcionará formularios de contrato tipo.

Artículo 6° Todo Contrato Colectivo deberá tener por lo menos la vigencia de un año salvo las disposiciones que sobre rescisión y extinción establece el Art. 13 de la Ley de diciembre de 1966.

Artículo 7° Todo Contrato Colectivo obliga por el término de su duración a las personas naturales o jurídicas en cuyo nombre se celebre el contrato cualesquiera que fuesen los cambios que se produzcan en sus representaciones.

Artículo 8° Los empleadores y los trabajadores obligados por el Contrato Colectivo no podrán estipular disposiciones contrarias a la Ley, las buenas costumbres, ni al interés público.

Artículo 9° Las prelaciones otorgadas por el Código de Seguridad Social y las disposiciones de la Ley General del Trabajo y su Decreto Reglamentado, no podrán modificarse en los Contratos Colectivos de Trabajo.

Artículo 10° Constituyendo el Contrato Colectivo de Trabajo un acto solemne, las partes deberán acreditar su capacidad y su personería jurídica conforme a Ley.

Artículo 11° En caso de conflicto en la negociación del Contrato Colectivo, se aplicarán estrictamente las disposiciones contenidas en la Ley General del Trabajo y su Decreto Reglamentario.

Artículo 12° El Derecho de huelga solo podrá ser ejercitado cuando se hayan agotado todos los recursos señalados por la Ley General del Trabajo y por resolución democrática de los trabajadores, de conformidad al Art. 114 de dicha Ley expresada en voto secreto en asamblea general.

En el contexto histórico normativo los sujetos de la relación empleadores y trabajadores, se ven obligados a aceptar la presencia del Estado en el papel arbitral de los intereses particulares. Este quehacer del Estado social en Bolivia, se ve fortalecido por la presencia de las Empresas Públicas que lo estigmatizan como Estado empleador, dando lugar, en el marco de la Ley General de Trabajo de 1939, a la presencia de los convenios colectivos en empresas o ramas de actividad productiva.

En materia laboral, se deben seguir las instancias legales ordinarias; no se puede, no está admitido el Arbitraje que, por ejemplo, se puede usar en materia comercial, con el requisito expreso de renunciar expresamente a la jurisdicción ordinaria. Esto significa que el Estado es el único que puede impartir justicia y, al permitir en materia civil-comercial, está delegando la solución de los conflictos, lo que significa que no pierde su potestad, al reconocer el arbitraje en esta materia, pero, reitero, no es factible en materia laboral, ni en la penal. La dinámica de la lucha laboral boliviana, en el período del Estado empleador, borra las fronteras entre lo estrictamente sindical y lo político, con la participación del sindicato en los niveles de decisión administrativa de las empresas, dando lugar a que los Convenios Colectivos involucren únicamente aspectos económicos.

El mismo contenido del artículo 49° de la CPE de 2009 mantiene un bajísimo perfil respecto a los argumentos que las partes pueden o deben discutir en una mesa de negociación. La Constitución se limita a definir temas específicos que le interesan al trabajador y al empleador tales como salarios mínimos generales, sectoriales e incrementos salariales; reincorporación; descansos remunerados y feriados; cómputo de antigüedad, jornada laboral, horas extra, recargo nocturno, dominicales; aguinaldos, bonos, primas u otros sistemas de participación en las utilidades de la empresa; indemnizaciones y desahucios; maternidad laboral; capacitación y formación profesional y otros derechos sociales.

Después de ochenta años de existencia de la Ley General del Trabajo, de 1939 (DS 24.05.1939 elevado a Ley en diciembre 1942), la Constitución ha desaprovechado una oportunidad única de innovar y fijar contenidos coherentes con una economía mundial y que reflejara los temas que atañan a empresa y trabajadores en el tercer milenio como políticas industriales, igualdad de género, modalidades de cómo enfrentar momentos de crisis, alternativas al despido colectivo de personal, etc.

Cuando nos referimos al tercer milenio no pretendemos aludir a las así llamadas economías neoliberales sino también a experiencias desarrolladas en áreas caracterizadas por un marcado *welfare* como parte de la Unión Europea, pero también en países comunistas como China o marxistas-leninistas como Cuba.

LA CONCLUSIÓN DE LA RELACIÓN DE TRABAJO

En términos de rescisión del contrato de trabajo, el ordenamiento laboral boliviano, prevé que cada uno de los contrayentes pueda rescindir el contrato dando un preaviso en los términos determinados. Para el trabajador estos términos están establecidos en un mes si se trata de empleado, y quince días en caso de obreros. Para el empleador el término es de noventa días.

Si uno de los dos sujetos no da el preaviso, debe versar a la otra parte una indemnización equivalente al importe de la retribución que hubiese recibido si se hubiesen respetado los términos de tiempo para la entrega del preaviso. La indemnización a cargo del empleador, es denominada desahucio.

Cuando quien rescinde el contrato es el trabajador se habla propiamente de *renuncia*; cuando es el empleador se habla de *despido*. En el ordenamiento jurídico boliviano, las causas de despido son dos: por motivos disciplinarios y por causa ajena a la voluntad del trabajador.

Respecto a los primeros, el artículo 16° de la Ley General del Trabajo indica cuáles son las causas: Perjuicio material causado con intención a los instrumentos de trabajo; Revelación de secretos industriales; Omisiones o imprudencia que afecten a la seguridad o higiene industrial; Inasistencia injustificada de más de seis días continuos; Incumplimiento total o parcial del convenio; Robo o hurto del trabajador. En este caso, el empleador no está obligado a pagar el desahucio.

Respecto a los segundos, el artículo 13° de la Ley General del Trabajo dice que, cuando el empleado u obrero fuera retirado por causa ajena a su voluntad, el patrón estará obligado, independientemente del desahucio, a indemnizar por el tiempo de servicio recibido, con la suma equivalente a un mes de sueldo por cada año de trabajo continuo, y si los servicios no hubieran alcanzado el año, en forma proporcional por los meses trabajados. En síntesis, esta disposición establece el pago de un sueldo por año trabajado y tres de desahucio a causa del despido no justificado.

El Decreto Supremo N° 28699 del 1 de mayo de 2006 y el Decreto Supremo N° 495 del 1 de mayo de 2010, abrogando el artículo 55° del Decreto Supremo 21060 de 1985, establece en su artículo 10°:

I. "Cuando el trabajador sea despedido por causas no contempladas en el Artículo 16° de la Ley General del Trabajo, podrá optar por el pago de los beneficios sociales o por su reincorporación.

II. Cuando el trabajador opte por los beneficios sociales, el empleador está obligado a cancelar los mismos además de los beneficios y otros derechos que le corresponda, en el tiempo y condiciones señaladas en el artículo séptimo de la presente ley".

III.	"En caso de que el trabajador opte por su reincorporación podrá recurrir a este efecto ante el Ministerio de Trabajo, Empleo y Previsión Social, donde una vez constatado el despido injustificado, se conminará al empleador a la reincorporación inmediata al mismo puesto que ocupaba la trabajadora o trabajador al momento del despido, más el pago de los salarios devengados y demás derechos sociales que correspondan a la fecha de la reincorporación, a través de las Jefaturas Departamentales y Regionales de Trabajo.

IV.	La conminatoria es obligatoria en su cumplimiento a partir de su notificación y únicamente podrá ser impugnada en la vía judicial, cuya interposición no implica la suspensión de su ejecución.

V.	Sin perjuicio de lo dispuesto en el Parágrafo IV del presente Artículo, la trabajadora o trabajador podrá interponer las acciones constitucionales que correspondan, tomándose en cuenta la inmediatez de la protección del derecho constitucional de estabilidad laboral".

Como resulta evidente, pese a haber abrogado con decreto (y no con ley) el famoso artículo 55° del Decreto N° 21060 sobre la libre contratación, la ley toma en cuenta para el pago de beneficios o incorporación solo elementos subjetivos (¡los de hace setenta años!) para considerar el despido justificado o no justificado.

La ley y decretos no contemplan los motivos objetivos de una posible conclusión de la relación laboral, como por ejemplo: *causas económicas* las cuales ocurren cuando de los resultados de la empresa se desprende una situación económica negativa, en casos tales como la existencia de pérdidas actuales o previstas, o la disminución persistente de su nivel de ingresos o ventas; *causas técnicas*, cuando se produzcan cambios, entre otros, en el ámbito de los medios o instrumentos de producción; *causas organizativas*, cuando se produzcan cambios, entre otros, en el ámbito de los sistemas y métodos de trabajo del personal o en el modo de organizar la producción; *causas productivas*, cuando se produzcan cambios, entre otros, en la demanda de los productos o servicios que la empresa pretende colocar en el mercado. En este caso queda el artículo 13° de la Ley General del Trabajo, tratándose de causa ajena a la voluntad del trabajador.

Cabe destacar que establecer la sensatez de un despido disciplinario como lo contempla el artículo 16° de la Ley General del Trabajo es lo más básico que la ley pueda prever. Cosa diferente es considerar la temática de los efectos de una crisis de mercado o de producto o de una reestructuración o reorganización o reconversión empresarial que, en una economía globalizada, es tema de todos los días, comprendidos países comunistas como China y marxista-leninista como Cuba.

Este tema está ausente de cualquier previsión legislativa o constitucional en Bolivia. Vale, por lo tanto, en estos casos el artículo 13° de la Ley General del Trabajo, cuyo contenido era corroborado y reafirmado por el artículo 55° del Decreto N° 21060, ahora abrogado: *Las empresas y entidades del sector público y privado podrán libremente convenir o rescindir contratos de trabajo con estricta sujeción a la Ley General del Trabajo y su Decreto Reglamentario.* En otras palabras, en caso de producirse un despido justificado. ¡El 21060 estaría aún vigente!

LA REDUCCIÓN DE PERSONAL

La reducción de personal suele ser una de las medidas presentes en la vida de las empresas y se convierte en un tema complicado e ingrato y, por ende, requiere ser analizado desde diferentes perspectivas: la de la empresa, la del trabajador, la de los representantes laborales, etc.

Los estudiosos recomiendan que las empresas que enfrentan una repentina escasez de recursos, usen una estrategia de *downsizing* o "reducción de tamaño": reducir la escala de sus operaciones para proteger sus mercados, tecnologías y servicios básicos.

Algunas investigaciones realizadas en empresas en crisis indican que la utilización, a tiempo, de estrategias de *downsizing* pueden ser respuestas gerenciales apropiadas para la sobrevivencia de la misma. De cualquier manera, llevar a cabo estas estrategias puede implicar, también, masivas reducciones de personal.

Una vez que la dirección de la empresa decide reducir el personal, a menudo, compete a la función de Recursos Humanos proponer alternativas sobre cómo hacerlo. Usualmente se realizan despidos, pero, frecuentemente, y en particular en otros países, se usan otras alternativas como congelamiento de vacantes, incentivos para adelantos de jubilación, retiros voluntarios incentivados, transferencias entre sectores o plantas, reducción del horario de trabajo, etc.

Cada alternativa tiene costos diferentes para la empresa y para los empleados. Las empresas que usan alternativas de lento resultado, sufrirán el costo de pagar personal que no necesitan y las que inducen retiros voluntarios, pueden generar costos altos.

Los despidos tienen costos directos: costos de indemnización, seguros, *outplacement* y posibles juicios. Asimismo, tienen costos indirectos: producen sentimientos de inseguridad entre los empleados que sobreviven a las reducciones, creando una serie de efectos adversos. Por ejemplo, el *tourn over* puede incrementarse en el grupo de los empleados más valiosos de la empresa; el compromiso y la lealtad a la misma pueden declinar y el comportamiento de los empleados "sobrevivientes" puede volverse más rígido.

El efecto de los despidos sobre la productividad laboral no es claro. Algunos sugieren que la inseguridad reduce la productividad laboral y la motivación. Otros piensan que, por el contrario, los trabajadores se esfuerzan más.

Alternativas al despido por reducción de personal

¿Existen otras alternativas a las que se puede recurrir en lugar de despedir al personal? Para responder a esta pregunta, es necesario profundizar el tema de los llamados "amortiguadores sociales" o "*social shock absorbers*", los cuales merecerían un tratamiento *ad hoc*. Por lo tanto, nos limitaremos simplemente a definir algunos lineamientos generales.

Los amortiguadores sociales son herramientas que sirven de apoyo a los ingresos del trabajador, cuando éste los deja de percibir o cuando le son disminuidos a causa de una suspensión temporal o definitiva de la actividad. Gozan de estas herramientas (allá donde fueron implementadas) los trabajadores y empresas que se encuentran en dificultad, inclusive personas despedidas y desocupadas.

Estos amortiguadores sociales deben tener una función activa y no solo de apoyo a los ingresos del trabajador. Deben servir para enfrentar situaciones diversas: suspensión temporal del trabajo, pérdida definitiva del puesto de trabajo ocasionada por la situación del mercado; crisis empresarial contingente o estructural; reestructuración o reconversión.

En ese marco conceptual se han identificado los siguientes amortiguadores sociales, que también figuran en el acuerdo firmado entre los trabajadores de ENTEL y la empresa:

Subsidio de desempleo. El subsidio de desempleo es una herramienta para sostener los ingresos de los trabajadores dependientes, que a causa de la culminación o suspensión de la relación de trabajo, se enfrentan a una situación de desempleo involuntario. El subsidio es pagado durante seis meses, por un importe equivalente a un porcentaje (normalmente el 30%) del último haber básico percibido.

Fondo de garantía del salario. Es un fondo alimentado por contribuciones de empresarios, trabajadores y el Estado, que se usa para el sostén de los trabajadores que hayan sido suspendidos de las empresas en crisis, con dificultades temporales o por reestructuración de las mismas. Para acceder a los beneficios del fondo, se debe realizar una consulta sindical y obtener una autorización previa del Ministerio de Trabajo. El fondo interviene por un tiempo definido.

Jubilación anticipada. Esta modalidad favorece la jubilación anticipada de aquellos trabajadores que se encuentran en condiciones próximas a la jubilación, ya sea por la edad o por aportes.

Outplacement. Es un proceso de asesoría, apoyo, orientación y capacitación dirigido a las personas para la búsqueda de un nuevo empleo o actividad, de la calidad, nivel y condiciones similares, a las de su anterior ocupación. A través de este proceso es posible adiestrar de forma teórica y práctica a quienes deban enfrentar el proceso de reinserción laboral, proveyéndoles capacitación y contactos en el mercado laboral.

Reducción del horario de trabajo. La reducción del horario de trabajo, hace referencia a una situación de crisis temporal de la empresa por la cual, a fin de aliviar el impacto sobre la reducción de la dotación, se disminuye el horario de trabajo de 40 a 30 o 35 horas semanales con disminución proporcional de la relativa retribución.

Contrato de solidaridad. Hace referencia a una forma de reducción temporal del horario de trabajo, a fin de aliviar el impacto sobre la reducción de la dotación. El costo de pagar un sueldo menor al trabajador, es asumido en partes iguales entre empresa, trabajador y Estado.

Favorecer el trabajo a tiempo parcial o part time. El *part time* disminuye, de facto, las horas trabajadas y, por lo tanto, tiene un impacto positivo en la necesidad de personal. Si, por ejemplo, una empresa de cien personas necesita una disminución de costos equivalente a diez, puede resolver su problema colocando a 20 de sus empleados con la modalidad de tiempo parcial. Esta acción tendría más o menos el mismo resultado en términos de costos, pero los trabajadores no perderían su fuente de trabajo.

Reducción o eliminación de las horas extras y de los turnos de trabajo. Estas medidas reducen las horas trabajadas y los costos de personal, por lo tanto, ayudan a disminuir el número de empleados por despedir.

Retiro voluntario. El Sistema de Relaciones Industriales de la empresa puede favorecer acuerdos sindicales que prevean modalidades de retiro —con un plus extra legal— concordadas entre partes y basadas en criterios transparentes que aseguren la voluntariedad del trabajador que accede al retiro.

Micro emprendimiento. El Sistema de Relaciones Industriales puede favorecer acuerdos sindicales que prevean externalizaciones de actividades a grupos de trabajadores, manteniendo una continuidad de ingresos económicos.

No reintegración del turn over. Implica el congelamiento o la limitación del ingreso de nuevo personal, pese a que la dotación total disminuye por personas que renuncien, fallezcan o se jubilen. Esta alternativa es la que ofrece el mejor control porque no altera el contrato psicológico entre empleados y empresa. Si la rotación del personal es alta este proceso puede ser rápido, sin embargo, usualmente es la alternativa más lenta para reducir costos de personal.

La puesta en práctica de los amortiguadores sociales, dado su carácter novedoso e innovador, requiere autorización expresa —en Bolivia— del Ministerio de Trabajo y Microempresa, ya sea por la vía administrativa normal o mediante la promulgación de disposiciones legales pertinentes.

La modalidad de implementación de la reducción de personal, es, particularmente, importante porque puede determinar el éxito de cualquier alternativa, tanto en términos de bienestar para el empleado como de eficacia en la reducción de costos para la empresa.

Sin embargo, la implementación de la reducción de personal, presenta al *management* tres dilemas:

- *Quién va a ser despedido:* ¿se reducen en todas las áreas para dar una sensación de "igualdad"? Desventaja: se puede afectar áreas claves o perder personal valioso. ¿Se eligen personas de acuerdo a la antigüedad? y/o ¿de acuerdo a la evaluación de su desempeño? Desventaja: los empleados perciben las decisiones como arbitrarias o injustas, por más que hayan sido hechas con el mejor criterio.

- *La velocidad de la implementación:* Una reducción rápida ahorra costos, pero el personal deja la empresa en un estado de *shock*, no preparado psicológicamente para empezar otra búsqueda. Un aviso muy anticipado, por otra parte, puede generar un impacto psicológico negativo y también empezar el desempleo en un estado de *shock*.

- *La participación de los empleados y/o del sindicato en el proceso:* Aun cuando el *management* pueda desear involucrar a los empleados en el proceso de reducción, no es realista suponer que ellos van a liderar su propio despido. Sin embargo, la empresa debe explicar a los empleados las razones por las que se toma esa determinación. La reducción de personal puede causar menos daño cuando, tanto los empleados despedidos como los que quedan, entienden las razones de la reducción y pueden predecir y controlar la secuencia de los eventos asociados. De acuerdo a esta necesidad se sugiere "comunicar en exceso" durante estos períodos.

No se debe olvidar que, no solamente hay que "adelgazar", también se tiene que permanecer sin "sobrepeso" y en buen estado "físico". Una vez practicada la reducción de personal se debe evitar que vuelvan a incrementarse las dotaciones, haciendo: más difíciles las incorporaciones, más complicada la permanencia de los que obtienen malos resultados y más lentos los ascensos.

La experiencia de otros países

La reducción de personal está enfocada de diversa manera en diferentes países. A continuación se describen algunos enfoques relevantes:

- *Notificación y consulta a los representantes de los trabajadores*

De acuerdo con el Convenio N° 158 de la Organización Internacional del Trabajo (1982), la reducción del personal debe notificarse, tan pronto sea posible, a los representantes laborales y a las autoridades públicas. Los representantes laborales deberían ser consultados para minimizar las reducciones y, en el caso de que esto no fuera posible, sobre cómo mitigar las reducciones de personal.

Existen países donde su legislación cumple con estos requerimientos de la OIT: Canadá, Francia, Alemania, Reino Unido, Italia y otros. En Francia e Italia las responsabilidades se fijan en acuerdos ocupacionales. En algunos países la obligación de informar y consultar con los representantes laborales se aplica a todos los despidos. En otros no se requiere esto a menos que haya un número mínimo de trabajadores afectados. En ciertos países el período de aviso varía según el número de personas involucradas, (a más cantidad de gente más tiempo).

La Convención de la OIT no ha sido ratificada por el Estado boliviano, porque de haberlo hecho, se hubiera tenido que abolir el artículo 13° de la Ley General del Trabajo, el cual establece la posibilidad, por parte del empleador, de retirar al empleado sin consultar a nadie. Cabe destacar que dicha Convención —en lo que respecta al tema de la finalización de la relación del trabajo por iniciativa del empleador— había sido presidida por la Recomendación N° 166 de similar tenor, dada a conocer en 1963 a todos los estados miembros de la OIT, comprendida también Bolivia.

En Bolivia, más allá de no ratificarse la Convención mencionada, se hace caso omiso también de la Recomendación, lo que trae como consecuencia que el trabajador pueda ser despedido de un momento a otro, sin ninguna discusión previa con los representantes de los trabajadores o con las autoridades pertinentes, por ejemplo, con el Ministerio de Trabajo.

— *La selección del personal a reducir*

De acuerdo a la antes mencionada Recomendación N° 166 de la Organización Internacional del Trabajo, básicamente existen dos criterios para seleccionar el personal a reducir:

a. Mantener el empleo a aquellos que pueden sufrir más, como resultado de la edad, antigüedad, situación familiar, estado de salud, etc.

b. Retener el personal más calificado. Los empleadores normalmente prefieren elegir en base a la especialidad del personal, de su desempeño, de su eficiencia o adaptabilidad.

El criterio de selección puede ser determinado por la legislación, acuerdos colectivos o decidido caso por caso. En la mayoría de los países se usan criterios diferentes. En Italia se aplican cuatro criterios: requerimientos técnicos, requerimientos de producción, antigüedad y responsabilidades familiares. En Francia si no está establecido en los acuerdos colectivos de trabajo, el empleador puede elegir el criterio que crea más apropiado. En Japón el criterio debe ser negociado en cada caso. En Canadá y Estados Unidos el principio de la antigüedad (el último que ingresó sale primero), parece predominar en los acuerdos colectivos.

– *Los derechos de los trabajadores*

Cuando las reducciones de personal son inevitables se pueden tomar varias medidas para suavizar los efectos sobre la persona: criterio justo de selección del personal a reducir; comunicación anticipada de la medida para que la persona pueda empezar a buscar nuevo empleo; tiempo libre para búsqueda de nuevo empleo; indemnización por despido; protección de ingresos y reempleo cuando mejoren las condiciones.

Dentro de estas medidas, la compensación monetaria en forma de indemnización y protección de ingresos a través de beneficios por desempleo, es la más importante. El derecho de indemnización está establecido por ley en Francia e Italia.

En Reino Unido solo se percibe cuando la causa de despido es el exceso de personal. El derecho a ser empleado nuevamente, cuando la empresa vuelve a emplear gente, solo se menciona en algunos países (Francia, Italia y en algunos acuerdos colectivos de Canadá y Estados Unidos).

– *Asistencia en la búsqueda de nuevo empleo*

En algunos países existen servicios públicos que ayudan a los trabajadores a obtener empleo o a capacitarse. En Francia la asistencia es para el re-entrenamiento, en Canadá y Reino Unido para conseguir empleo. En Italia y Japón los programas comienzan antes de que el egreso se produzca.

De lo anterior se deduce, claramente, que en Europa occidental se pone énfasis en los procedimientos obligatorios de consulta a los representantes laborales y notificar a las autoridades públicas; en Japón la prioridad es evitar excesos de personal; en Canadá, Estados Unidos y Latinoamérica hay menos limitaciones para el empleador.

EL MITO DE LA ESTABILIDAD LABORAL

La Constitución Política del Estado de Bolivia (CPE) en su artículo 49° señala: *El Estado protegerá la estabilidad laboral. Se prohíbe el despido injustificado y toda forma de acoso laboral.*

A través del régimen de estabilidad laboral, se pretende limitar la libertad incondicional del empleador a realizar despidos arbitrarios. Sin embargo, la estabilidad laboral no significa tener garantizado el puesto de trabajo de por vida.

Ni siquiera en los países con economía marxista, donde rige el principio del pleno empleo (bajo las condiciones que el gobierno dicta), un trabajador puede considerarse seguro en su puesto de trabajo.

No ocurrió en la Unión Soviética y mucho menos en China, Corea del Norte o Cuba donde, por ejemplo, en 2011 Raúl Castro lanzó un programa de "reajuste laboral" el cual preveía una disminución de 500.000 empleados estatales en cinco años.

El modelo ideológico paternalista y populista tradicional que se encuentra en muchos países latinoamericanos, permite a los gobernantes de turno, difundir el concepto de estabilidad laboral de manera ambigua, como si éste significara trabajo garantizado que el empleador no puede interrumpir.

Bolivia tiene también esa costumbre. Sin embargo, el empleador - mas alla de dificultades políticas durante la Presidencia de Evo Morales, y situaciones contingente debidas a la pandemia - puede despedir por ley vigente a sus empleados en cualquier momento, cuidando solamente una premisa: que el despido sea justificado. Si el despido no tiene justificación, el empleador no puede despedir. Se debe aclarar que esta regla es de lo más rudimentaria y se encuentra en cualquier regulación laboral.

Si al eslogan de estabilidad laboral se le quisiera dar un contenido objetivo, se tiene a disposición el Convenio N° 158 de 1982 de la OIT sobre la "finalización de la relación de trabajo" por iniciativa del empleador.

Cabe recordar que en el artículo 13º de la CPE relativo a Derechos Fundamentales y Garantías se establece que "los tratados y convenios internacionales ratificados por la Asamblea Legislativa Plurinacional, que reconocen los derechos humanos y que prohíben su limitación en los Estados de Excepción prevalecen en el orden interno. Los derechos y deberes consagrados en esta Constitución se interpretarán de conformidad con los Tratados internacionales de derechos humanos ratificados por Bolivia".

El tema es que no obstante esa previsión, el Convenio Nº 158 de la OIT no ha sido ratificado por el Estado Boliviano.

Pero ¿Qué prevé ese convenio? Veamos a continuación las partes más significativas.

Artículo 4º
No se pondrá término a la relación de trabajo de un trabajador a menos que exista para ello una causa justificada relacionada con su capacidad o su conducta o basada en las necesidades de funcionamiento de la empresa, establecimiento o servicio.
Se podrán excluir trabajadores:
> *a. Con un contrato de trabajo de duración determinada o para realizar determinada tarea;*
> *b. Que efectúen un período de prueba o que no tengan el tiempo de servicios exigido.*
> *c. Los contratados con carácter ocasional durante un período de corta duración.*

Motivos que no constituirán causa justificada para la terminación de la relación de trabajo
> *a. la afiliación a un sindicato o la participación en actividades sindicales;*
> *b. ser candidato a representante de los trabajadores o actuar o haber actuado en esa calidad;*
> *c. presentar una queja o participar en un procedimiento entablado contra un empleador;*
> *d. la raza, el color, el sexo, el estado civil, las responsabilidades familiares, el embarazo, la religión, las opiniones políticas, la ascendencia nacional o el origen social;*

e.   la ausencia del trabajo durante la licencia de maternidad;

f.   la ausencia temporal del trabajo por motivo de enfermedad o lesión.

Artículo 7°

No deberá darse por terminada la relación de trabajo de un trabajador por motivos relacionados con su conducta o su rendimiento antes de que se le haya ofrecido la posibilidad de defenderse de los cargos formulados contra él, a menos que no pueda pedirse razonablemente al empleador que le conceda esta posibilidad.

Cuando el empleador prevea terminaciones por motivos económicos, tecnológicos, estructurales o análogos:

a.   Proporcionará a los representantes de los trabajadores interesados, en tiempo oportuno, la información pertinente, incluidos los motivos de las terminaciones previstas, el número y categorías de los trabajadores que puedan ser afectados por ellas y el período durante el cual habrían de llevarse a cabo dichas terminaciones;

b.   Ofrecerá a una oportunidad para entablar consultas sobre las medidas que deban adoptarse (...).

Es evidente que un contenido de este tipo y, particularmente, una modalidad como la mencionada, daría lugar a la simple voluntad constitucional de "proteger" la estabilidad laboral como afirma el artículo 49° de la CPE.

CULTURA EMPRESARIAL EN BOLIVIA: UNA APROXIMACIÓN AL ESTILO DE TRABAJO GERENCIAL

Asi como vimos en los primeros capitulos, según el reporte de competitividad 2020 del World Economic Forum Bolivia registra las siguientes desventajas comtetitivas siendo sus valores en los lugares más bajos del último cuartil de la distribución de los 141 países examinados.

- ❑   Cultura Emprendedora
- ❑   Políticas de compensación
- ❑   Delegación de autoridad
- ❑   Políticas de recursos humanos
- ❑   Políticas de Relaciones Laborales

❏ Capacidad de innovación

En resumen, los gerentes en Bolivia están caracterizados por una baja calidad gerencial, bajo profesionalismo en el área de administración de empresas y falta de conocimiento y especialización en áreas fundamentales de la gestión empresarial moderna.

Este bajo grado de calidad gerencial explica, en parte, porqué muy pocas empresas en Bolivia aplican conceptos como los de desarrollo de visión y estrategia, y porqué son muy pocas las que ejercitan herramientas de gestión organizacional que estimulen el progreso y guíen el comportamiento de sus miembros.

Este déficit influye sobre las tendencias culturales y estilo Gerencial. Los gerentes ven sus roles principales como: el de negociador con clientes importantes y proveedores ejerciendo un rol activo en las áreas operativas y comerciales. El de líder – jefe controlador, que anda "arreando" al personal para que trabaje. El de empresario buscando nuevas oportunidades y el de cabildeo político para influir en el entorno "para que las cosas salgan".

Esta primera aproximación nos muestra un estilo centralizador de información y de toma de decisiones, un estilo de liderazgo de comando y control, un estilo de coordinación no participativo sino autocrático de arriba hacia abajo y un rol externo de cabildeo

El estilo y la deficiente calidad gerencial que predomina en Bolivia determinan un tipo de gestión empresarial poco profesional y una administración basada en el comando y el control.

Entonces la consecuencia es bajo profesionalismo, conocimiento no actualizado, políticas anticuadas e insuficientes lo que determina a su vez falta de visión, falta de estrategia, falta de herramientas y políticas de gestión modernas.

Este círculo vicioso acarrea una gestión gerencial sea caracterizada por

○ Excesivos niveles jerárquicos
○ El jefe hace, revisa y aprueba todo
○ El jefe avoca a si el rol de negociador con clientes y proveedores importantes

o   Rol de cabildeo político del jefe para influir en el entorno "para que las cosas salgan".

o   Participación activa en las áreas operativas del negocio

o   Gerente anda "arreando" al personal para que trabaje

o   Jefe centralizador de información y de toma de decisiones

o   Coordinación no participativa sino autocrática de arriba hacia abajo

o   Pocas mujeres en cargos jerárquicos

o   Atención mayormente al trabajo operativo del día a día

o   Rreuniones no planificadas y reuniones fuera de la oficina.

o   Ordena y controla a los empleados, coordinando actividades a través de reuniones en las que recibe información e instruye acciones a los subordinados

Consecuencia de este estilo son los comportamientos consecuentes del resto de los empleados: falta de conocimiento y capacidad, gente sin iniciativa y ambición, no asumen responsabilidad, no tienen visión, falta de compromiso y lealtad, falta de ética, dualidad del SI

Capítulo VII

Estudio de caso
El Convenio Colectivo entre ENTEL y la Federación Sindical denominado "Acuerdo del Lago"

Contenido

Monopolio

El repentino despertar

Rol de RRHH y Sindicato en la organización

principios de acuerdo

Misión, visión, valores y modelo gerencial

Disciplina del sistema de relaciones industriales

Horarios de trabajo, calidad de vida, empleabilidad

De las compensaciones

Actividades culturales y recreativas

Nuevas formas de organización de trabajo

Escuela de capacitación de Entel

Formación sindical

De los comportamientos en la empresa

Control de la evolución de la dotación

Protocolo de concertación laboral

Monopolio

Desde su fundación en 1965 y también en el periodo de capitalización iniciado en noviembre 1995, la Empresa Nacional de Telecomunicaciones, ENTEL, navegaba en las tranquilas aguas del monopolio. El cliente era "esclavo de ENTEL": Si quería realizar una llamada de larga distancia tenía una única opción: ENTEL. Esta situación era muy cómoda para el *management* de la empresa. Estatal o no, ganaba siempre y, por lo tanto, no tenía ningún incentivo para mejorar.

Tras muchos años de "falso éxito" debido al monopolio, en ENTEL reinaba el "síndrome del subdesempeño satisfactorio". El largo período de inercia en el que se había sumergido le hizo perder la ambición y se contentaba con un desempeño mediocre.

Como todo monopolista tardó mucho en darse cuenta de que una amenaza se estaba acercando vertiginosamente. A las cero horas del día miércoles 28 de noviembre de 2001, y después de "40 años de soledad", se abriría el mercado de las telecomunicaciones y, mínimo, diez competidores se lanzarían como perros hambrientos para morder y apoderarse de la cuota de mercado de sus clientes.

La Empresa Nacional de Telecomunicaciones, después de su capitalización, había dado pasos de gigante, tecnológicamente hablando. Sin embargo, desde el punto de vista comercial, de marketing y de costos, los datos no eran buenos y se encontraba en un punto crítico a superar para lograr la supervivencia de la empresa.

La cultura empresarial de ENTEL no había cambiado sustancialmente después de la capitalización, pese a que hubo un importante cambio de *mix* y un aporte tecnológico significativo por parte de su nuevo socio Telecom Italia. (Empresa muy adelantada tecnológicamente hablando, pero al fin y al cabo monopolista también en su país de origen).

El repentino despertar

Aún en el primer trimestre del año 2000, cuando faltaba poco más de un año para la apertura del mercado de las telecomunicaciones, ENTEL pensaba que dominando los recursos tecnológicos y económicos superaría el impacto, sin grandes consecuencias, pero con el paso del tiempo el gigante comenzó a despertar y, finalmente, se dio cuenta de que sin un cambio cultural profundo en la empresa el fracaso de ENTEL era inminente.

Faltaban poco más de 200 días laborables para la apertura del mercado cuando quien escribe, Director de Recursos Humanos de ENTEL llegado a Bolivia en 2000, propuso al Directorio de la empresa llevar a cabo con urgencia un plan de Gestión del Cambio para que pudiera enfrentar el desafío.

El plan propuesto implicaba que las personas aprendieran nuevos comportamientos y habilidades. Implicaba también mejorar las herramientas de la comunicación en la empresa a fin de reducir malos entendidos y para comprometer a las personas al cambio, descartando, así, cualquier disconformidad asociada al mismo.

El obstáculo para el plan era el tiempo. Después de 40 años de monopolio, no bastaba una simple transformación, se necesitaba un verdadero quiebre con el pasado. Para lograrlo se requería que no solo la cúspide de la compañía sostuviera el cambio, sino también la base, a fin de "empujar" el cambio hacia los niveles intermedios, en los cuales reinaba el "síndrome de desempeño satisfactorio".

Así, nació la idea de involucrar totalmente las bases a través de sus representantes sindicales, que en el caso específico de ENTEL, era la Federación Sindical de Trabajadores de ENTEL (Fesentel).

La Dirección de Recursos Humanos de la empresa se reunió durante tres días con el Comité Ejecutivo Nacional (CEN) de Fesentel, en Puerto Pérez, una pequeña localidad a orillas del lago Titicaca y al cuarto día de un constructivo debate, se firmó un nuevo convenio colectivo de trabajo denominado "Acuerdo del Lago".

Dicho acuerdo, aún vigente hoy en ENTEL nacionalizada, fue un hito en la historia de la negociación colectiva en Bolivia y todo el continente americano. Su contenido (en lo que se refiere a la tutela del trabajador), supera la Ley General del Trabajo, promulgada en el año 1939 y supera ampliamente, también, a la Constitución Política del Estado de 2009, en lo que se refiere a materia laboral.

El "Acuerdo del Lago" se encuentra registrado entre los documentos y convenios del Global Compact de las Naciones Unidas.

El mencionado acuerdo, está basado en los principios clave de la OIT, también en aquellos aún no ratificados por el Estado Plurinacional de Bolivia como ser el Convenio relativo a los despidos colectivos del personal.

En julio de 2004, en su publicación *Libertad Sindical: Situación en las Américas*, la OIT, a propósito de la situación en Bolivia, afirmaba: "La Comisión había pedido al Gobierno Boliviano, que adoptara medidas para estimular y fomentar entre los empleadores y sus organizaciones, por una parte, y las organizaciones de trabajadores por otra, el pleno desarrollo y uso de procedimientos de negociación voluntaria, con el objeto de reglamentar por medio de contratos colectivos, las condiciones de empleo. A este respecto, el Gobierno informa que en 1997 la nueva administración de ENTEL, y sus trabajadores firmaron un primer

Contrato Colectivo de Trabajo, que fue renovado en 2001 y 2002, denominado 'Acuerdo del Lago'. La Comisión toma nota de estas informaciones y pide que informe sobre los convenios colectivos vigentes, su contenido y el número de trabajadores cubiertos".

En la Gestión del Cambio de ENTEL, el sindicato fue llamado a ser protagonista (caso muy raro, en el ámbito mundial), conjuntamente al nuevo sistema de relaciones industriales definido en el "Acuerdo del Lago" constituido, junto a otros, como uno de los puntos claves del programa de *change management* decidido por ENTEL en el año 2000, con el fin de preparar a la empresa para la apertura del mercado.

Una copia del "Acuerdo del Lago" fue distribuida a todos los empleados de la compañía y se podía acceder al mismo mediante el sistema interno de red "intranet".

Su firma fue acompañada por el lanzamiento de un programa de comunicación interna a través de asambleas que la Dirección de Recursos Humanos y el Sindicato tuvieron, el cuidado, de realizar en todas las sedes de ENTEL del país.

Se constituyeron en el intranet foros de discusión del mismo y mensualmente se organizó un chat entre la Dirección de Recursos Humanos y trabajadores quienes, anónimamente mediante el uso de un *nick name*, participaron desde su escritorio y desde cualquier parte del país para intercambiar, a tiempo real, sus opiniones, sugerencias o dudas sobre el tema.

Se creó un nuevo logotipo coherente con la nueva filosofía y con el programa de *Change Management* de ENTEL: "Tú". El nuevo lema que lo acompañaba decía "Tú eres protagonista del cambio". El nuevo logotipo acompañó los documentos escritos o virtuales de ENTEL durante el período crítico.

El temido día llegó y a las cero horas del día miércoles 28 de noviembre de 2001 se abrió el mercado de las telecomunicaciones. ENTEL navegó airosa por las nuevas aguas y pudo enfrentar la competencia de los otros operadores de larga distancia sin problema. Perdió una pequeña cuota del mercado, pero continuó siendo la empresa de telefonía de larga distancia más importante del país.

Dada la necesidad de actualizar el contenido del acuerdo en función de la evolución de la empresa y del mercado se decidió que fuese revisado cada año.

La segunda versión del acuerdo fue firmada en Tarija ante la presencia del Secretario Ejecutivo de la Central Obrera Boliviana y del Viceministro de Trabajo.

En el mes de diciembre de 2004, finalizada mi experiencia en ENTEL como Director de Recursos Humanos, presenté en Sucre el libro *No hay mayor riqueza que las personas. Gestión de los Recursos Humanos en Bolivia y valor de la empresa*, en el cual escribí sobre la gestión de Recursos Humanos y de la experiencia vivida en ENTEL.

Aún hoy, después de casi veinte años de su primera firma, el acuerdo, contiene formas innovadoras de Relaciones Industriales, de gestión del tiempo de trabajo, ética, diversidad, empleabilidad y amortiguadores sociales.

EL ROL DE RECURSOS HUMANOS Y EL SINDICATO EN LA ORGANIZACIÓN

Los recursos tecnológicos, financieros así como las informaciones están al alcance de todos. La verdadera diferencia y ventaja competitiva de las organizaciones del Siglo XXI está en los recursos humanos y en cómo son administrados. Las personas son el elemento distintivo de las organizaciones, son las que determinan su calidad, garantizan su longevidad y las diferencian de sus competidores.

Con esta premisa, ¿cuál es el rol y su razón de ser de la función de Recursos Humanos en una organización? ¿Para que existe?

Sintéticamente podríamos decir que su misión es aportar a la creación de valor y rentabilidad de la organización, orientando y desarrollando el capital humano para ser una empresa competitiva, con una cultura de excelencia y servicio al cliente.

¿Cómo Recursos Humanos aporta a la creación de valor?

- Promoviendo y gestionando una cultura organizativa que acompañe la estrategia de la compañía.
- Dotando recursos humanos adecuados en número, conocimientos, habilidades y destrezas para llevar adelante la estrategia de la empresa.
- Desarrollando y difundiendo herramientas gerenciales que aporten a la toma de decisiones y a una gestión moderna.

119

– Facilitando procesos internos orientados al cliente a través de una estructura organizativa eficaz que permita responder adecuadamente a las exigencias del entorno.

– Fijando remuneraciones competitivas en el mercado y equitativas dentro de la organización.

– Desarrollando relaciones industriales que permitan eliminar conflictos potenciales y cumplir con un rol social.

El poder de cambiar la realidad en que vivimos y así contribuir a mejorar el mundo que nos rodea, está también en manos de las empresas y de los sindicatos y quizás se constituya en el reto más grande para las corporaciones en el siglo XXI. Esto fue lo primero que aunó a ENTEL y a la organización sindical.

Principios del "Acuerdo del Lago"

Los principios del acuerdo de trabajo son los siguientes:

- El acuerdo se fundamenta en la convicción de que los representantes de las partes pertinentes firmantes se encuentran ante una posibilidad importante y relevante que es la de poder utilizar una base normativa actualizada, capaz, por si misma, de reformular el nuevo Sistema de Relaciones Industriales.

- El acuerdo regula las condiciones esenciales para el adecuado desempeño de las tareas de los empleados y permite contar con un marco de relaciones laborales apropiado para enfrentar los nuevos desafíos de un mercado en competencia.

- El acuerdo está basado en una verdadera vocación de concertación y diálogo social, por lo que se destaca el valor del recurso humano como capital que logra marcar la diferencia, alcanza la autonomía y la responsabilidad y así propicia su implementación.

- El acuerdo determina que la disponibilidad tecnológica, los recursos económicos e informaciones en un mercado de capitales en competencia se encuentren al alcance de todos los trabajadores.

-   El acuerdo establece, que al ser el capital humano el que marca la diferencia competitiva, la implementación de pautas innovadoras y soluciones concretas que tienen el fin de mejorar las condiciones del trabajo, premiando el desempeño y la calidad de los resultados obtenidos. También, incentiva un profundo compromiso mutuo, orientado a alcanzar una mayor efectividad organizacional en base al desarrollo de una relación más cercana y directa con cada individuo.

ALCANCE DEL CONVENIO COLECTIVO

Por primera vez en la historia sindical el "Acuerdo del Lago" tenía alcance *erga omnes*. Estaban excluidos los Directores Ejecutivos y Directores a los cuales, de cualquier manera, les fue compartido el modelo gerencial, como veremos a continuación.

MISIÓN, VISIÓN, VALORES Y MODELO GERENCIAL

Para que fuese claro y, además, compartido el rumbo al cual todos los empleados de la empresa tenían que apuntar, fueron compartidos con el sindicato la misión, visión, los valores y el modelo gerencial.

Los conceptos que se plasman en el acuerdo son los siguientes:

La *visión* crea una sensación de vínculo común que impregna la organización y brinda coherencia a actividades dispersas.

La *misión* es el propósito central de la empresa, la razón de ser de una organización.

Los *valores* reflejan cómo deseamos que sea la vida cotidiana mientras se persigue la visión.

El conocimiento y comprensión de los mismos, por parte de los trabajadores, es muy importante para llevar adelante el cambio en la empresa, pero no son suficientes, ya que se complementan con la determinación de un modelo gerencial pertinente a los requerimientos de la organización.

El *modelo gerencial* representa la síntesis de los comportamientos a los cuales los *managers* de ENTEL deben inspirarse para lograr los objetivos del *business*.

De esta manera se entiende que un modelo gerencial compartido permite: favorecer la integración cultural; desarrollar el orgullo y sentido de pertenencia a la compañía; y dar a conocer el estilo de la compañía al interior y exterior de la empresa.

A continuación se presentan, de forma resumida, los cinco comportamientos clave que ENTEL requería de sus *managers*[8]: *Enfoque en el Cliente,* es decir concentrarse en las necesidades del cliente y la satisfacción de las mismas; *Creación de Valor,* asegurar la utilización óptima de los conocimientos, destrezas y habilidades para bajar costos y obtener incremento de los ingresos, y así asegurar la eficiencia del sistema empresarial; *Valorización de los Recursos Humanos,* que quiere decir asegurar el desarrollo de los recursos humanos de acuerdo a las necesidades de competitividad de ENTEL y las expectativas del personal, fomentar la integración y promover el desarrollo de las competencias; *Gobierno del Cambio Cultural,* que implica encaminar el cambio hacia una cultura de empresa orientada al mercado y a la toma de decisiones rápidas y eficaces en situaciones determinadas; y, por último, *Networking e Integración,* es decir, la construcción y gestión eficaz de *network* interno y externo, y la creación de sinergias en la empresa para obtener la propuesta de soluciones competitivas.

Estos comportamientos requeridos permitirían acceder a un modelo gerencial adecuado para el momento que estaba viviendo la empresa y para prepararla a enfrentar cualquier reto que se le presentase.

DISCIPLINA DEL SISTEMA DE RELACIONES INDUSTRIALES

Principios y Herramientas

De acuerdo a los principios señalados, se determinó que las partes intervinientes en el acuerdo promoverían un Sistema de Relaciones Industriales basado en el reconocimiento mutuo de los roles que se desempeñarían y en el respeto de sus distintas competencias, lo que hacía esperar que cada persona adoptara una forma adecuada de actuar en función al tratamiento de temas de interés común.

Para el desarrollo de dicho sistema, se implementaron las herramientas de relación y comunicación pertinentes orientadas a la preven-

---

[8] El detalle completo se encuentra en el texto original del "Acuerdo del Lago" en el apéndice de esta publicación.

ción de eventuales conflictos, se optó por una amplia y generalizada difusión, por parte de la empresa, de sus objetivos, cambios y de los nuevos contextos tecnológicos, organizativos y de mercado.

Todo con el fin de lograr la participación del personal en su conjunto para alcanzar los nuevos objetivos de la empresa.

Entre las herramientas elegidas para lograr una mejor relación y comunicación del personal de ENTEL se hizo uso de las siguientes:

Foro Estratégico

Esta herramienta consiste en la conformación de un grupo de personas para el tratamiento de temas de interés de la empresa. Este foro se constituyó en una herramienta fundamental del nuevo Sistema de Relaciones Industriales. El foro estaría compuesto por las dos primeras carteras jerárquicas del sindicato y dos representantes de alto nivel de la empresa, ésta sería la principal instancia para el conocimiento del escenario y análisis de datos, informaciones y planteamientos operativos inherentes a las estrategias y políticas industriales a ser aplicadas por la empresa.

En el "Acuerdo del Lago" se determinó que el foro se reuniría con una periodicidad de seis meses y que en él se discutirían los siguientes temas: "políticas y estrategias industriales; escenario económico y legislativo; tendencias del mercado; tendencias tecnológicas y tendencias de las inversiones".

Debido a la importancia del tratamiento de los temas citados, se definió que los integrantes del foro debían mantener reserva sobre la información y los argumentos tratados en cada reunión, de lo contrario se podrían aplicar sanciones como suspender a la persona que incurra en esta falta, de las actividades del foro.

Observatorio

La conformación de un observatorio es otra de las herramientas determinadas a constituirse en el "Acuerdo del Lago". Debía estar integrado, paritariamente, por dos representantes de cada una de las partes (cuatro en total) los cuales tenían la misión de analizar, averiguar y confrontar, sistemáticamente, temas relevantes y de recíproco interés, entre otros podían tratar sobre: "evolución del cuadro normativo en materia laboral; mercado y competencia, evaluación y propuestas para mejorar el bienestar laboral y social de los trabajadores, incluyendo temas relativos a jubilaciones del personal involucrado; acciones de mejora para mantener la rentabilidad de la compañía" y demás, según el acuerdo.

La conformación de un observatorio en una empresa dispuesta al cambio es importante porque es el lugar donde se pueden proponer temas innovativos no previstos ni por la ley ni por los convenios de trabajo. ¡Es una mesa de creatividad!

Sistemas de informaciones

Una de las herramientas que permite evidenciar la importancia que adquiere el sindicato para la empresa es la implementación del sistema de informaciones, ya que con éste la empresa se compromete a proporcionar, de manera oficial y cada cuatro meses, a la representación de los trabajadores, información relativa a los siguientes temas: escenarios evolutivos del sector respecto al marco regulatorio, a los fenómenos de evolución tecnológica y a los cambios macro económicos del mercado; evolución de los niveles ocupacionales internos; líneas de tendencia de los principales indicadores económicos del sector, en función a la necesidad de competitividad nacional e internacional de la empresa; evolución de las perspectivas productivas y consecuentes programas cualitativos y cuantitativos de inversión, con particular incidencia en aquellos que impliquen, en el ámbito laboral interno, una diversificación de la actividad; evolución de los aspectos tecnológicos, organizativos y su impacto en la organización del trabajo; programas importantes relativos a la capacitación y a la actualización profesional destinada a los trabajadores de la empresa; y programas de mayor significación dirigidos al mejoramiento permanente de la calidad del servicio ofrecido a los dientes.

Ésta es una innovación en la relación entre directivos y trabajadores en Bolivia, porque la cultura empresarial local no está acostumbrada y las normas tampoco lo prevén.

Formación

La capacitación es considerada como un elemento estratégico en el acuerdo de ENTEL con sus trabajadores, por ello se instruye instituir una *comisión para la formación*, conformada por dos representantes de la empresa y dos de la organización nacional sindical, a reunirse cada seis meses.

La actividad de esta comisión permitiría analizar, en profundidad, los impactos generados en los empleados por la evolución tecnológica y la introducción de los nuevos servicios también detectar las necesidades de capacitación en ellos para así brindar una excelente y oportuna atención al cliente.

La comisión para la formación tendría las siguientes atribuciones, según se señala en el acuerdo:

– "Analizar las necesidades de formación para consolidar las competencias existentes y desarrollar aquellas nuevas derivadas de la evolución tecnológica, del mercado y de la introducción de nuevos modelos de trabajo.

– Actualizar las competencias profesionales y/o el desarrollo de las mismas, que favorezcan la empleabilidad de los recursos humanos internos.

– Seguimiento y análisis de programas de capacitación y de su ejecución".

En cuanto al funcionamiento de esta comisión, en el "Acuerdo del Lago" se determina que la falta de presencia y/o participación activa de los miembros de la misma, puede derivar en la disolución de esta comisión.

Asimismo se indica, "el objetivo central es la organización de los servicios de capacitación y la puesta en marcha de herramientas más ágiles y menos costosas que permitan la formación y desarrollo de un mayor número de personas. En tal sentido, se definió la implementación de los siguientes programas y productos:

– Plataforma de *e-learning*: orientada a soportar cursos de formación a distancia para grandes cantidades de personas.

– Programa de Formación de Formadores: destinado al entrenamiento de instructores internos que permitan la multiplicación de actividades de capacitación.

– Escuela de gestión ENTEL: enfocada a consolidar la cultura y estilo de *management* del personal ejecutivo del grupo ENTEL.

– Programa de gestión inicial: orientado a la formación y potenciamiento del segmento de analistas".

Todas las actividades citadas se desarrollarían en el marco de una política orientada a garantizar la equidad en el acceso a la formación y a mejorar la administración de la misma mediante una distribución planificada.

Estas determinaciones relacionadas a la formación y/o capacitación del personal demuestran la importancia de llevar adelante estas actividades por el bien de la empresa y de los mismos trabajadores que se sentirán más comprometidos con ella y se unirán para alcanzar sus nuevas metas.

Formación y relaciones industriales

En 2003, ENTEL, de acuerdo con el sindicato, lanza conjuntamente con Maestrías para el Desarrollo de la Universidad Católica Boliviana una iniciativa de formación única en Bolivia y en Latinoamérica. El curso se titulaba *Gerencia Política: Negociadores del siglo XXI.*

Objetivo del curso: Proporcionar, a los participantes, herramientas analíticas y operativas que permitan la prevención, manejo y/o la resolución de conflictos, utilizando para ello, Estrategias y Técnicas de Negociación enmarcadas en la nueva visión del Negociador del Siglo XXI.

El curso estaba dirigido a profesionales de las ciencias sociales, gerentes públicos, empresarios, dirigentes sindicales, académicos, líderes de movimientos sociales, líderes políticos, cívicos, regionales y municipales, activistas de organizaciones de la sociedad civil, asesores políticos y otros.

La metodología adoptada era la resolución de casos utilizando la metodología de la Universidad de Hardvard incluyendo ejercicios de cuerdas bajas o altas dependiendo del ámbito geográfico y ejercicios prácticos para aprender sobre liderazgo.

El programa era el siguiente:

1. Análisis de contexto: el perfil político y el perfil económico

    a.   Reformas institucionales y los desafíos de la crisis política, movimientos sociales y rol de los partidos.

    b.   Crisis económica internacional.

    c.   Los retos económicos de Bolivia.

2. El liderazgo en tiempos de crisis

    a.   Tipos y estilos de liderazgo: visionario, *coaching*, integrador, democrático, conciliador y el sentido de mando en momentos difíciles.

    b.   Asumiendo la incertidumbre: el liderazgo como método para enfrentar retos, tomar iniciativas y fijar expectativas más allá del convencionalismo.

    c.   Cómo desarrollar habilidades y procesos para el fortalecimiento de equipos de trabajo.

3.   Marcos conceptuales para la administración de los conflictos

    a.   El origen de un conflicto, características y desenlaces.

    b.   Metodologías para comprender los conflictos: abordaje teórico.

    c.   Las tendencias de los conflictos sociales y políticos en Bolivia durante los últimos diez años.

4.   Estrategia y Técnicas de Negociación

    a.   Negociación: Elementos básicos de negociación bilateral. Elementos avanzados de negociación multilateral y según los escenarios de conflicto.

    b.   Las principales fuentes de dificultad durante la mediación y facilitación de diálogo durante los conflictos: ausencia de compromisos, intolerancia y normas jurídicas difusas.

5.   Análisis práctico "Caso ENTEL"

    a.   Disciplina del sistema de relaciones industriales.

    b.   Disciplina del ejercicio de los derechos sindicales.

    c.   Desenvolvimiento de la relación de trabajo.

    d.   Análisis y discusión del "Acuerdo del Lago".

Tiempo y horario: un mes de clases (72 horas); lunes y miércoles de 17:30 a 21:30 horas y sábados de 08:00 a 18:00 horas. El curso se desarrollaría fuera del horario de trabajo, por una parte, para no interrumpir el trabajo de los participantes, y por otro, para que los mismos se comprometieran disponiendo de parte de su tiempo libre.

Impacto esperado:

-    Líderes sindicales y representantes del gobierno, sectores constantemente enfrentados en la negociación de demandas sociales y económicas, adquiriendo, desarrollando y fortaleciendo destrezas, habilidades y técnicas de negociación en forma conjunta en un curso de post grado, ofrecido por la Universidad Católica Boliviana.

-    Participación de ENTEL difundiendo el modelo que utilizaron para la administración y negociación de conflictos en su institución, a través del análisis y discusión de un caso práctico como es el "Acuerdo del Lago".

-    Líderes y dirigentes sindicales capacitando y difundiendo los conocimientos adquiridos, hacia el interior de sus organizaciones sindicales.

- Curso replicado en los diferentes departamentos del país.

- Inicio para la Organización de Seminarios Internacionales donde participarían representantes de las mismas organizaciones sindicales, representantes del Ministerio de Trabajo, OIT, COB, empresarios, líderes internacionales, analizando las tendencias de nuevos modelos de relaciones industriales en Bolivia y Latinoamérica.

Esta capacitación despertó gran expectativa entre los trabajadores de ENTEL que se vieron beneficiados con ella no solo porque mejoraron sus habilidades y destrezas, sino, especialmente, su empleabilidad en el mercado laboral latinoamericano.

Igualdad de género

Debido a la cantidad del personal femenino en ENTEL, los firmantes del acuerdo decidieron conformar un *comité para la igualdad de género*, compuesto por dos representantes por la compañía y dos del sindicato, éste tendría los siguientes objetivos, señalados en el acuerdo firmado: "promover actitudes coherentes con los principios de igualdad de género en el trabajo; favorecer el empleo femenino en los roles conectados a las nuevas tecnologías y prevenir toda forma de acoso sexual en el ambiente laboral".

La comisión podría asesorarse con instituciones y/o expertos externos entendidos en la materia para desarrollar adecuadamente la tarea encomendada.

Disciplina del ejercicio de los derechos sindicales

Derecho de Asamblea en los lugares de la empresa

En el "Acuerdo del Lago" se determinó que la federación podría efectuar sesiones, reuniones y asambleas en los ambientes de la empresa, siempre que se informase con la debida antelación y sean autorizadas, debiendo realizarse estos actos fuera de horario de oficina, a fin de no interrumpir con el servicio.

Locales para la actividad sindical

En el mismo acuerdo, la empresa declaró su disponibilidad para apoyar el equipamiento logístico de los ambientes de las oficinas del C.E.N. de Fesentel y dotarle de adecuados medios de comunicación interna para que pueda ejercer, eficazmente, su actividad sindical, además de analizar la posibilidad de ampliar este apoyo a los sindicatos departamentales, priorizando aquellos que cuenten con mayor número de trabajadores.

Esta medida es de gran importancia para los trabajadores ya que se les permitía y, también, la empresa misma colaboraría para que cuenten con ambientes "propios" para coordinar sus actividades y se comprometía a realizar la misma acción con las filiales más importantes del interior del país.

Comunicación

Fesentel contaba con la autorización de fijar anuncios relacionados con sus actividades en los tableros habilitados por la empresa en lugares visibles y accesibles a los trabajadores. Asimismo, la empresa, a fin de agilizar la comunicación del C.E.N. de Fesentel con sus afiliados, declaró su disponibilidad para que esa representación sindical utilice los medios de comunicación electrónica de la compañía, previo acuerdo normativo entre partes.

HORARIOS DE TRABAJO, CALIDAD DE VIDA Y EMPLEABILIDAD

Teniendo en cuenta la importancia de los recursos humanos para la empresa, se establecieron medidas para que el trabajador pueda tener mayor tiempo libre para actividades e intereses familiares, estudios y otros extra curriculares, que tiendan a lograr su mejor y mayor empleabilidad.

Por ello, las partes acordaron experimentar, en la medida de lo que sea posible técnica, operativa y organizativamente, diversas modalidades de gestión de los horarios de trabajo que favorezcan esas actividades. Entre ellas se encuentran:

Contrato a tiempo parcial

En este tipo de relación laboral, siempre definida por la empresa en base a sus necesidades de servicio o propuesta por el empleado, puede acordase mediante contratación o por transformación de la relación de trabajo de tiempo completo a tiempo parcial.

El contrato a tiempo parcial podría darse en dos modalidades: horizontal, con reducción de horas trabajadas a cumplirse todos los días hábiles; y vertical, con el cumplimiento de 8 horas de trabajo en determinados días hábiles de la semana.

En el caso de presentarse la transformación de la relación laboral de tiempo completo a tiempo parcial, ésta tendría una duración no inferior a seis meses ni superior a 24.

Además, en el "Acuerdo del Lago" se señaló, "el tratamiento económico y normativo del personal con relación laboral a tiempo parcial que sería redimensionado sobre la base de la relación entre horario reducido y el correspondiente horario ordinario previsto para el personal a tiempo completo. "Se conviene la modalidad de contratos a tiempo parcial (*part time*) sujetos a las determinaciones de la LGT".

Así, se indicó que los trabajadores podían optar por la contratación a tiempo parcial voluntariamente, con el fin de que contaran con el tiempo necesario para dedicarse a sus estudios o problemas familiares, etc.

Teletrabajo

Otra forma de trabajo planteada en el acuerdo firmado entre ENTEL y sus trabajadores era el teletrabajo, que se constituye en una modalidad de cumplimiento de la prestación laboral efectuada por exigencias del servicio, mediante el empleo de instrumentos telemáticos, desde un lugar diferente y distante al de la sede habitual de trabajo. El teletrabajo podía desarrollarse desde el domicilio del trabajador o desde centros o lugares satélite, dependiendo del requerimiento de la labor a realizarse.

El cumplimiento de esta forma de trabajo establecía, en el acuerdo firmado, "la jornada laboral, considerando el horario normal global previsto para los trabajadores habilitados en la empresa en las mismas tareas o alternativamente por cumplimiento de resultados previamente establecidos.

Las diferentes configuraciones de este tipo de trabajo no inciden en la condición, derechos y obligaciones del trabajador en la empresa, considerando su condición de empleado de la compañía".

También se establecía que en caso de teletrabajo domiciliar el empleado debía permitir el acceso a su hogar de órganos institucionales para que realicen las inspecciones necesarias por motivos técnicos y de seguridad, con aviso previo concordado.

Esta modalidad de trabajo, por un lado, disminuye, por ejemplo, el uso de espacios y costos a la empresa, y por el otro, facilita la disponibilidad de tiempo libre al trabajador, mejorando así su calidad de vida.

Job sharing (trabajo compartido)

La modalidad de trabajo compartido se desarrolla mediante la suscripción de un contrato laboral entre la empresa y, normalmente, dos trabajadores "solidariamente" responsables para el cumplimiento de una obligación laboral a tiempo completo, según el "Acuerdo del Lago".

En el acuerdo se señala, "con esta modalidad de relación laboral, cada trabajador es personal, directa y solidariamente responsable del cumplimiento de la entera obligación laboral, aunque la misma pueda ser cumplida indiferentemente por uno de los responsables. En consecuencia, permanece a cargo de los mismos la definición de las modalidades operativas con las que se realiza la prestación laboral, sin duda asegurada independientemente por la ausencia de uno de los obligados, sin que la empresa se encargue".

Por otro lado, se indica que en el contrato de trabajo compartido se debe señalar el porcentaje y la colocación temporal del trabajo diario, semanal, mensual o anual que se tiene previsto que cada trabajador cumpla, "considerando la posibilidad para los mismos trabajadores de determinar, discrecionalmente y en cualquier momento, la substitución, o sea la modificación consensual de la distribución del horario laboral".

Este tipo de contrato procede solo para proyectos definidos por la compañía y por lo tanto, tendrán retribuciones por tiempo determinado.

La ventaja de poder contar con este tipo de contratos es contar con una mayor flexibilidad laboral para la empresa y el trabajador, y la disminución de los niveles jerárquicos.

Tiempo de trabajo y tiempo libre

Pensando, siempre en el capital humano y en cómo favorecer su permanencia en la empresa, las partes intervinientes en el "Acuerdo del Lago", a fin de favorecer una óptima relación entre tiempo de trabajo y tiempo libre, acuerdan recurrir a iniciativas para la modificación de los horarios de ingreso y se comprometen a realizar una revisión de la pausa meridiana con el fin de que el trabajador concluya con su jornada laboral de manera anticipada, y cuente con más tiempo libre a ser dedicado a actividades que mejoren su empleabilidad y a actividades personales.

CAMBIO PADRE / HIJO

En el acuerdo firmado se definió que a fin de favorecer el cambio de *mix* y en función a las necesidades de la compañía, y de proporcionar una oportunidad de trabajo a los hijos de los empleados de la empresa, las partes acuerdan la posibilidad de realizar el cambio padre o madre/ hijo (a).

Una de las condiciones para llevar adelante este cambio es que el padre o la madre renuncien a su posición desempeñada dentro de la compañía en favor de su hijo o hija.

El postulante debe ser evaluado psico-laboralmente, para determinar si tiene las competencias gestionales y funcionales requeridas para su ingreso. Se estipula que, inicialmente, podrá ocupar la posición del padre o madre u otras vacantes en ese momento en la compañía, de acuerdo al perfil identificado.

La implementación de esta medida favorece a la familia y presenta oportunidades de trabajo a los más jóvenes a quienes es más difícil conseguirlo en un mercado laboral donde se les exige experiencia.

DE LAS COMPENSACIONES

Remuneraciones e inflación

En el acuerdo firmado se determinó que las remuneraciones podrán ser incrementadas anualmente de acuerdo a parámetros reales del Índice de Precios al Consumidor siempre y cuando las condiciones de rentabilidad de la compañía así lo permitan. Los incrementos se definirán en función de la incidencia sobre la masa salarial total y no sobre el haber básico.

Salario y productividad

Las partes que firman el acuerdo, se mostraron conscientes de la necesidad de establecer nuevos instrumentos de incentivo colectivo, que sean sensibles a la capacidad de la empresa para generar resultados de gestión, y que representen el aprecio significativa y objetivamente del aporte de los recursos humanos al mejoramiento de las transformaciones empresariales en términos cualitativos y cuantitativos, por lo que definieron un "Premio de Resultado" a ser pagado anualmente.

Para determinar este premio se hizo referencia al macro indicador de desempeño empresarial EBITDA (*Earnings Before Interest, Taxes, Depreciation and Amortizatio*) o sea el Margen Operativo Bruto del balance de la compañía aprobado por el Directorio y certificado por los auditores externos. El EBITDA representa, más que ningún otro, la contribución de todos los empleados (directores, gerentes, empleados y operarios) a los resultados de la compañía.

La relación porcentual del valor del EBITDA alcanzado con respecto al programado y comunicado según las modalidades previstas a continuación, se utilizará para la valoración del premio según la siguiente tabla:

	Menor que la condición de erogación	Condición de erogación	Target 100%				Techo máximo de erogación	Mayor que el techo máximo de erogación
% Objetivo	<98	98	100%	102	105	110	120	>120
% Premio	0	97	100%	103	108	116	133	133

Criterios de erogación

El premio se erogará cada año (t> sobre la base de resultado del EBITDA del año precedente (t-1).

El valor del premio se reducirá de tantas cuotas diarias como los días de faltas en el año de referencia, excluyendo vacaciones, permisos retribuidos y faltas obligatorias por maternidad.

En el acuerdo se establece que "la empresa comunicará el valor programado del EBITDA en el ámbito de las reuniones anuales relativas al sistema de informaciones previstas en el acápite disciplina del sistema de relaciones industriales de este acuerdo".

Total rewards

El sistema de Total *rewards* representa el conjunto de los sistemas de compensaciones adoptado por la empresa, con el objetivo de atraer y retener a las personas motivándolas y orientando sus comportamientos hacia los resultados esperados. Un plan de Total *rewards* representa una palanca eficaz para involucrar y motivar a las personas con el fin de mejorar su misma transformación, determinando efectos positivos ya sea a nivel individual y/o empresarial.

La idea era la de especificar todos los elementos de *reward*, retribución fija y variable, sistemas de transformación, beneficios, formación y desarrollo y entorno de trabajo.

En el acuerdo se señala, "ENTEL, a fin de evidenciar un correcto dimensionamiento de la compensación erogada al empleado a lo largo del año, actuará según la lógica de la *Total Compensation*, es decir, según la valoración económica anual de todos los elementos que componen la retribución: directos e indirectos, cercanos y lejanos, fijos y variables, de ley o definidos entre partes.

Dichos elementos, por la parte económica, son:

Compensaciones de ley: salario mínimo nacional, aguinaldo, bono de antigüedad (de ley), bono de frontera, horas extras, desahucio, indemnización y prima anual.

Compensaciones adicionales vigentes en ENTEL S.A.: haber básico, comisiones, *retention*, premio de resultado, MBO, premios por desempeño, refrigerio, transporte, viáticos y bono de antigüedad ENTEL.

Beneficios de ley: vacaciones, subsidio prenatal, natalidad y postnatal, subsidio de sepelio, indemnización por fallecimiento, seguridad social, horario de lactancia y horario universitario.

Beneficios adicionales acordados con ENTEL: celulares de servicio, licencias por matrimonio, vacaciones adelantadas, licencia por cumpleaños, licencia por muerte familiar, seguro médico privado, seguro de vida, seguro de accidente, tarjeta de crédito, política de préstamos, política por transferencia, responsabilidad, daños y perjuicios, asistencia legal, regalo navideño y fiesta del trabajador de ENTEL".

Compensación variable

La empresa se comprometió a brindar, siempre, más importancia a la compensación variable de cada empleado a fin de apoyar una cultura participativa, alinear la compensación con los resultados del negocio, alentar la identificación del empleado con la empresa y orientar las actividades de los empleados.

Los programas de compensación variable que en el tiempo se habrían podido implementar, según lo que se encuentra en el "Acuerdo del Lago", eran:

- *"Gainsharing*. Trabajadores que comparten un porcentaje de valor de productividad aumentada, calculado bajo una fórmula preestablecida.

- *Participación en las ganancias*. Un grupo amplio de empleados comparte una parte de las ganancias, usualmente bajo una fórmula preestablecida.

- *Incentivos de equipo*. Incentivo para un grupo de empleados (grande o pequeño) que recibe un premio variable basado en el desempeño que sobrepasa los objetivos.

- *Propuestas de equipo*. Programa a corto plazo que recompensa la participación de empleados por la sugerencia de mejoras en la productividad, calidad y actividades que generan ingresos.

- *Incentivos individuales*. Incentivos por objetivos, para contribuidores individuales.

- *Premios únicos*. Premios en efectivo y en especie que reconocen las contribuciones significativas de un individuo o grupo por eventos únicos".

Todas estas medidas adoptadas para reconocer el trabajo de los empleados y apoyar su identificación con la empresa permiten que se "pongan la camiseta" y que se trabaje conjuntamente a los directivos de la organización para alcanzar los objetivos de la misma y así beneficiarse mutuamente de sus logros.

Actividades culturales y recreativas

El ser humano, por naturaleza, requiere de actividades que enriquezcan su espíritu y ánimo por lo que la recreación es muy importante para alcanzar un equilibrio en la persona y sirve de apoyo para que se pueda desempeñar mejor en su puesto de trabajo.

Debido a ello en el acuerdo de referencia, las partes decidieron constituir un círculo recreativo para los trabajadores de ENTEL (CrENTEL) cuyos lineamientos generales se señalan a continuación:

–   "El círculo es una asociación sin fines de lucro entre los empleados del grupo ENTEL.

–   Promueve, para los socios, actividades concernientes al tiempo libre a través de iniciativas culturales, recreativas, turísticas, deportivas, además de actividades solidarias, convenios de bienes y servicios a favor de los trabajadores socios.

–   La calidad de socio se adquiere inscribiéndose al círculo y pagando cuotas anuales al contado o con descuentos por planilla".

Entre las actividades que serían promovidas por este círculo se citan en el documento del acuerdo los siguientes ejemplos: Actividades culturales, turísticas, actividades deportivas, recreativas, actividades de solidaridad, convenios para la compra de bienes y servicios con instituciones, etc.

En el portal intranet se abrió un sitio dedicado a las actividades del círculo, administrado por el mismo. Durante los primeros dos años de gestión, la empresa financió el equivalente al 50% del total de las cuotas de los socios.

ENTEL Y FESENTEL EN BUSCA DE UNA NUEVA ORGANIZACIÓN DEL TRABAJO

En 2003, ENTEL y Fesentel empezaron a discutir modelos diferentes de organización del trabajo como la rotación de las tareas; atribución al empleado de un mayor número de operaciones y el trabajo en grupos.

Se decidió, por lo tanto, afrontar, experimentalmente, de modo sistemático la reorganización del trabajo para superar el esquema tradicional.

La nueva forma organizativa conduce a la creación de una "Isla de Trabajo", experimentada, por primera vez, en la fábrica de Volvo en Suecia. Las "islas" son pequeñas estructuras sin jefes que tienen la tarea y la responsabilidad de realizar un segmento lógico de una actividad completa.

A cada empleado de la "isla" le es asignada una tarea que le permite tener una clara visión del resultado final, que lo responsabiliza plenamente y, dentro de algunos límites, tiene una cierta autonomía de auto-organización del trabajo.

Cada "isla" está formada por un grupo, entre diez y treinta empleados, que trabaja de manera autónoma. La "isla" tiene objetivos de grupo, con valores mínimos y máximos. Frente al logro de los objetivos, la empresa corresponde una "Compensación Especial" en función del nivel de prestación alcanzada. Dicha compensación se sumaba al Premio de Resultado. La primera "isla" que aunaba el segmento técnico-comercial fue puesta en marcha, experimentalmente, en Potosí.

DE LOS COMPORTAMIENTOS EN LA EMPRESA

La Ley General del Trabajo le atribuye al empleador el poder de decretar medidas disciplinarias al trabajador.

El Convenio Colectivo de ENTEL, "Acuerdo del Lago", estableció un procedimiento que pone algunas limitaciones al empleador con el fin de proteger a la parte más débil (el trabajador), superando, de lejos, lo que la Ley y CPE prevén para tutelar al empleado.

El primer límite fijado por el "Acuerdo del Lago" al poder disciplinar del empleador, está representado por la proporcionalidad entre conducta irregular del empleado y su correspondiente sanción.

Se trata de un límite de naturaleza sustancial, al que se suman luego, los límites de naturaleza procedimental. En el procedimiento disciplinar, el rigor de la forma se traduce en garantía para el trabajador inculpado.

En el texto del Convenio Colectivo se establecieron fases específicas que pueden ser definidas de la siguiente manera:

    a.   Publicidad del reglamento disciplinario definiendo infracciones y relativas medidas disciplinarias.

    b.   Notificación de la infracción.

    c.   Término para la defensa.

d. Justificaciones del trabajador.

e. Audición para la defensa, si es solicitada.

f. Conminación de la sanción o, bien, aceptación de las justificaciones.

g. Ejecución de la sanción.

Publicidad del reglamento disciplinario. La publicidad del reglamento disciplinario constituye un deber del empleador para notificar la infracción con su relativa sanción. En otras palabras, el empleador no puede aplicar alguna sanción si no publica y difunde el reglamento.

El código disciplinario tiene que ser específico y detallado, aunque no es necesario que prevea cada una de las posibles infracciones. La única excepción a la regla se aplica cuando la conducta del empleador se constituya también en un delito. En tal caso, no es necesario que la infracción haya sido precedida por una publicación, en cuanto el hecho es un crimen que viola normas de carácter penal, por lo que se presume el conocimiento de dicha prohibición.

Notificación de la infracción. La obligación de previa notificación del error cometido prohíbe al empleador adoptar medidas disciplinares en contra del trabajador, sin haberle, previamente notificado la infracción. La notificación debe ser hecha por escrito, en caso de que la medida disciplinaria a aplicar, sea más grave que una simple llamada de atención verbal.

La misma debe ser específica y suficientemente detallada, debe describir los hechos materiales concretamente ocurridos. Una notificación genérica es inadecuada y anula la eventual medida adoptada.

Con la notificación específica del hecho debe recordarse al trabajador, la eventual reincidencia de la falta cometida. En consecuencia, los hechos que no hayan sido previamente notificados, aunque sean reincidentes, carecen de validez, ante la aplicación de la sanción.

Término para la defensa. El Convenio Colectivo de ENTEL fija, a favor del trabajador inculpado, un término de defensa, en el sentido de que la medida disciplinaria (más grave del reproche verbal) no puede ser adoptada antes de que hayan transcurridos cinco días de la notificación de la infracción.

Justificaciones del trabajador o bien falta de las mismas. La razón del tiempo, de 5 días, entre la notificación y la medida disciplinaria, permite al trabajador preparar su defensa, y presentar sus justificaciones ya sea por escrito o verbalmente y eventualmente puede ser asistido por un delegado sindical interno.

Audición para la defensa, si es solicitada. La norma prohíbe al empleador implementar alguna medida disciplinaria sin haber oído la defensa del trabajador, significa que si el trabajador solicita presentar su defensa, el empleador o persona por él delegada tiene el deber de encontrarse y escuchar al trabajador. Transcurrido el término de defensa, por parte del trabajador, ya sea que haya enviado o no sus razones, el empleador puede adoptar tres diferentes opciones:
- Aceptar las justificaciones del trabajador.
- Proceder a la ejecución de la sanción disciplinaria.
- Quedar silente e inactivo.

Con la aceptación de las justificaciones del trabajador, el procedimiento concluye sin alguna consecuencia para el mismo. La aceptación puede ser expresamente comunicada al trabajador. El silencio, por parte del empleador frente a las justificaciones del trabajador, equivale a la aceptación de las mismas.

De igual manera, en caso de que el trabajador no haya presentado alguna justificación y el empleador no se haya manifestado, significa que el empresario renuncia a implementar cualquier tipo de medida disciplinaria en contra del trabajador en cuestión.

Aplicación de la sanción. Si la medida disciplinaria no fuese comunicada hasta los 10 días hábiles a la recepción de las justificaciones, éstas se consideraran aceptadas.

El código interno es de aplicación general para todo el personal de la empresa. En casos de incorporaciones, el personal incluido en la dotación bajo cualquier concepto, se adhiere a este documento que constituye parte de su contrato individual de trabajo con la empresa.

Del régimen disciplinario, infracciones y sanciones

En el "Acuerdo del Lago" se hace mención del régimen disciplinario, infracciones y sanciones que se establecen en el interior de la empresa.

"La inobservancia por parte del trabajador de las disposiciones de ley, contractuales del presente reglamento o de normativa empresarial puede dar lugar, según la gravedad de la infracción, a la aplicación de las siguientes medidas:

- Apercibimiento verbal.
- Amonestación escrita.
- Sanción pecuniaria.
- Suspensión temporal, sin goce de haberes.
- Despido.

El empleador no podrá adoptar ninguna acción disciplinaria contra el trabajador sin que se lo haya notificado previamente o sin haber escuchado su defensa".

Y el texto en el acuerdo continúa de la siguiente manera "a exclusión del apercibimiento verbal, la notificación deberá ser efectuada por escrito y las medidas disciplinarias no podrán ser aplicadas antes de que transcurran 5 días hábiles, en el curso de los cuales el trabajador podrá presentar sus justificaciones por escrito. Para los casos tipificados como graves, el o los trabajadores observados podrán estar eventualmente asistidos por un representante de Fesentel al cual el empleado conferirá mandato para este efecto".

El proceso disciplinario mencionado es más complejo, en su gestión, que el simple envío de un memorándum unilateral de la empresa al trabajador, además, éste fija, transparentemente, las reglas del juego, da la posibilidad de que el trabajador presente sus justificaciones, eliminando o disminuyendo la posibilidad de que el empleador cometa errores y evita actitudes persecutorias, características de muchos ambiente laborales.

De las amonestaciones escritas, sanciones pecuniarias y suspensiones temporales sin goce de haberes

En el acuerdo también se indica, como ejemplo, sin que sean exhaustivas las infracciones que conllevan medidas de amonestación escrita o sanción pecuniaria o suspensión temporal sin goce de haberes[9].

Del despido

Para que un trabajador sea despedido, según lo firmado entre las partes del acuerdo, habrá tenido que cometer infracciones de indiscipli-

---

[9] Ver texto del "Acuerdo del Lago" en el apéndice.

na y negligencia en el trabajo de mayor relevancia. También, sobre éstas el Acuerdo presenta las infracciones más típicas o recurrentes.

CONTROL DE LA EVOLUCIÓN DE LA DOTACIÓN

Las partes convienen que en el ámbito de las reuniones previstas en el capítulo *"sistema de informaciones"* del acuerdo, se dará particular importancia al tema de dotación. Se estableció que, si en dichas reuniones (por ejemplo, para la elaboración del plan estratégico operativo) se detectarán situaciones que impliquen un impacto laboral, las partes analizarían y aplicarían, de inmediato, todas las soluciones posibles que eliminaran o disminuyeran el impacto social en los trabajadores de la empresa.

Esta medida evidencia la consideración que tiene la empresa por sus empleados y la preocupación por brindarles un lugar de trabajo en el que se sientan a gusto y desarrollen sus actividades para alcanzar las metas de la organización.

PROTOCOLO DE CONCERTACIÓN LABORAL

Las partes —más allá de confirmar su voluntad de resolver eventuales situaciones críticas que afectaran a la dotación, en lo posible, con herramientas no traumáticas— expresan su firme decisión de implementar, si legalmente es posible, nuevas modalidades de trabajo y "amortiguadores sociales" más allá de los ya contemplados en el "Acuerdo del Lago".

En esa perspectiva, las partes han identificado y estudiado la viabilidad de la aplicación de otras novedosas herramientas, ya sea como amortiguadores sociales o como nuevas modalidades de trabajo, con el objetivo de dar una contribución práctica a la discusión de importantes temas que, más allá de las necesidades específicas de ENTEL y en consideración de la situación del país, afectan de manera general la relación empresa/sindicato/instituciones.

Sin embargo, la puesta en práctica de algunas de esas herramientas, dado su carácter novedoso e innovador, requiere autorización expresa del Ministerio de Trabajo y Microempresa, ya sea por la vía administrativa normal o mediante la promulgación de disposiciones legales correspondientes. En tal virtud, las partes se comprometen a gestionar, en los niveles pertinentes, la aplicación de esas herramientas en el ámbito particular de la Empresa.

De una manera amplia, las partes expresan su voluntad de contribuir también a la discusión general del tema en el país, aportando no solo con la experiencia propia emergente de la puesta en práctica de algunas de esas herramientas a nivel de Empresa, sino también con el análisis conceptual y filosófico que las inspiró. Con tal fin, se ponen a disposición de las autoridades laborales pertinentes, de los órganos legislativos, de la organización sindical matriz de los trabajadores y de las entidades gremiales empresariales.

Nuevas formas de trabajo

A continuación se enumeran las herramientas discutidas en el "Acuerdo del Lago".

Si se analizan las dinámicas del Mercado Laboral se evidencia que éstas determinan la exigencia de la utilización de nuevas y renovadas tipologías de relación Empresa/trabajador con el fin de reconfigurar y, a veces, superar la tradicional estructura de trabajo subordinado.

Además, se presenta la necesidad de apoyar a una mayor flexibilidad del mercado laboral enlazada con un sistema de garantías para una mejor calidad del trabajo mismo, con el pleno respeto a los derechos de los trabajadores y en coherencia con los lineamientos de la OIT en materia de estrategia para el empleo y así contar con más y mejores trabajos.

En seguida se muestran las nuevas formas de trabajo examinadas por las partes:

"Trabajo intermitente. En la experiencia de muchos países europeos se ha afirmado una particular modalidad de trabajo subordinado caracterizado por prestaciones discontinuas a desarrollarse según las necesidades del empleador y conocido como Trabajo intermitente o Trabajo a llamada.

Trabajo por proyecto. El trabajo por proyecto es una especie perteneciente al género del contrato de Trabajo Autónomo en base al cual un sujeto asume, establemente y sin vínculo de subordinación, el encargo de ejecutar un proyecto o un programa de trabajo habiendo concordado con el empleador las modalidades de ejecución, la duración, los criterios y tiempo de pago de la compensación.

Contrato de colaboración coordinada y continua. El contrato de colaboración coordinada y continua se refiere a aquellas personas que prestan su trabajo de manera autónoma, por cuenta de alguien que lo encarga. La definición de los contenidos del contrato es remitida a la contratación de las partes. La colaboración coordinada y continua presenta características propias ya sea del trabajo autónomo como del trabajo subordinado. Por lo anterior, podría ser definida como una relación de trabajo *presubordinada o atípica.*

Empleados externos (manpower externo). Es aquella figura en la cual la prestación de trabajo viene desarrollada a favor de una empresa por parte de trabajadores dependientes de otra empresa autorizada conforme a ley".

Amortiguadores sociales

Entre los amortiguadores sociales entendidos como herramientas de apoyo a los ingresos del trabajador cuando éste los deja de percibir o cuando le son disminuidos a causa de una suspensión temporal de la actividad laboral o cuando ésta se interrumpe. Se benefician de estas herramientas los trabajadores y empresas que se encuentran en dificultad, inclusive personas despedidas y desocupadas como emergencia por factores ajenos a su conducta personal y/o laboral.

Los amortiguadores sociales deben servir para enfrentar diversas situaciones como la suspensión temporal del trabajo; pérdida definitiva del puesto de trabajo ocasionada por la situación del mercado; crisis empresarial contingente o estructural; reestructuración o reconversión.

En ese marco conceptual, se identificaron los siguientes amortiguadores sociales:

"*Subsidio de desempleo.* El Subsidio de desempleo es una herramienta para sostener los ingresos de los trabajadores dependientes que a causa de una finalización o suspensión de la relación de trabajo se encuentran en una situación de desempleo involuntario. El subsidio es pagado durante seis meses, por un importe equivalente a un porcentaje (normalmente el 30%) del último haber básico percibido. No es acumulable con otros tipos de tratamiento.

Listas de movilidad. En caso de contracción de la dotación definitiva, el subsidio de desempleo puede ser acompañado con la constitución de una *Lista de movilidad* instituida por el Ministerio de Trabajo. En el caso de que un empleador ingrese personal utilizando la Lista de movilidad, pueda obtener compensación con cargo al Estado, gestionada previamente.

Fondo de garantía del salario. Es un fondo alimentado por contribuciones de empresarios, trabajadores y el Estado que interviene para el sostén de los trabajadores que hayan sido suspendidos de empresas con dificultades temporales o en caso de crisis o reestructuración de la empresa. Para acceder a los beneficios del fondo se debe realizar previamente una consulta sindical y obtener una autorización previa del Ministerio de Trabajo. El fondo interviene por un tiempo definido.

Jubilación anticipada. Esta modalidad favorece la jubilación anticipada de aquellos trabajadores en condiciones próximas a la misma ya sea en términos de edad y de contribuciones.

Outplacement. Es un proceso de asesoría, apoyo, orientación y capacitación dirigido a las personas por egresar para la búsqueda de un nuevo empleo o actividad de calidad, nivel y condiciones similares a las de su anterior ocupación. A través de este proceso es posible adiestrar de forma teórica y práctica a quienes deban enfrentar el proceso de reinserción laboral, proveyéndoles capacitación y contactos en el mercado laboral.

Contrato de solidaridad. El contrato de solidaridad hace referencia a una situación de crisis temporal de la empresa por la cual, a fin de aliviar el impacto sobre la reducción de la dotación, se disminuye el horario de trabajo de 40 a 30 o 35 horas semanales con disminución proporcional de la relativa retribución.

Repercusiones surgidas a raíz de la importancia de la firma del "Acurdo del Lago"

En definitiva, el "Acuerdo del Lago" se constituyó en uno de los convenios colectivos más importantes y sin precedentes en Bolivia y ha tenido numerosas repercusiones y ha despertado el interés hasta de organismos internacionales.

A continuación se presentan algunos de los comentarios más destacados referentes a él, cuyos contenidos completos se encuentran en el apéndice de la presente publicación.

Ciertamente, arribar a la firma de un acuerdo de las características del que se trata en este texto ha llevado tiempo, esfuerzo, despojo de estereotipos, apertura de pensamiento y aceptación de la necesidad del cambio.

Así lo manifiesta Mario Sánchez, secretario Ejecutivo de Fesentel, en 2001, quien como representante máximo de la organización de los trabajadores de la empresa afirma que ante la culminación de un anterior Contrato Colectivo y la apertura del mercado de las telecomunicaciones era necesario aunar esfuerzos con los directivos para sacar adelante a la empresa.

"Consciente de estos aspectos, Fesentel decidió afrontar toda esta problemática, generando soluciones creativas en beneficio de los trabajadores. Se trabajó conjuntamente con los ejecutivos de ENTEL S.A., se elaboró el presente documento (el "Acuerdo del Lago") que es el fruto de tediosas y largas horas de diálogo que al final reflejan las nuevas relaciones industriales, las normas, derechos, deberes, ética y capacitación con las cuales funcionaremos".

Sin duda, al contar con todas las reglas claramente establecidas y la "cancha debidamente rayada" todos los implicados esperan que la situación de la empresa, en general, y la de cada trabajador, en particular, mejore sustancialmente.

Sánchez continúa, "esperamos que con este instrumento tengamos, hacia adelante, una mejor convivencia laboral y empresarial que influya para tener una empresa fortalecida y, sobre todo, que esté a la vanguardia, es lo que deseamos de todo corazón para el bien de los trabajadores y, por ende, de toda la familia Enteliana".

A propósito de que el movimiento sindical boliviano, gracias a este acuerdo, esté a la vanguardia, el director general de Empleo, Salarios y Migración Laboral del Ministerio de Trabajo y Microempresa, Edgar Azeñas Soza, y el director general de Trabajo de la misma institución estatal, Nalivo Reyes Dorado, comentan al respecto, "bajo el nuevo entorno que vive nuestro país (agosto de 2001), como el resto del mundo, caracterizado por el creciente proceso de globalización, ya no solo de la economía sino, también, de las corrientes políticas y sociales, nuevas experiencias en el ámbito de las relaciones empresa-trabajadores abren, otra vez, el sendero hacia experiencias capaces de colocar al movimiento sindical boliviano, nuevamente, a la vanguardia en el continente".

Amabas autoridades continúan, en su nota, "el ejemplo más claro de la corriente renovadora que impulsa al sindicalismo en Bolivia es el más reciente Acuerdo alcanzado entre la primera empresa de telecomunicaciones (ENTEL) y la federación que agrupa a sus trabajadores (FESENTEL)".

Pero no solamente el acuerdo demuestra el cambio de rumbo de las relaciones entre los ejecutivos de una empresa y sus trabajadores, sino que muestra el grado de compromiso que los empleados pueden llegar a concretar con su fuente laboral para velar por ella y procurar "ponerle el hombro" si así lo requiere.

Azeñas y Reyes agregan, "por primera vez, en nuestro país, una empresa y sus trabajadores encontraron el mecanismo para actuar juntos, en un nuevo entorno de libre competencia, en el interés común de garantizar el logro de los objetivos compartidos.

El Acuerdo, consecuencia lógica del diálogo constructivo, establece, en ENTEL, un novedoso y revolucionario sistema de relaciones industriales destinado a preservar los intereses conjuntos de ambas partes, constituidas en un todo".

Asimismo, reconocen cuán importante es poder establecer los "instrumentos necesarios y adecuados "para determinar los objetivos empresariales y marcar el camino a seguir para su obtención a través de una permanente "superación profesional y técnica de los recursos humanos y, fundamentalmente, para aprovechar, de manera integral, la moderna tecnología" para prestar mejores servicios a la ciudadanía y contribuir al desarrollo del país.

"Se trata, sin duda de una experiencia inédita en Bolivia... una experiencia capaz de marcar nuevos senderos para el movimiento sindical a partir de una nueva concepción de lo que deben ser las relaciones entre una empresa y su capital humano en un mundo en el que la imaginación de todos los actores del proceso productivo debe jugar un rol preponderante para superar los desafíos cada vez más exigentes de la competencia y de la competitividad", concluyen Azeñas y Reyes.

Por su lado, Noel Vásquez Valdez, ex secretario de la Central Obrera Boliviana (COB), observa, en su nota titulada *Nueva forma de unidad*, de agosto de 2001, que la realidad económica, social y de las relaciones entre trabajadores y directivos de una empresa provocaban la división y lo que se necesitaba era la unión y la búsqueda de instrumentos que la promuevan como los Contratos Colectivos.

"…No es solución la que se obtiene mediante bloqueos o convenios que no se cumplen o que logran beneficios parciales o individuales. Esta situación nos está dividiendo y, cada vez, somos más débiles. Hay que buscar medios o instrumentos que nos unan. Solo unidos somos fuertes", afirma Vásquez.

Para el ex dirigente de la COB la negociación colectiva permite asegurar y garantizar, por un lado, los derechos de los trabajadores y, por otro, reconocer al sindicato, que en ese tiempo había perdido mucho poder en el país.

"El convenio, así negociado, supone que a ambas partes les interesa la subsistencia y la superación de la empresa, lo que les obliga al cumplimiento de lo pactado en beneficio de todos. (…) Allí donde se abre esa posibilidad, los trabajadores tenemos la oportunidad de unirnos para trabajar con garantía y seguridad mediante el sindicato, con autoridad y fuerza. (…) Por todo esto, felicito a los trabajadores de FESENTEL y a ENTEL que se han dado este sistema legal de convivencia obrero-patronal", concluye Vásquez.

Por otro lado, Líber Forti, ex asesor cultural de la Federación de Mineros y de la COB, manifiesta, en su nota titulada *El cambio de las relaciones industriales*, de agosto de 2001, que "el Acuerdo del Lago señala un rumbo novedoso y que se enlaza a una madurada voluntad de cambio para cambiar".

Para respaldar sus aseveración, cita las palabras de los ejecutivos de ENTEL dirigidas hacia FESENTEL en las que manifiestan su consideración para con los trabajadores, "(…) el panorama de la competitividad establecida por los monopólicos y poderosos, así como por el de las variantes tecnológicas con la que la justifican, y de todo lo que hemos hecho conocer a ustedes, nos lleva a elaborar una estrategia empresarial cuyos términos son los siguientes, y que buscan asegurar tanto el funcionamiento de nuestra entidad como el de asegurar las fuentes de trabajo que ofrece…".

Por su parte, FESENTEL responde, manifestando su disposición a unirse a la "lucha" por el bien de la empresa, "por toda la información que nos han hecho conocer ustedes, nos damos cuenta de que el tiempo venidero es difícil para la empresa y para nosotros (…) por eso damos acuerdo a medidas ineludibles, pero queremos que ustedes conozcan, también, nuestra problemática, resultado de nuestros salarios, horarios, viáticos, seguros, etc.

Y creemos que sin dejar de lado nuestro planteamiento de algunas medidas que ustedes puedan aportar a la solución de nuestra problemática, corresponde que unamos esfuerzos en procura de facilitar las mismas...".

Forti resalta su punto de vista, necesario para alcanzar el cambio para cambiar, que es la presencia de incentivo al desarrollo de actividades culturales y artísticas por toda organización, "será de interés común, de ENTEL y Fesentel, el de procurar atender, así como a la formación tecnológica, a la atención de las tendencias, vocaciones, hasta instintivas, por ejemplo, a las actividades artísticas y, por lo tanto, culturales, que son las que al individuo lo humanizan, con el ejercicio de sus sentidos, que integran su irrenunciable sensibilidad e imaginación.

Así, la revolución —de que el Acuerdo del Lago muestra una voluntad de cambio para cambiar— se completaría positivamente con la de que esto sea para humanizar o neohumanizar al individuo y su proyección, que es la colectividad, lo que constituye una, hasta inconsciente —por eso a veces escondida— voluntad de la especie, de nuestra especie...".

Álvaro Gracia Linera — ex Vicepresidente del Estado Plurinacional de Bolivia y en aquel entonces profesor en la Universidad Mayor de San Andrés, en de La Paz— pronunció en la presentación de mi libro No hay mayor riqueza que las personas. Gestión de los Recursos Humanos en Bolivia y valor de la empresa, Sucre, 16 de diciembre de 2004: "En pocos meses habremos de estar instalando una asamblea constituyente donde se abordarán temas de reforma de los derechos de las personas. Está claro que el debate que introduce el Acuerdo del Lago respecto a la gestión de recursos humanos y respecto a la relación entre el trabajo y empresa en los ámbitos modernos es de vital importancia".

Todas las expresiones expuestas por parte de diferentes personas vinculadas a las relaciones industriales destacan, desde sus perspectivas, el valioso aporte que el "Acuerdo del Lago" proporciona a las nuevas formas de concebir y llevar adelante lo que son los Contratos Colectivos, una práctica que merece ser incentivada y ampliada en el país.

APÉNDICE
Convenio Colectivo ENTEL
DENOMINADO
"Acuerdo del Lago"

Breve Introduccion

A mi llegada a Bolivia en el año 2000, rápidamente me di cuenta que la situación de Entel era muy crítica, por no decir desesperada. El comodo monopolio que la empresa había disfrutado por años habría terminado de ahí a docientos días hábiles: no era suficiente mejorar, era un imperativo repensar y cambiar viejos paradigmas.

Entel tenía "puestos de trabajo" a los cuales no correspondían la misma cantidad de trabajo: la reconversión a tecnicas electrónica iniciada en años anteriores y la preparación para competir en el mercado requirira una gran reducción y un cambio de habilidades y destrezas del personal.

Sin embargo, ni siquiera esta maniobra podía salvar a Entel si no se hubiera propiciado un cambio en el sistema de relaciones laborales sin antecedentes y en total contra tendencia con las costumbres del país.

El nuevo enfoque creó un alboroto entre los sindicatos y un fuerte desconcierto en las filas de la antigua gerencia. Pero el sindicato aceptó el desafío de una manera más resuelta y convencida que los propios ejecutivos: esto era exactamente lo que estaba buscando; de hecho, la mera cohesión del management no habría asegurado la recuperación de la empresa en el tiempo necesario.

Estoy convencido que desaprender de lo conocido, no dejar inexplorado ningún intento, pensar en manera diferente, desafiar el ambiente son el espíritu que tuvimos en Entel y en mi opinión el que nos puede permitir de reconstruir nuestra actividades post pandemia. Este es el motivo de fondo que me ha inspirado en escribir este texto.

Entel había sido fundada en 1965 como Sociedad Anónima Mixta con representación oficial del Estado boliviano, con la finalidad de "desarrollar las telecomunicaciones en todas sus modalidades y formas en el territorio nacional". En 1966 se convirtió en empresa pública descentralizada, bajo la tutela del Ministerio de Transportes, Comunicaciones y Aeronáutica Civil.

Mantuvo ese estatus jurídico hasta junio de 1995, cuando el "proceso de capitalización de las empresas públicas" emprendido por el gobierno de entonces, la transformó en una sociedad anónima mixta, con el fin de incorporar capitales privados a su paquete accionario.

El 27 de noviembre de 1995, se concedió a Telecom Italia el 50% de las acciones de ENTEL más la administración de la empresa. Adicionalmente, la Ley de Telecomunicaciones concedió a ENTEL el monopolio sobre los servicios de telefonía de larga distancia nacional e internacional por seis años.

Telecom Italia, al comprarla, se comprometió por un lado, a invertir en las telecomunicaciones bolivianas un total de 610 millones de dólares, y por otro a cumplir con las metas de expansión y calidad, definidas por la ley y por el contrato de concesión.

En el mes de noviembre del año 2001 terminó el monopolio y se produjo una liberación de la telecomunicación en el país.

En el año 2005, al ser electo Presidente del Estado Plurinacional, Evo Morales Ayma anunció, conforme al mandato otorgado en referendum por el pueblo boliviano, que recuperaría los recursos naturales y nacionalizaría las industrias estratégicas del país. El 1 de mayo de 2008, cumplió lo prometido y nacionalizó Entel. El Estado Boliviano quedó como dueño titular del 97% de las acciones de la empresa.

Desde 1965 y también después de su capitalización Entel operaba como monopolio en el mercado de larga distancia nacional e internacional, y teniendo a todos los clientes asegurados al 100%, competía sola y siempre llegaba aparentemente primera (en facturado) inclusive cuando realizaba una pésima performance (de costos).

Telecom Italia, la empresa que capitalizó Entel, mantuvo sus compromisos de inversión en tecnología previstos en el shareholder agreement, pero la empresa poco cambió en competitividad, debido a que navegaba en las aguas tranquilas del monopolio.

De esta manera pasaron los primeros cinco años de gestión monopolista después de su capitalización.

Recién a inicios de año 2000 Entel inició a darse cuenta que en la medianoche del 28 de noviembre del 2001 se le habría acabado el juego del monopolio y que un minuto después de las 24 horas habría tenido que lidiar con otros diez competidores, los cuales como perros hambrientos se habrían lanzado sobre el hueso de la cuota de mercado de Entel.

La fotografía de Entel, 200 días antes de la apertura del Mercado era la siguiente:

- Tenía casi el doble del personal necesario. Un tercio del mismo estaba compuesto por los técnicos con buenas competencias. El resto del personal (comerciales, administrativos,

RRHH, finanzas etc.), estaba compuesto en modo predominante por gente ingresada por el partido del gobierno de turno.

- El peor sector era el de Comercial y MKT caracterizado por una alta mediocridad sea de los gerentes que de los empleados.
- En 1997 se había firmado un convenio colectivo recién renovado que establecía la "estabilidad laboral".

- El costo del trabajo era elevado en cuanto los porcentajes del bono de antigüedad se calculaban sobre el haber total del empleado y no sobre la escala de los mínimos salariales como preveía la ley. Esto significaba que el sistema de premios de Entel era basado sobre la antigüedad y no sobre la profesionalidad.

- El "premio anual de producción" no se medía bajo ningún parámetro objetivo, era fruto de una negociación sindical.
- Los incrementos colectivos, fruto de negociación sindical, eran también definidos en base a un pliego petitorio de tipo exclusivamente salarial, presentado cada dos años por el sindicato (FesEntel).

En enero 2000 Telecom Italia decidió cambiar el Director de Recursos Humanos de Entel (posición que dependía del Presidente Ejecutivo de la Compañía), con el fin de contar con un soporte que prepare la empresa a la apertura del mercado.

En mayo del año 2000 llegó el flamante Director de Recursos Humanos de Entel. Ese director es el que escribe.

El primer día de trabajo como "bienvenida" encontró que no podía ingresar al edificio de Entel porque un piquete de huelga se había organizado en las puertas de la empresa y bombos y petardos hacían de banda sonora a este espectáculo. Qué pedían los trabajadores? La aprobación de su pliego petitorio en el que solicitaban aumento salarial.

El segundo día tomó servicio, y comenzó a realizar una serie de entrevistas a las personas que ocupaban los primeros niveles de la organización. El recién llegado escuchó las desalentadores confesiones de los jefes que coincidían en que "no se podía hacer nada" para resolver los problemas antes mencionados.

Citaron cláusulas del convenio colectivo, inmodificables hasta después de la apertura del mercado. "La estabilidad laboral" debía ser respetada y el premio de producción debía ser "negociado" con el sindicato.

El Director de Relaciones Externas, comentó que, en vista de inminente apertura del mercado la empresa debía mantener una buena imagen externa y que conflictos con el sindicato podrían deteriorarla. Además políticamente el Gobierno estaba muy atento a que el proceso de capitalización siguiera adelante con éxito y sin cimbronazos.

La Directora de Legales subrayó que a esa altura nada podía revertirse sobre el costosísimo "Bono de Antigüedad" dado que pese a la previsión de ley, la manera en que Entel realizaba el cálculo, era un "derecho adquirido".

El Director Comercial comentó que el costo del servicio era elevado por los altos costos del personal, y que el personal a su cargo era "de lo mejorcito" que se pudiera encontrar en el país.

Me entrevisté por último con un dependiente mío que ocupaba el puesto de Gerente de Relaciones Industriales, el cual me dibujó un cuadro del marco institucional y legal de las leyes laborales en Bolivia (Constitución Política del Estado, y Ley General del Trabajo).

La verdad es que yo quedé muy asombrado frente a la explicación del Decreto Supremo 21060, que en su art. 55 preveía la libre contratación y despido. Esta ley daba una libertad absoluta de maniobra al empleador, y contrastaba en forma contundente con las restricciones del Convenio Colectivo de Entel.

Cómo se había logrado la firma de un convenio de trabajo tan severo en un marco legal tan flexible?

Faltaban poco más de 200 días laborables a la apertura del mercado: el 28 noviembre 2001 a las 00:01 hrs. el monopolio habría terminado. Game over.

Recordé la única indicación que mis jefes de Telecom Italia me habían dado antes de tomar el avión para Bolivia "Confiamos en Ud., resuelva en tiempo los problemas; lo importante es mantener calmo el ambiente interno y externo".

Las fichas del juego estaban acomodadas, la partida no había iniciado, pero yo como nuevo Director de Recursos Humanos sentí que ya me habían hecho Jaque Mate.

A continuación el texto completo del convenio colectivo Acuerdo del Lago. Más allá que ese convenio continua siendo una best practice de negociación sindical en el sombrío mundo de las relaciones laborales en América Latina, constituye un caso, creo yo único al mundo un el cual un convenio sindical fue propulsor para llevar adelante un plan de gestión de cambio y no al revés.

acuerdo del Lago

INTRODUCCION

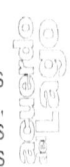

Fenecido el Convenio Colectivo que normó las relaciones entre la Empresa y sus trabajadores durante el período de exclusividad, hemos firmado entre Entel y Fesentel, el 7 de junio 2001, en Puerto Pérez, un Acuerdo que define las reglas que nos acompañarán en las nuevas condiciones de apertura del mercado de las telecomunicaciones.

El Acuerdo, homologado por la autoridad competente, pone en marcha un nuevo sistema de relaciones industriales que, por su concepción y contenidos, nos coloca a tono con las exigencias y desafíos del nuevo entorno en el que nuestra Empresa desarrollará sus actividades, a partir del 27 de noviembre próximo.

El nuevo sistema establece pautas innovadoras y soluciones que apuntan, concretamente, a fomentar la competitividad de la compañía y a mejorar sus condiciones de trabajo, en el marco del mercado abierto.

El Acuerdo es fruto del consenso entre partes que forman un todo y establece un diálogo sistemático, transparente y franco, que abarca desde las políticas y estrategias industriales de la compañía hasta los planes operativos.

A tal efecto, crea las herramientas necesarias no sólo para capacitar a los recursos humanos, elevando su nivel profesional, sino también para desarrollar su potencialidad, involucrándolo de manera activa en los planes y proyectos de la Empresa hacia el mercado.

En el pleno respeto de los derechos individuales y colectivos, establece un sistema que respalda la actividad sindical y una relación de trabajo en la que las aspiraciones y necesidades individuales y personales de los trabajadores se vinculan a la misión, a la visión y a los valores de la Empresa para lograr las metas y los objetivos del negocio. Así como establece normas éticas de comportamiento general, establece también normas de comportamiento empresarial, en la mira del accionar conjunto en la gestión de cambio para posicionarnos, con éxito, en el mercado competitivo.

Se trata de una experiencia única en el país y, seguramente, de pocos antecedentes en Latinoamérica, que reconoce y valora en toda su dimensión al capital humano, en el entendido de que éste es el factor determinante de nuestro éxito empresarial.

Nuestra misión común es hacer de Entel la primera elección de nuestros clientes en todos los productos que ofertamos, convirtiéndola en un operador competitivo a nivel regional.

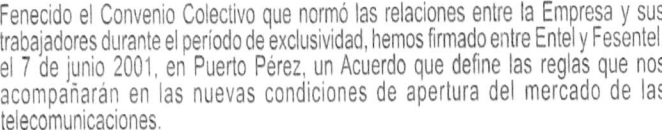

Franco Bertone

FEDERACION SINDICAL DE TRABAJADORES DE LA EMPRESA NACIONAL DE TELECOMUNICACIONES ENTEL S.A.

FesEntel

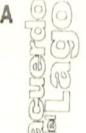

EL AÑO 2001 ES UN AÑO DE GRANDES DESAFIOS PARA LOS TRABAJADORES DE ENTEL S.A., PUES CULMINA EL ANTERIOR CONTRATO COLECTIVO Y TENEMOS AL FRENTE LA APERTURA DEL MERCADO DE TELECOMUNICACIONES, CONCIENTE DE ESTOS ASPECTOS FESENTEL DECIDIO AFRONTAR TODA ESTA PROBLEMÁTICA, GENERANDO SOLUCIONES CREATIVAS EN BENEFECIO DE LOS TRABAJADORES, POR ELLO EN UN TRABAJO CONJUNTO CON LOS EJECUTIVOS DE ENTEL S.A., SE ELABORO EL PRESENTE DOCUMENTO QUE ES EL FRUTO DE TEDIOSAS Y LARGAS HORAS DE DIALOGO QUE AL FINAL REFLEJAN LAS NUEVAS RELACIONES LABORALES INDUSTRIALES, LAS NORMAS DE DERECHOS, DEBERES, ETICA, CAPACITACION, CON LAS CUALES FUNCIONAREMOS A PARTIR DE LA ENTREGA DEL MISMO.

ESPERAMOS QUE CON ESTE INSTRUMENTO TENGAMOS HACIA ADELANTE UNA MEJOR CONVIVENCIA LABORAL-EMPRESARIAL QUE INFLUYA PARA TENER UNA EMPRESA FORTALECIDA Y SOBRE TODO ESTE A LA VANGUARDIA, ES LO QUE DESEAMOS DE TODO CORAZON, PARA EL BIEN DE LOS TRABAJADORES Y POR ENDE DE TODA LA FAMILIA ENTELIANA.

Mario Sánchez R.
SECRETARIO EJECUTIVO
FESENTEL

ACUERDO DE TRABAJO

SUSCRITO ENTRE LA EMPRESA NACIONAL DE TELECOMUNICACIONES (ENTEL S.A.) REPRESENTADA POR GIACINTO MADDALENA Y CARLOS VILAR Y POR EL COMITÉ EJECUTIVO NACIONAL DE LA FEDERACIÓN SINDICAL DE TRABAJADORES DE ENTEL, REPRESENTADO POR: MARIO SÁNCHEZ, FERNANDO ARIAS, LUCIANO SANJINES, EDGAR LORAS, PATRICIA MURGUIA, FERNANDO DERI Y NORAH AILLON, QUIENES COMO RESULTADO DE LAS NEGOCIACIONES DESARROLLADAS EN LA LOCALIDAD DE PUERTO PEREZ (LA PAZ) ACUERDAN APROBAR EL ACUERDO DE TRABAJO QUE SE ANEXA AL PRESENTE, Y QUE CONFORME A NORMAS VIGENTES DEBERA SER PRESENTADO AL MINISTERIO DE TRABAJO Y MICROEMPRESA PARA SU CORRESPONDIENTE HOMOLOGACIÓN.

PUERTO PEREZ (LA PAZ), 7 DE JUNIO DE 2001

POR ENTEL S.A.

GIACINTO MADDALENA
GERENTE DE RECURSOS HUMANOS

CARLOS VILAR
GERENTE DE RELACIONES INDUSTRIALES

POR EL C.E.N. FESENTEL

MARIO SÁNCHEZ
SECRETARIO EJECUTIVO

FERNANDO ARIAS
SECRETARIO GENERAL

LUCIANO SANJINES
SECRETARIO DE RELACIONES

EDGAR LORAS
SECRETARIO HACIENDA

PATRICIA MURGUIA
SECRETARIA ORGANIZACIÓN

FERNANDO DERI
SECRETARIO DE CONFLICTOS

NORAH AILLON
SECRETARIA PERMANENTE

INDICE

Premisa 11

Principios Inspiradores del Acuerdo 11
Los Recursos Humanos: La verdadera diferencia 11
Orientación hacia el Cliente 12
Innovación 12

Parte Primera.
Disciplina del sistema de relaciones industriales 13

Principios 13
Foro Estratégico 13
Observatorio 14
Sistemas de Información 14
Formación 15

Parte Segunda.
Disciplina del ejercicio de los derechos sindicales 16

Representación de los trabajadores 16
Estructura sindical 16
Fuero sindical 16
Responsabilidad de Fesentel 16
Asambleas 17
Ambientes Sindicales 17
Anuncios 17
Cuotas y aportes sindicales 17
Huelgas y Lock out 18
Declaración de la Empresa 18

Parte Tercera.
Desenvolvimiento de la relación de trabajo 18

De la movilidad geográfica 18

De los horarios de trabajo 19
Jornadas laborales 19
Trabajo extraordinario 20
Contratos a tiempo parcial 20
Trabajo compartido (Job Sharing) y Teletrabajo 21
Búsqueda interna (Job Posting) 21
Disponibilidad pasiva 21
Facultad de la empresa 21

De los lugares de trabajo 22
Lugares de trabajo 22
Medios de transporte 22
Viáticos 22

De la higiene y seguridad industrial   22
Obligaciones de la empresa   22
Seguro médico integral   22
Vestimenta, elementos y equipos de trabajo   23
Seguro de Vida   23

Del trabajo de personal femenino   23
Personal femenino   23

De las compensaciones   23
Remuneraciones   23
Periodo de pago   24
Bono de antigüedad   24
Prima anual   25
Premio de resultado   25

De las vacaciones, descansos y permisos   27
Vacaciones   27
Descansos semanales   28
Permisos con goce de haberes   28

De las previsiones y asignación familiar   29
Muerte por causas de trabajo   29
Fallecimiento por causas ajenas al trabajo   29

De los daños a terceros   29
Responsabilidad por daños y perjuicios   29
Asistencia legal en caso de accidentes u otros   29

Del preaviso de despido y de renuncia   29

Parte Cuarta.
De los comportamientos en la empresa   30

Ámbito de aplicación   30
Generalidades   30
Del régimen disciplinario, infracciones y sanciones   32
De las amonestaciones escritas, sanciones pecuniarias, suspensiones temporales sin goce de haberes   33
Del despido   34
Del tratamiento en caso de enfermedad y accidente fuera del trabajo   35

Parte Quinta.
Código de ética
(Ver anexo I)
36

Parte Sexta
Reglamento Interno
37

Parte Séptima.
Evolución de la Dotación
37

Parte Octava.
Gestión de Cambio (Change Management)
38

Introducción 38
Ejes del programa 39
Capacitación 39

Parte Novena.
Alcance del Acuerdo
40

Parte Décima.
Duración del Acuerdo
40

Anexo I al Acuerdo de Trabajo
41

Reglamento Interno 55
Homologación del Ministerio de Trabajo 89
Comentarios 95

Premisa

Principios del acuerdo de trabajo

Este nuevo acuerdo de trabajo se funda en la convicción de que los signatarios se encuentran ante la posibilidad relevante: la de utilizar una nueva base normativa, capaz por sí misma, de reformular un nuevo sistema de relaciones industriales en el sector de las telecomunicaciones.

El acuerdo regula las condiciones esenciales de desempeño de las tareas de los empleados de Entel S.A. y establece un marco de relaciones laborales adecuado para los nuevos desafíos que plantea la inminente apertura de la competencia.

Basado en una verdadera vocación de concertación y diálogo social, destaca el valor del factor humano como capital diferenciador, la autonomía y la responsabilidad -tanto de los trabajadores como de la compañía- para su implementación.

La formulación del presente instrumento se basa en la premisa de que cuanto más complejo sea el escenario, más simples y claras deben ser las reglas que lo interpreten.

Sobre la base de esta filosofía se ha buscado simplicidad en su ordenación y formulación, con el objeto de permitir un mayor acceso a sus contenidos y una mejor adaptación de sus pautas a las distintas realidades de la Empresa.

Los recursos humanos: la verdadera diferencia

La disponibilidad tecnológica y de recursos económicos en el mercado de capitales equipararán en un futuro inmediato mercado competitivo, las condiciones de competencia de todas aquellas empresas con vocación de concurrir a la actividad de las telecomunicaciones.

11

Es por ello que la verdadera diferencia competitiva está dada por el factor humano por cuya razón, el nuevo acuerdo de trabajo establece pautas innovadoras y soluciones concretas que apuntan a mejorar las condiciones del trabajo, premiando el desempeño y la calidad de los resultados obtenidos.

Promueve un mayor compromiso mutuo, orientado a lograr una mayor efectividad organizacional sobre la base de una relación más cercana y directa con cada individuo.

Orientación hacia el cliente

El futuro advenimiento de la competencia en el mercado de las telecomunicaciones torna a este instrumento, en una herramienta fundamental para expresar la común voluntad de las partes sobre la necesidad de una mejora continua de la calidad de atención que merece el cliente interno y externo, del servicio en si mismo y de la rentabilidad de la compañía.

Anima este acuerdo, un espíritu de cohesión de las partes, que les ha permitido priorizar sus coincidencias y acuerdos, a fin de alcanzar una verdadera optimización de los recursos disponibles.

Este marco superador permitirá generar soluciones innovadoras que posibiliten la adaptación e incluso la anticipación a los cambios en el contexto empresarial.

El nuevo acuerdo cuenta con la facilidad de adaptación de su estructura a las exigencias del mercado, de manera ágil y segura. Así, permitirá gestionar los cambios relativos a las necesidades del servicio y a la calidad de atención requerida por los clientes.

Innovación

El ingreso de nuevos gestores en el mercado, el cambiante panorama institucional y económico, el proceso de globalización y liberalización caracterizan el nuevo contexto.

El acuerdo de trabajo, con sus soluciones innovadoras, permite anticipar competitiva y concertadamente el advenimiento de esta nueva sociedad de la información, cuyo desarrollo ofrece oportunidades de mejorar la forma de trabajar, pero también plantea una serie de retos a la Empresa en su conjunto.

El proceso de cambio e innovación que impone el presente, debe abordarse de forma tal que fomente el progreso de la compañía y de los trabajadores.

12

Disciplina del sistema de relaciones industriales

Principios

De acuerdo a los principios señalados anteriormente, las partes acuerdan promover un sistema de relaciones industriales basado en el recíproco reconocimiento de los roles y en el respeto de sus distintas competencias, caracterizando el desarrollo de dichas relaciones en el marco de un apropiado actuar de las partes enfocado en temas de común interés.

En dicho sistema, las herramientas de relación -definidas a continuación- están orientadas a la creación de condiciones que prevengan eventuales conflictos, a través de la difusión amplia y generalizada por parte de la empresa, de sus objetivos, cambios, y de los nuevos contextos tecnológicos, organizativos y de mercado.

Foro estratégico

Para materializar los principios antes señalados, las partes acuerdan constituir un foro como herramienta fundamental del nuevo sistema de relaciones industriales, caracterizado por un elevado perfil institucional y profesional en sus intervenciones.

El foro compuesto por las dos primeras carteras jerárquicas del C.E.N. de FESENTEL y dos representantes de alto nivel de la Empresa, constituye la principal instancia para el conocimiento del escenario y análisis de datos, informaciones y planteamientos operativos inherentes a las estrategias y políticas industriales de la compañía.

El foro, que se reunirá normalmente cada semestre podrá tener como objeto de discusión los siguientes temas:

- políticas y estrategias industriales
- escenario económico y legislativo.
- trend (tendencias) del mercado
- trend (tendencias) tecnológicas
- trend (tendencias) de las inversiones

13

Teniendo en cuenta la importancia de los temas a ser tratados por este foro, los miembros del mismo deberán mantener total reserva sobre la información y argumentos tratados. El incumplimiento a esta obligación, dará lugar a sanciones que pueden concluir en una eventual suspensión de la actividad del foro.

Observatorio

Se constituirá a nivel de Empresa un observatorio conformado paritariamente por dos representantes de cada una de las partes (cuatro en total) con la misión de analizar, averiguar y confrontar sistemáticamente temas de relevante y recíproco interés, entre los que -sin que su mención sea limitativa- tenemos:

• evolución del cuadro normativo en materia laboral.
• mercado y competencia.
• evaluación y propuestas para mejorar el bienestar laboral y social de los trabajadores incluyendo temas relativos a jubilaciones de personal involucrado.

Sistema de informaciones

Entel proporcionará al C.E.N. de FESENTEL, de manera oficial, cada año elementos cognoscitivos relativos a los siguientes temas:

• escenarios evolutivos del sector respecto al marco regulatorio, a los fenómenos de evolución tecnológica y a los cambios macro económicos del mercado.

• evolución de los niveles ocupacionales internos.

• líneas de tendencia de los principales indicadores económicos del sector, en función a la necesidad de competitividad nacional e internacional de la Empresa.

• evolución de las perspectivas productivas y consecuentes programas cualitativos y cuantitativos de inversión, con particular incidencia en aquellos que impliquen, en el ámbito laboral interno, una diversificación de la actividad.

14

- evolución de los aspectos tecnológicos, organizativos y su impacto en la organización del trabajo.

- programas importantes relativos a la capacitación y a la actualización profesional destinada a los trabajadores de la Empresa.

- programas de mayor significación dirigidos al mejoramiento permanente de la calidad del servicio ofrecido a los clientes.

Formación

Las partes reconocen el rol estratégico de la capacitación, por lo que instituyen una comisión para la formación, constituida por dos representantes de la empresa y dos de la organización nacional sindical.

La actividad de la comisión, tiene como fin, profundizar los impactos generados en los empleados por la evolución tecnológica y la introducción de los nuevos servicios, para capacitarlos y así brindar una excelente y oportuna atención al cliente.

La comisión, que se reunirá con secuencia semestral, tiene las siguientes atribuciones:

- análisis de las necesidades de formación para consolidar las competencias existentes y desarrollar aquellas nuevas derivadas de la evolución tecnológica, del mercado y de la introducción de nuevos modelos de trabajo.

- actualización de las competencias profesionales y/o desarrollo de las mismas, que favorezca la empleabilidad de los RR.HH. Internos.

- seguimiento y análisis de programas de capacitación y su ejecución.

El resultado de los trabajos (recomendaciones) de esta comisión, será presentado a la Empresa, la cual examinará su implementación.

15

Parte segunda

Disciplina del ejercicio de los derechos sindicales

Representación de los trabajadores

La Empresa reconoce a la federación sindical de trabajadores de Entel S.A. (FESENTEL) por constituir el único organismo legal de los trabajadores de la Empresa, que aglutina a los sindicatos y comités sindicales en todo el país, constituyéndose en consecuencia como el único ente sindical facultado para formular, negociar y suscribir acuerdos en temas de su competencia en representación de los trabajadores a nivel nacional, destacando en consecuencia que la relación trabajadores/empresa, en lo que hace a intereses generales, sólo compete a FESENTEL y Entel S.A.

Estructura sindical

La Empresa reconoce la estructura sindical de FESENTEL, organismo que, por determinación de los trabajadores y de acuerdo a sus estatutos, constituye la entidad matriz sindical nacional de los trabajadores de la compañía, sustentada en disposiciones legales que norman la materia y que son la base del contenido señalado en el punto anterior.

Fuero sindical

Los dirigentes sindicales reconocidos legalmente, gozan de fuero sindical con las prerrogativas, obligaciones y responsabilidades que este status conlleva de acuerdo a ley.

Responsabilidad de FESENTEL

Los dirigentes sindicales, legalmente reconocidos y que gozarán de comisión, a tiempo completo o parcial, son responsables de cumplir con las exigencias que señalan las disposiciones legales respecto a su situación de dirigentes sindicales, constituyendo el único ente jurídico que podrá negociar con la Empresa en relación a la ejecución y cumplimiento de los acuerdos y convenios que se suscriban con la Compañía, así como denuncias por accidentes u otras circunstancias que les puedan ocurrir durante el ejercicio de sus actividades sindicales y que deban ser reportadas ante la Empresa, instituciones y/o autoridades pertinentes, por el tiempo que dure el mandato sindical: Estas obligaciones y las responsabilidades de reporte, las asume FESENTEL que, en este sentido, podrá delegar atribuciones a sus sindicatos y comités sindicales del interior del país.

16

Asambleas

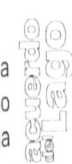

La federación podrá efectuar sesiones, reuniones y asambleas en los ambientes de la Empresa, siempre que del evento se informe con la debida antelación y sea autorizado para esa utilización de ambientes por el responsable de la Empresa que tenga competencia para ello, debiendo realizarse estos actos fuera de horario de oficinas, a fin de no interrumpir el servicio. Para casos de urgencia y fuerza mayor, por excepción, las partes coordinarán las medidas que el caso amerite y se altere la disposición antes mencionada, cuidando siempre de no perjudicar el servicio al cliente.

Ambientes sindicales

La Empresa declara su disponibilidad para apoyar (dentro de su competencia y posibilidades presupuestarias) el equipamiento logístico de los ambientes de las oficinas del C.E.N. de FESENTEL y dotarle de adecuados medios de comunicación interna para que pueda ejercer eficazmente su actividad sindical durante la presente gestión, analizar la posibilidad de ampliar este apoyo a los sindicatos departamentales, priorizando aquellos que cuenten con mayor numero de trabajadores.

Anuncios

FESENTEL está autorizada a fijar anuncios relacionados con sus actividades en los tableros habilitados por la empresa en lugares visibles accesibles a los trabajadores.

Asimismo, la Empresa, a fines de agilizar la comunicación del C.E.N. de FESENTEL con sus afiliados, declara su disponibilidad para que esa representación sindical utilice los medios de comunicación electrónica de Entel S.A., previo acuerdo normativo entre partes.

Cuotas y aportes sindicales

La Empresa podrá actuar como agente de retención de los aportes sindicales que, de ordinario, consisten en una cuota parte porcentual del total ganado del trabajador afiliado, en base a sus estatutos tomando en cuenta por principio que, la sindicalización es automática para todo nuevo trabajador cuyo nivel al momento de su incorporación corresponda a los alcances de este acuerdo, señalados en la parte novena. Las cuotas que correspondan a estos aportes serán comunicadas por FESENTEL en forma escrita.

17

Los desembolsos por dichos aportes laborales a favor de la representación sindical, en condiciones normales serán efectivizados en un plazo de trece días hábiles a computarse a partir del pago efectivo de sueldos. En caso de imponderables la Empresa comunicará a FESENTEL las razones de un retraso respecto al plazo antes señalado.

Huelgas y lock out
Se ajustará a lo establecido por ley, obligándose las partes a seguir los procedimientos legales vigentes luego de agotar todos los medios pacíficos y de concertación para evitar o resolver los conflictos laborales, destacando que en ningún caso podrá suspenderse el servicio ni la atención a los clientes.

Declaración de la Empresa
Para los dirigentes sindicales legal y formalmente declarados en comisión a tiempo completo, la Empresa les ofrecerá las mismas oportunidades de desarrollo profesional que brinde al resto del personal de la Compañía.

Parte tercera

Desenvolvimiento de la relación de trabajo

De la movilidad geográfica
El personal cumplirá sus tareas en la función y lugar que le sea asignado por la Empresa. Hecho al que están obligados todos los trabajadores como criterio general y en base a las especiales características de la actividad de telecomunicaciones. Las partes acuerdan, como integrante de las condiciones normales de trabajo, un amplio régimen de polivalencia funcional y movilidad geográfica, que estará fundamentada en razones de servicio y necesidad de la Empresa, sea individual o colectiva. Para este tipo de movilidad geográfica, la Empresa previamente evaluará la posibilidad de rotación interna del personal existente en el lugar al que se pretende movilizar al empleado.

La movilidad geográfica procederá, previo cumplimiento de la Empresa respecto a la dotación de medios y/o recursos económicos establecidos para el efecto de la política en la Empresa.

18

De los horarios de trabajo

Jornadas laborales

La jornada diaria de trabajo normal consiste en ocho horas/día, pudiendo ser cubiertas éstas horas durante el mes, en base a necesidades de servicio, de lunes a sábado (40 horas máximo semanal).

La distribución adecuada del horario de trabajo por jornada, será establecida por la Empresa, considerando el interés y necesidades de servicio.

En función a las necesidades de servicio, la Empresa podrá determinar para los trabajadores horarios flexibles en cuanto a entradas y salidas, cuidando siempre que se cumpla con el mínimo de horas establecidas para la jornada de trabajo diaria.

Asimismo, siempre por necesidades de servicio y adecuada distribución del trabajo, se acuerda determinar que la Empresa podrá disponer horarios flexibles "fijos" para personal que trabaja en horario habitual de oficina y que consisten en incrementar durante una semana las horas/día de trabajo ordinarias (40/semana) que serán compensadas en la semana siguiente o período posterior, precautelando que el total de horas trabajadas en el mes no superen las horas correspondientes al mes en cuestión. Domingos y feriados serán objeto de tratamiento de acuerdo a ley.

El acápite anterior no corresponde a personal que trabaja en turnos preestablecidos por la Empresa.

Las dos modalidades anteriormente expuestas, son determinadas con anticipación no siendo aplicables a casos de compensación por atrasos y/o faltas arbitrarias.

Las tareas a ser desarrolladas por personal técnico, operativo de tráfico, tiendas y cualquier otra unidad que por razones de servicio y atención al cliente se determine en horarios continuos (corrido) definidos por la Empresa, en ningún caso podrán exceder las horas establecidas por ley y regulaciones internas para éste tipo de horarios que, a su vez, serán preestablecidos con anticipación a fin de que los trabajadores sujetos a ésta modalidad puedan, mediante roles, conocer sus turnos.

Se reitera que la Empresa podrá establecer, en todos los casos horarios conforme a sus necesidades de servicio y naturaleza de las funciones que desempeñen los trabajadores, respetando las disposiciones legales que rigen sobre el particular; asimismo, podrá establecer horarios especiales de acuerdo a circunstancias territoriales, climáticas o estacionales; los horarios podrán ser también organizados de acuerdo a turnos rotativos, en base a lo señalado en el párrafo anterior.

Trabajo extraordinario

Trabajo extraordinario es el sobretiempo (respecto a la jornada habitual de trabajo) que realiza el trabajador una vez acumuladas las 40 horas/semana y las establecidas en trabajo continuo de turnos, nocturnos, a requerimiento de los superiores inmediatos competentes, con autorización formal y escrita del responsable superior correspondiente. De conformidad al art. 50 de la L.G.T., sólo se reconocerá como trabajo extraordinario dos horas diarias y diez semanales, con la salvedad de los trabajos realizados por emergencias, que serán ejecutados en el tiempo que sea necesario, según requerimiento de la Empresa y sujetos a la debida remuneración.

El trabajo extraordinario deberá ser previamente autorizado.

Las horas extraordinarias se pagarán de acuerdo a lo señalado por el art. 55 de la ley general del trabajo.

No se considerarán horas extraordinarias aquellas ocupadas en el cumplimiento de trabajos habituales a la naturaleza del cargo, ni aquellas utilizadas en poner al día trabajos atrasados por responsabilidad o causas imputables al trabajador. Tampoco son horas extraordinarias aquellas utilizadas en subsanar errores del trabajador. De la correcta aplicación de este proceso, es responsable el jefe inmediato superior.

Contratos a tiempo parcial

Se conviene la modalidad de contratos a tiempo parcial (part time) sujetos a las determinaciones de la L.G.T.

Los actuales trabajadores contratados a tiempo completo que desearan voluntariamente optar por esa modalidad, podrán acordar con la Empresa las condiciones de su nuevo contrato.

Trabajo compartido (job sharing) y teletrabajo

Las partes en función de la evolución de la legislación laboral examinarán la posibilidad, siempre que las exigencias de servicio lo requieran y permitan:

Se podrá implementar con la Empresa contratos de trabajo compartido (job sharing), entre dos trabajadores solidariamente responsables del cumplimiento de una obligación de trabajo a tiempo completo.

Implementar contratos de teletrabajo entendiéndose por tales, una modalidad de trabajo mediante el empleo no ocasional de herramientas telemáticas desde un lugar diferente y lejano respecto a la sede de la Empresa.

Búsqueda interna (job posting)

A efecto de valorizar los recursos humanos de la Compañía y brindarles alternativas de desarrollo laboral, la Empresa implementará un sistema de búsqueda interna vía Intranet.

Disponibilidad pasiva

Los trabajadores que, por razones de servicio y las funciones especiales que cumplen, son susceptibles de ser convocados en días no laborables o cuando se encuentran en vacaciones, con licencia y fuera de turno, serán comunicados de esta situación con la debida anticipación. Para tal efecto, dichos trabajadores deberán mantener contacto permanente con la Empresa y/o dejar datos para poder ser ubicados de inmediato.

Si las necesidades de servicio imponen su presencia para que presten servicio, la empresa les remunerará, bajo la modalidad de trabajo extraordinario. Asimismo, si el trabajador, demostrara documentalmente haber incurrido en gastos para acudir a la llamada de servicio, será compensado (en igual monto a lo erogado) por parte de la Empresa.

Facultad de la Empresa

La Empresa se reserva el derecho de revisar las tipologías de horario de trabajo (turnos, horario continuo, horario normal) en función de mejorar los servicios comerciales y de atención al cliente y de los gastos.

21

De los lugares de trabajo

Lugares de trabajo

El trabajador cumplirá sus funciones en el lugar asignado como base salvo que por necesidades de servicio sea trasladado a otra unidad de la Empresa (local o distinto distrito geográfico) para cumplir similares o diferentes funciones, sin que ello implique disminución de su remuneración salarial.

Medios de transporte

La Empresa sufragará los gastos de traslado del trabajador cuando éste sea trasladado por necesidades de servicio y determinación de la Empresa, quedando relevada de esta obligación si es el trabajador quien solicita su traslado y es aceptado previa evaluación de la factibilidad del requerimiento del trabajador.

Viáticos

El viático es la provisión de dinero para solventar gastos de alimentación, hospedaje y otros emergentes del desarrollo de tareas temporales encomendadas en localidades distintas al de la base de trabajo del empleado.

La escala y montos de viáticos serán fijados por la Empresa de acuerdo a sus necesidades y territorios. Cualquier variación a la escala de viáticos vigente será previamente comunicada al CEN de FESENTEL.

De la higiene y seguridad industrial

Obligaciones de la empresa

La Empresa en orden a la ley de seguridad industrial y salud ocupacional, cumplirá con todas las disposiciones que rigen al respecto.

La Empresa, otorgará a los trabajadores la infraestructura adecuada que les permita cumplir sus labores en condiciones normales, además de proveer instrumentos y materiales de trabajo.

Seguro médico integral

La Empresa, en responsabilidad compartida con FESENTEL y sus afiliados, mantendrá un seguro médico integral de cobertura individual y familiar paralelo al existente en la caja nacional de salud para todos los trabajadores de Entel S.A.

22

174

Vestimenta, elementos y equipos de trabajo

Los trabajadores de la Empresa en función a la naturaleza de la tarea laboral que desempeñen, serán beneficiados con implementos de trabajo, indumentaria y otros que protejan su seguridad.

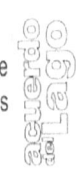

En el caso de una definición de la Compañía respecto a su imagen corporativa ligada a la indumentaria de su personal, se dará información previa a la FESENTEL.

Seguro de vida

La empresa mantendrá un seguro de vida y accidentes a todos los trabajadores, quedando facultada a dar especial énfasis o prioridad para aquellos trabajadores que intervengan en la instalación y mantenimiento de los sistemas técnicos u otros que representen mayor riesgo. Asimismo, tendrán esta cobertura los trabajadores que por necesidad de su actividad laboral deban trasladarse al interior o exterior del país.

Del trabajo de personal femenino

Personal femenino

La Empresa reconoce todos los beneficios y facilidades de la trabajadora en estado de gravidez, con relación al pre y post natal según ley N° 975 del 02-05-88 y el código de seguridad social.

De las compensaciones

Remuneraciones

Todo trabajador de la Empresa, por el desempeño de sus funciones tiene derecho a percibir una remuneración (consistente en doce sueldos/ año -uno por mes- más un aguinaldo de fin de año, este último pagadero conforme a ley) cuyo monto figurará en el documento que determine su incorporación en la Empresa como empleado.

Las remuneraciones, que constituyen elemento de la parte económica de este acuerdo, podrán ser anualmente incrementadas de acuerdo a parámetros reales del IPC siempre y cuando las condiciones de rentabilidad de la compañía lo permitan. Los eventuales incrementos, siempre y cuando existan las citadas condiciones, se definirán en función de la incidencia sobre la masa salarial total y no sobre el haber básico.

Período de pago

La Empresa, salvo casos excepcionales debidamente justificados, pagará haberes en forma mensual al último día hábil del mes trabajado, mediante el sistema bancario habilitado para el efecto.

Bono de antigüedad

Tomando en cuenta que la base de aplicación del bono de antigüedad ha sido aceptada en un momento histórico de Entel, en el cual la Empresa era una institución estatal monopólica y que en la actualidad dichas condiciones han cambiado diametralmente en razón de su administración eminentemente privada, que obliga a Entel S.A. a desarrollar políticas y estrategias de negocio, acordes con la apertura del mercado, se hace necesario considerar el replanteo de la base de aplicación del bono de antigüedad en aplicación a lo establecido en el acuerdo firmado en Tarija el 19-02-01, debidamente homologado por el ministerio de trabajo y microempresa.

En este sentido se han examinado técnicamente las siguientes hipótesis de solución:

1. Congelamiento de dicho bono al 30-06-01. Desde el 01-07-01 toda diferencia emergente del paso de un nivel a otro, según escala porcentual prevista por ley, se calculará sobre tres salarios mínimos nacionales.

2. El haber básico y el bono de antigüedad se sueldan y se liquidan al 30-06-01. Desde el 01-07-01 se empieza con antigüedad cero.

3. Se sueldan el haber básico y el bono de antigüedad al 30-06-01. La diferencia que ocurra desde el 01-07-01, por el paso de un nivel a otro en la escala porcentual, se calcula sobre tres salarios mínimos nacionales.

4. Se practica finiquito del actual bono de antigüedad al 30-06-01. Desde el 01-07-01 se paga dicho bono sobre la base de cálculo de tres salarios mínimos nacionales, manteniendo tiempo de antigüedad acumulado.

Base legal: art. 60 D.S. 21060 de 01-08-85, art. Único D.S. 23474 de 20-04-93.

24

Hasta antes del 30-06-01, las partes examinarán la factibilidad de aplicación de las 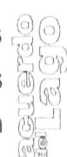 soluciones antes mencionadas en función de aspectos societarios financieros, legales y de mantenimiento de la competitividad de la Compañía, quedando desde ahora acordado que si por los motivos precedentemente señalados, las últimas tres soluciones no fueran objetivamente practicables por las razones antes mencionadas, se procederá desde el 01-07-01 a la aplicación de la primera solución precedentemente determinada, previo encuentro entre partes en el que se examinarán también las modalidades aplicativas.

Prima anual

La Empresa se compromete a sujetarse a lo dispuesto por ley para el pago de este beneficio, cuando se cumplan con las exigencias que determinan la procedencia del mismo.

Premio de resultado

Las partes, conscientes de la necesidad de establecer nuevos instrumentos de incentivación colectiva, sensibles a la capacidad de la Empresa para generar resultados de gestión, apreciando significativa y objetivamente el aporte de los RR.HH. al mejoramiento de las performances empresariales en términos cualitativos y cuantitativos, acuerdan a partir del resultado de la presente gestión (2001), un premio de resultado que será erogado anualmente.

Para la determinación del premio de resultado se hará referencia al macro indicador de desempeño empresarial EBITDA (earning before interest taxes depreciation and amortization/ganancias antes de intereses impuestos depreciación y amortización), el cual representa, más que ningún otro, la contribución de todos los empleados a los resultados de la Compañía.

La relación porcentual del valor del EBITDA alcanzado con respecto al programado y comunicado según las modalidades previstas a continuación, se utilizará para la valoración del premio según la siguiente tabla:

Para la gestión 2001

	MENOR QUE LA CONDICIÓN DE EROGACIÓN	CONDICIÓN DE EROGACIÓN	TARGET 100%				TECHO MAXIMO DE EROGACIÓN	MAYOR QUE EL TECHO MAXIMO DE EROGACIÓN
% OBJETIVO	< 98	98	100 %	102	105	110	120	> 120
% PREMIO	0	95	100 %	105	112	124	149	149

y a partir de la gestión 2002, según la siguiente tabla:

	MENOR QUE LA CONDICIÓN DE EROGACIÓN	CONDICIÓN DE EROGACIÓN	TARGET 100%				TECHO MAXIMO DE EROGACIÓN	MAYOR QUE EL TECHO MAXIMO DE EROGACIÓN
% OBJETIVO	< 98	98	100 %	102	105	110	120	> 120
% PREMIO	0	97	100 %	103	108	116	133	133

Criterios de erogación:
El premio se erogará cada año (t) sobre la base de resultado del EBITDA del año precedente (t-1).

La cuota diaria se calculará asumiendo convencionalmente la duración del mes de 30 días.

Para el personal contratado durante el año al que se refiere la erogación, el valor del premio será proporcionado por cuotas diarias en función de los días efectivos de presencia en servicio.

Para el personal con relación de trabajo parcial, el valor del premio se medirá proporcionalmente con la duración de la prestación de trabajo.

El valor del premio se reducirá de tantas cuotas diarias como los días de faltas en el año de referencia, excluyendo vacaciones, permisos retribuidos y faltas obligatorias por maternidad.

La Empresa comunicará el valor programado del EBITDA en el ámbito de las reuniones anuales relativas al sistema de informaciones previstas en el acápite disciplina del sistema de relaciones industriales de este acuerdo.

El valor programado del EBITDA para la gestión 2001 será comunicado en el curso de la primera reunión relativa al sistema de informaciones que se llevará a cabo en el mes de julio.

De las vacaciones, descansos y permisos

Vacaciones

Las vacaciones anuales son un derecho irrenunciable definido por la L.G.T. y su cumplimiento es obligatorio. De acuerdo a ley, la escala vigente para este beneficio, respecto a la antigüedad según el D.S. 17288 del 18-3-80 es la siguiente:

de 1 a 5 años cumplidos	15 días hábiles
de 5 a 10 años cumplidos	20 días hábiles
de 10 años adelante	30 días hábiles

Durante el tiempo que el trabajador haga uso de sus vacaciones, éste no podrá ser retirado, transferido ni suspendido como empleado de la Empresa.

Existiendo vacaciones pendientes acumuladas por el personal y que corresponden a gestiones anteriores, a efectos de sanear esta situación y con carácter de excepción, la Empresa podrá pagar u otorgar -previo acuerdo con el trabajador- estas vacaciones a fin de eliminar ésta acumulación. Asimismo, se establece que el uso de vacaciones correspondientes a cada gestión, deberán ser utilizadas (en base a roles previamente establecidos) durante el período que corresponda. Excepcionalmente, podrá postergarse el uso de vacaciones hasta febrero del próximo período.

Las vacaciones constituyen un derecho irrenunciable del trabajador y, por lo tanto, no son susceptibles de ser pagadas en efectivo, salvo casos con acuerdo expreso de partes, por razones de fuerza mayor referentes al servicio que brinda la Empresa, debidamente justificados. Las vacaciones del personal de la empresa se computan de enero a diciembre, quedando sin efecto la política del año de trabajo cumplido en función a la fecha de su ingreso.

Las vacaciones podrán ser tomadas en días en forma total, parcial, medios días y horas.

Los permisos de carácter personal, se consignarán con cargo a vacaciones.

Descansos semanales

Se establecen como días habituales (normales) de trabajo de lunes a sábado; son feriados los señalados en el art. 67 del D.S. nro. 21060 del 29-8-85, con la salvedad para el sector técnico, operativo, tiendas y otros, que cumplan horarios de turnos preestablecidos y definidos con cumplimiento habitual.

La jornada de horarios continuos y sus correspondientes descansos serán predeterminados y establecidos en estricto cumplimiento a lo señalado por las disposiciones legales específicas, emitidas por las instancias competentes.

Permisos con goce de haberes

Corresponde aplicar las licencias especiales con goce de haberes, computo de antigüedad y sin cargo a vacación anual en los siguientes casos:

A. licencias previstas en el código de seguridad social justificadas con el parte de baja respectivo emitido por la organización pertinente.

B. por matrimonio: cinco días hábiles.

C. fallecimiento de familiares: tres días hábiles si ocurre en el lugar del domicilio y el doble si se produjera a más de 150 km. del domicilio. Para este efecto se reconocen como familiares a: cónyuge, hijos, padres, hermanos, abuelos y padres políticos.

D. los trabajadores que acrediten ser alumnos regulares de la universidad, tendrán derecho a la tolerancia señalada por ley. Los beneficiarios, deberán presentar certificados de aprobación de materias a la finalización de cada período lectivo. Bajo pena de suspensión de este beneficio por incumplimiento a la presentación de notas o cuando existan reprobación o abandono de materias en mas de un 50%.

E. los trabajadores que cumplan y acrediten ser docentes universitarios, tendrán el tratamiento que para el efecto señala la ley.

F. aquellos trabajadores que por su cuenta estuvieran estudiando en otros niveles no académico-universitarios (reconocidos oficialmente por las instancias competentes) y cuyos estudios sean afines con los intereses de la Empresa, podrán optar a tolerancias concertadas entre los interesados y la compañía.

28

G. declaratoria en comisión para fines de capacitación auspiciados por la Empresa. Este tipo de comisión será objeto de un acuerdo específico entre el trabajador beneficiado y la Empresa.

H. medio día por onomástico.

De las previsiones y asignación familiar

Muerte por causas de trabajo
Para los casos de muerte originada en enfermedades profesionales, incapacidad permanente, total o parcial generadas por causas laborales y para jubilaciones de acuerdo al sistema de seguridad social, la Empresa y los trabajadores se someten a lo que determinen las disposiciones legales vigentes en el país.

Fallecimiento por causas ajenas al trabajo
La Empresa otorgará como ayuda social en función a sus posibilidades económicas y presupuestadas, una póliza de seguro para sus trabajadores sean estos permanentes o eventuales, aspecto considerado en la cláusula titulada seguro de vida.

De los daños a terceros

Responsabilidad por daños y perjuicios
La Empresa asume responsabilidad, directa o mediante seguro contratado, por daños y perjuicios ocasionados a terceros por actos u omisiones del trabajador en el ejercicio de sus funciones, salvo que estos daños y perjuicios provengan de la conducta dolosa o negligencia culpable del trabajador, en cuyo caso este asume su propia responsabilidad.

Asistencia legal en caso de accidentes u otros
Cuando el trabajador sea privado de su libertad por accidentes u otros ocurridos durante el desempeño de sus funciones, la Empresa brindará la asistencia legal necesaria sin costo para el empleado y abonará su salario mientras dure su privación de libertad, siempre que se trate de delitos excarcelables.

Del preaviso de despido y de renuncia
A excepción de los despidos por justa causa, la relación de trabajo a tiempo indeterminado del trabajador podrá ser resuelta tanto por el trabajador como por la Empresa, según las previsiones establecidas por la ley general del trabajo y otras disposiciones que rigen en la materia.

Parte cuarta

De los comportamientos en la Empresa

Ambito de aplicación

El presente reglamento interno es de aplicación general para todo el personal de la Empresa. En casos de incorporaciones, el personal incluido en la dotación bajo cualquier concepto, se adhiere a este documento que constituye parte de su contrato individual de trabajo con la Empresa.

Generalidades

Las características del servicio brindado por Entel exige un elevado nivel de colaboración y sentido de responsabilidad por parte de los trabajadores en el cumplimiento de las tareas asignadas. Por lo tanto, a fin de garantizar al cliente el mejor servicio, las relaciones entre los empleados y la Empresa deberán basarse en los siguientes principios:

1. En armonía con la dignidad del trabajador los superiores llevarán las relaciones con los dependientes en un ambiente de colaboración y urbanidad.

2. En el ámbito de la relación de trabajo, el trabajador depende de los respectivos superiores, de acuerdo a la organización de la Empresa.

3. Las relaciones entre los trabajadores, a todo nivel de responsabilidad en la organización Empresarial, deberán llevarse con recíproca rectitud y educación.

4. Los superiores y dependientes deberán observar las normas de ley, los reglamentos Empresariales y las disposiciones de servicio.

5. El trabajo asignado se realizará con la diligencia, la profesionalidad y el empeño necesarios para asegurar el alcance de los objetivos de la compañía.

6. Los trabajadores deberán cumplir el horario de trabajo con las formalidades prescritas por la Empresa en lo referente al control de asistencia. Se prohibe hacer variaciones o cancelaciones en la tarjeta/badge; registrar la de otro trabajador o intentar en cualquier modo alterar las indicaciones del reloj de control.

30

7. Cuando no se cumpla con el registro de tarjetas de acuerdo a las normas respectivas, se considerará el hecho como falta injustificada. El registro posterior al horario establecido de ingreso será considerado como atraso.

8. Se deberá mantener absoluta reserva sobre los intereses de la Empresa y la más estricta confidencialidad acerca de información y datos relacionados con los intereses de la misma, incluso después de haber dejado de trabajar para la Empresa.

9. El trabajador no deberá sacar provecho de las actividades que realiza en la Empresa, ni ejercer directamente o por intermedio de otra persona (incluso fuera del horario de trabajo), atribuciones y/o actividades -a título gratuito u oneroso- que puedan determinar, incluso indirectamente, un conflicto de intereses con la compañía. En particular, el empleado deberá abstenerse de cualquier actividad directa o indirecta, en empresas u organizaciones de proveedores, clientes, competidores y distribuidores.

10. Durante el horario de trabajo el empleado deberá desempeñar con asiduidad y diligencia las tareas; mantener con el cliente una conducta uniformada con los principios de rectitud e integridad. En periodo de enfermedad, accidente, vacaciones o licencias particulares, deberá abstenerse de ejercer actividades laborales inclusive aquellas no remuneradas.

11. Los trabajadores no deberán sustraer o dañar los bienes materiales o inmateriales de propiedad o uso de la Empresa incluido el patrimonio informático. Asimismo no deberán falsificar y/o alterar datos, documentos, aparatos, procedimientos o software empresarial; ni duplicar, instalar y/o tomar programas y ningún otro producto software sin la explícita autorización.

12. No es permitido valerse de medios de comunicación, de instrumentos informáticos, de conexión en red o de cualquier otra cosa de propiedad o en uso de la Empresa por razones que no sean de servicio.

13. Los empleados deberán respetar rigurosamente las disposiciones que regulan el acceso de personas ajenas a la Empresa salvo que estén debidamente autorizadas, particularmente en los ambientes no abiertos al público.

31

14. Los empleados deberán tratar a colegas, clientes y terceros con el máximo respeto a su condición de género, a su dignidad y derechos como persona y consiguientemente abstenerse de realizar presiones o acoso de cualquier naturaleza y/o forma. Las infracciones a esta disposición darán lugar a sanciones disciplinarias que podrán, según la gravedad de hecho, llegar hasta el despido.

15. Cuando sea requerido por la naturaleza del comportamiento del trabajador o por la necesidad de comprobar la conducta observada, la Empresa puede disponer la suspensión temporal sin goce de haberes. Mientras dura el proceso de investigación pertinente. El resultado absolutorio a favor del trabajador suspendido tendrá como efecto la restitución a su fuente de trabajo y el pago de sus haberes por el periodo de su suspensión. En caso de probarse los hechos observados, el trabajador no percibirá remuneración alguna por el tiempo de la suspensión.

Del régimen disciplinario, infracciones y sanciones

La inobservancia por parte del trabajador de las disposiciones de ley, contractuales del presente reglamento o de normativa empresarial puede dar lugar, según la gravedad de la infracción, a la aplicación de las siguientes medidas:

• Apercibimiento verbal
• Amonestación escrita
• Sanción pecuniaria
• Suspensión temporal, sin goce de haberes
• Despido

1. El empleador no podrá adoptar ninguna acción disciplinaria contra el trabajador sin que se lo haya notificado previamente o sin haber escuchado su defensa.

2. A exclusión del apercibimiento verbal, la notificación deberá ser efectuada por escrito y las medidas disciplinarias no podrán ser aplicadas antes que hubieran transcurrido cinco días hábiles, en el curso de los cuales el trabajador podrá presentar sus justificaciones por escrito. Para los casos tipificados como graves, el o los trabajadores observados podrán estar eventualmente asistidos por un representante de FESENTEL al cual el empleado conferirá mandato para este efecto.

3. Si la medida disciplinaria no fuese comunicada dentro de los diez días hábiles a la recepción de las justificaciones, éstas se considerarán aceptadas.

4. La notificación de la medida disciplinaria decidida por la compañía, deberá ser comunicada por escrito, indicando el motivo.

5. Este proceso será gestionado por la función de recursos humanos de Entel.

De las amonestaciones escritas, sanciones pecuniarias, suspenciones temporales sin goce de haberes

1. Incurre en las medidas de amonestación escrita, sanción pecuniaria suspensión temporal sin goce de haberes, el trabajador que:

A. No se presente al trabajo, abandone su puesto laboral sin justificación, o no justifique su ausencia hasta el día siguiente, salvo el caso de justificado impedimento.

B. Sin motivo justificado retrase, adelante su salida, o suspenda sus actividades.

C. No observe una conducta uniforme con los principios de rectitud y urbanidad hacia los colegas y/o cometa una leve insubordinación hacia sus superiores.

D. No mantenga en la relación con los clientes o proveedores una conducta uniforme con los principios de urbanidad, servicio y transparencia.

E. Sea negligente en el trabajo que se le asignó y/o produzca daños a todo lo que forma parte del patrimonio de la Empresa.

F. Realice dentro de la Empresa actividades personales o de terceros -aunque sean mínimas- fuera del horario de trabajo y sin sustracción, pero con uso de medios de la Empresa misma.

G. Introduzca personas no autorizadas en ambientes de la Empresa.

H. Cometa comportamientos lesivos a la dignidad de las personas por su condición de género.

I. Durante el horario de trabajo sea encontrado en estado de ebriedad o bajo el efecto de estupefacientes.

J. No observe las disposiciones legales, los procedimientos y los reglamentos empresariales y las normas internas en materia de seguridad y de higiene en el trabajo.

K. Incumpla la prohibición de no fumar donde exista un cartel que lo indique.

L. La falta de comunicación escrita del trabajador a recursos humanos, en un plazo máximo de cinco días calendario respecto a cualquier cambio de su domicilio y número telefónico, cuantas veces correspondiera.

33

2. La amonestación escrita se aplicará por las faltas de menor relevancia, la sanción pecuniaria y la suspensión sin goce de haberes, para las de mayor relevancia.

3. Los puntos antes citados son ejemplarizadores y no exhaustivos, salvo el principio de analogía para lo que aplique.

Del despido

En esta medida incurre el trabajador que cometa infracciones de indisciplina y negligencia del trabajo de mayor relevancia que las contempladas en los puntos anteriores.

A. Grave insubordinación a los superiores.

B. Riñas en la compañía.

C. Daños relevantes causados a todo o parte de lo que forma objeto del patrimonio de la Empresa.

D. Faltas injustificadas continuas por un periodo superior a seis días consecutivos ó 10 discontinuas en el año. Procede esta medida también cuando por tres veces al año, la falta injustificada ocurre al día siguiente de un feriado.

E. Uso de productos de "software" u otros medios en uso de la Empresa para realizar actividades ligadas a finalidades personales de las cuales se derive directamente un lucro para el trabajador y/o un daño para la Empresa.

F. Uso de software ilegal y sin licencia.

G. Comportamientos ofensivos a la dignidad de la persona por su condición de género en las situaciones más graves.

H. Reincidencia en cualquiera de las faltas contempladas en el acápite anterior.

I. Sustracción, daño o destrucción intencional de todo lo que forma parte del patrimonio material y/o no material de la Empresa.

J. Abandono injustificado del lugar de trabajo, del que pueda derivar un perjuicio a la seguridad de las personas, de las instalaciones, o a cualquier gestión de la compañía.

K. Robo en la Empresa.

L. Ejercer a título gratuito o remunerado, actividades en contraste o en competencia incluso indirecta con la Empresa, incluida cualquier forma de participación en empresas u organizaciones de proveedores, clientes, competidores o distribuidores.

M. Desempeño de otras actividades de trabajo, incluso no remuneradas, en estado de enfermedad, en ejercicio de sus vacaciones y/o licencias particulares.

N. Pedido o aceptación por cualquier motivo, de compensaciones económicas o de cualquier otra naturaleza en conexión con las obligaciones laborales.

O. Difusión de información confidencial de la Empresa.

P. Introducción de personas no autorizadas en ambientes empresariales si de tales comportamientos derive un grave perjuicio a la Empresa

Q. Fumar donde esto puede provocar daño a la seguridad de las personas o a la seguridad de las instalaciones.

Del tratamiento en caso de enfermedad y accidente fuera del trabajo

1. El trabajador que no se presente a trabajar a causa de una enfermedad debe dar aviso a la empresa inmediatamente dentro del primer día en el que se verifique su ausencia, comunicando el lugar donde se encuentre convaleciente, en caso de ser diferente a la dirección registrada en la compañía, además de posibles variaciones posteriores. Asimismo el trabajador debe justificar la falta haciendo llegar a la Empresa la certificación médica necesaria hasta el segundo día del inicio de la falta misma.

2. En caso de prosecución de la ausencia por enfermedad, el trabajador tiene la obligación de dar aviso a la Empresa dentro del primer día en el que tendría que retomar sus funciones. Asimismo, deberá hacer llegar a la Empresa la certificación hasta el segundo día del vencimiento del periodo de ausencia indicado en el anterior certificado médico.

3. El trabajador está obligado a comunicar a la Empresa la duración y diagnóstico de la enfermedad según los certificados antes mencionados.

4. Por falta de cualquiera de estos avisos según los precedentes puntos 1 y 2 y en caso de retraso en la justificación de la ausencia, se considerarán faltas injustificadas los días no cubiertos por una certificación médica y las del retraso en el aviso y el envío o recepción de la certificación.

5. En caso de ausencia por enfermedad, la Empresa tiene facultad de controlar el estado de salud del trabajador según las normas legales vigentes.

6. Manteniendo lo previsto por las leyes vigentes en la materia, el trabajador, incluso ante una autorización expresa del médico para salir, está obligado, desde el primer día de ausencia del trabajo y durante toda su convalecencia, a estar a disposición en el domicilio comunicado a la Empresa, desde las 10:00 a 12:00 y desde las 17:00 a las 19:00.

7. Salvo casos de fuerza mayor bien documentados, el trabajador si debe ausentarse de su lugar de convalecencia en los horarios previstos en la franja de localización, para tratamientos necesarios deberá dar aviso a la empresa y posteriormente justificar con certificados.

8. La falta del trabajador a las obligaciones indicadas en el presente artículo podrá implicar, el no pago de sus haberes por los días de ausencia a su fuente de trabajo bajo el argumento de enfermedad.

Parte quinta

Código de ética

El código de ética presentado en el anexo I, constituye parte integrante del presente acuerdo de trabajo, y debe ser cumplido a cabalidad por todos los empleados de Entel S.A. (ver anexo I)

36

Parte sexta

Reglamento interno

En función a lo establecido en la parte tercera, cuarta y quinta del presente documento, las partes acuerdan elaborar un reglamento interno actualizado para una Empresa de telecomunicaciones con administración privada y con actividad en un mercado competitivo. Este reglamento estará concluido y presentado para su homologación (que entrara en vigencia en reemplazo del actual reglamento interno) en un plazo no mayor a diez días de suscrito este acuerdo.(Ver Pag.55)

Parte séptima

Evolución de la dotación

Las partes confirman la validez del acuerdo firmado en Cochabamba el 21 de octubre de 2000, homologado por el Ministerio de Trabajo y Microempresa considerando las modalidades contenidas en el mismo, como herramientas fundamentales para gestionar en términos no traumáticos, la necesaria reducción de la dotación prevista hasta el 2003 y señalada en dicho acuerdo.

Excepto casos de justa causa, la Empresa declara su disposición a no realizar despidos masivos unilaterales previstos por el artículo 55 del decreto supremo 21060, siempre y cuando se respeten en tiempo y cantidad el número de bajas previstas en el citado acuerdo.

En caso que ocurrieran variaciones que afecten la previsión de dotación contenida en el anexo del acuerdo de Cochabamba, las partes analizarán el fenómeno y se procederá a la reformulación de previsión de bajas que corresponda, bajo el mecanismo económico acordado relativo al apoyo extra legal y respetando plazos para la ejecución de las bajas.

37

Asimismo la Empresa declara en caso de que pudieran surgir en el periodo considerado y en particular en el año 2001, necesidades puntuales de cambio de mix en algunas áreas de la Compañía, como por ejemplo en los sectores comerciales donde se registra la exigencia de contar con una dotación cualitativamente acorde para enfrentar los desafíos de la apertura del mercado, los mismos serán examinados puntualmente con FESENTEL, en el intento de encontrar soluciones no traumáticas establecidas en los acuerdos del 21-10-00 y 19-02-01 suscritos en Cochabamba y Tarija respectivamente: se buscará inicialmente gestionar movilidades internas que, de no ser factibles, darán lugar a proceder en el marco de las modalidades previstas por los citados acuerdos. En estos casos la Empresa procederá al cambio de mix .

De otra manera, las partes acuerdan que en caso de no concretizarse hasta el 30-06-01 las cuarenta bajas faltantes para este año, en función a lo establecido en el acuerdo laboral del 21-10-00 suscrito en Cochabamba y homologado por el Ministerio de Trabajo y Microempresa, la empresa aplicará a partir del próximo 01-07-01 el art. 55 del D.S. 21060 de 29-08-85 en actual vigencia.

Se deja claramente establecido que la Empresa ha ofrecido y ratifica su disposición para gestionar externalizaciones y microemprendimientos en las unidades de transporte, correspondencia- mensajería y mantenimiento de red, dentro el marco señalado en el citado acuerdo del 21-10-2000.

Parte octava

Gestión del cambio (Change Management)

Introducción

De cara a la inminente apertura del mercado se requiere generar un cambio renovador que permita afrontar exitosamente la entrada en competencia. Con este fin la Empresa cree necesario impulsar e implementar un programa de gestión del cambio que involucre a todos los trabajadores.

38

Ejes del programa

El programa estará articulado en los siguientes ejes de acción:

1. Capacitación con programas estructurados enfocados tanto a resolver los problemas presentes como anticipar las exigencias futuras (evolución del negocio, cambios tecnológicos, etc.)

2. Sistemas de gestión de RR.HH., que favorezcan el desarrollo profesional (empleabilidad) de los integrantes de la Compañía, y enriquezcan la relación entre todos los componentes de la organización.

3. Comunicación interna, que garantice la difusión de las informaciones hacia y desde todos los niveles, con herramientas interactivas que permitan llegar a todas las personas.

4. Organización y procesos, que faciliten una mayor coordinación e interacción entre distintos sectores y personas, logrando procesos de trabajo mas eficientes.

5. Sistemas de medición, que permitan una mayor conciencia el impacto que el desarrollo de las distintas actividades tiene sobre los resultados de la Compañía, posibilitando la responsabilización y participación en la mejora de los mismos.

Capacitación

Las acciones de capacitación constituirán un elemento primordial dentro del programa de gestión del cambio. Para ellas se prevé una inversión económica de magnitud sin precedentes en la historia de la Compañía.

A finales de este mes se lanzará la capacitación relativa a la misión, visión, y valores del grupo Entel, dirigida a todos los trabajadores, mediante grupos focales donde participarán gerentes y especialistas de recursos humanos.

A partir del mes de julio de 2001, comenzará la ejecución de un programa de nueve meses de duración que abarcará a todas las personas que trabajan en el área comercial de la Compañía (marketing, ventas y atención al cliente).

Parte novena

Alcance del acuerdo

El alcance de este acuerdo comprende a la totalidad de los trabajadores de planta excluidos todos aquellos que ocupan funciones en la estructura formal de la Compañía, de asesoramiento y aquellos que por la naturaleza de sus funciones ejerzan cargos de confianza en relación a la estrategicidad de la Empresa.

Parte décima

Duración del acuerdo

Dado el carácter innovativo del presente acuerdo, formulado en función a la naturaleza y características propias de una Empresa de Telecomunicaciones adecuada al contexto nacional e internacional, las partes acuerdan reunirse en un año calendario (07-06-2002) a efectos de evaluar su adecuación en función de los avances tecnológicos, desarrollo de negocio en relación a la inminente apertura del mercado y eventual cambio de normas legales que rigen la actividad de Entel S.A.

40

ANEXO I AL ACUERDO DE TRABAJO

DE LA ÉTICA DE LOS EMPLEADOS DE LA EMPRESA

Estas normas de ética cuyo texto y contenido se describe a continuación, debe ser de conocimiento y cumplimiento obligatorio por parte de los trabajadores, cualquiera sea su función y nivel jerárquico.

Las normas de este Código, tienen por objeto enunciar las pautas generales que deben regir la conducta de todos los integrantes de Entel S.A. en el cumplimiento de sus funciones. Estas pautas tienen su fundamento en la responsabilidad de los empleados hacia la Empresa y constituyen una guía para el cumplimiento de sus obligaciones laborales.

CAPITULO I

DE LOS PRINCIPIOS GENERALES DE CONDUCTA PERSONAL

CONDUCTA PERSONAL CORRECTA

Tener una conducta ética en el trabajo significa tratar en forma honesta y equitativa a los demás empleados, clientes, proveedores, individuos de otras organizaciones y al público en general.

Entel S.A., sobre la base del respeto por el individuo, tendrá estricta consideración por la privacidad y dignidad de cada empleado; sin embargo, cuando considere que la conducta de alguno afectase de manera negativa su rendimiento, el de los demás empleados o los intereses legítimos de la Empresa, podrá considerar que tal conducta se convierte en un asunto que le concierne.

Una conducta personal correcta se funda sobre la integridad, lo cual significa ser responsable y honesto con cada bien de la compañía, cualquiera sea la naturaleza de éste.

En general los empleados deberán:

- Respetar las disposiciones normativas vigentes en la Empresa, cumpliéndolas lealmente.

- Obrar de buena fe cumpliendo con el deber de fidelidad y demás deberes expresados en las Leyes, acuerdos y/o acuerdos laborales vigentes.

41

CONDUCTA PERSONAL INCORRECTA

- Utilizar el tiempo correspondiente a la Jornada de Trabajo para desarrollar actividades ajenas a las laborales.

- Consumir o estar bajo influencia de bebidas alcohólicas o sustancias ilegales durante el cumplimiento de sus funciones (en la oficina o en la conducción de vehículos de la Empresa, entre otras.)

- Dirigirse a un Cliente interno y/o externo con lenguaje descortés, insultante, difamatorio u obsceno; interrumpir o no ofrecerle un adecuado servicio, ofertado por la Empresa y al que tiene derecho.

- Tener un comportamiento ofensivo y/o violento.

- Efectuar en el medio ambiente laboral discriminación u hostigamiento originado en prejuicios de raza, color, religión, ideológico, sexo, edad, nacionalidad, defecto físico o cualquier otro factor.

- Realizar insinuaciones, acciones o comentarios que puedan crear un clima de intimidación, ofensa u otra forma de agresividad y hostilidad.

- El acoso a dependientes con fines personales e interesados ejercido por los superiores jerárquicos, amparados en su cargo, constituye una acción que desvirtúa el trabajo en equipo y transparente, alterando el respeto y clima laboral óptimo que debe imperar en la Empresa.

- El empleado que se considere objetivamente afectado por estas conductas puede conducir sus reclamos desde el superior directo hasta los más altos niveles jerárquicos. No se admitirán amenazas, represalias ni medidas de castigo en contra de empleados que hayan efectuado estos reclamos en base a hechos ciertos y concretos.

PRINCIPIOS BÁSICOS DE CONDUCTA EN LAS RELACIONES COMERCIALES

EVITAR SER MAL INTERPRETADO

Es importante no ser mal interpretado por dar información errónea o confusa.

Si se tuviese la sensación de haber procedido de esta manera, deberá corregirse inmediatamente la equivocación, efectuando las aclaraciones que correspondan.

TRATAMIENTO JUSTO Y EQUITATIVO

En general, toda organización o individuo que se relacione con la Empresa tendrá derecho a un trato justo y equitativo, ya sea que dicha relación se origine en el desarrollo de una actividad de venta, compra o cualquier otra.

Las transacciones comerciales con los clientes se llevarán a cabo de tal manera que, dentro la misma categoría y condiciones similares, reciban el mismo trato.

Los Empleados de cualquier Sector no deberán gestionar reclamos de los clientes cuando no sea su función específica, es decir que no se efectuará favoritismo o trato preferencial a ningún cliente. Estos deberán canalizar sus solicitudes, reclamos y demandas en general solamente ante las oficinas comerciales y otros canales establecidos.

Todos los proveedores de bienes y servicios deberán ser tratados igualitariamente. En la selección de los mismos, todos los elementos considerados para la decisión serán evaluados de modo imparcial.

Se tenga o no influencia sobre la decisión relacionada con la evaluación y la selección de proveedores, no se deberá efectuar o intentar efectuar presión o acción similar para obtener un tratamiento preferencial con determinado proveedor. También la simple apariencia de tener esta actitud podrá dañar la integridad de los procedimientos de la Empresa. Es esencial que los proveedores que compitan para realizar una negociación con la Compañía tengan confianza en los procedimientos de selección y adjudicación.

43

CAPITULO III

AMABILIDAD, CORTESÍA, BUEN TRATO EN LAS RELACIONES

En general, es conveniente y necesario mantener un trato amable con clientes, proveedores, individuos de cualquier organización y público en general.

Se deberá dar un buen trato (amable, cortés y justo) a los Clientes en las oficinas comerciales, por teléfono y en general en cualquier otra situación.

CAPITULO IV

DEL SECRETO DE LAS COMUNICACIONES

Los Empleados deberán respetar las disposiciones legales vigentes respecto al secreto de las comunicaciones, que sancionan los actos de escucha, violación y de interferir las mismas.

El secreto de las comunicaciones, además de constituir una obligación legal, es un derecho fundamental del Cliente que confía en el servicio de Entel S.A. y esperar que sus conversaciones sean privadas.

Consecuentemente, cada empleado es responsable no sólo de garantizar el secreto de las conversaciones sino de salvaguardar el flujo de información en forma de datos, que podría provocar daños económicos y legales a las partes interesadas si son transferidos a terceros malintencionados.

Las reglas fundamentales del secreto de las comunicaciones son invariables y sus violaciones provocarían gravísimos daños a la reputación y corrección de la Empresa. Sintéticamente estas reglas son:

- No entrometerse en una transmisión de voz, imágenes o datos.

- No escuchar ni difundir ninguna conversación o comunicación, o permitir que estas sean controladas o registradas, excepto los casos debidamente autorizados de acuerdo a Ley.

44

- No permitir a una persona no autorizada acceder a las comunicaciones transmitidas con medios de Entel S.A.. Esto incluye también la divulgación de información sobre los interlocutores o sobre el objeto de la conversación, excepto cuando esto sea autorizado por el Cliente o requerido por la correcta gestión de la actividad comercial.

- No instalar ni consentir la instalación de ningún dispositivo que habilite a terceros escuchar, excepto en el caso de específica autorización de acuerdo a normas de la Empresa.

- Informar al superior jerárquico inmediato si conoce que el secreto de las comunicaciones fuese violado o si se recibe un requerimiento de información por parte de terceros. Referido a cualquier servicio de ENTEL S.A..

CAPITULO V

CUSTODIA Y USO DE LOS SERVICIOS DE COMUNICACIONES

Está prohibida la instalación de dispositivos o sistemas que permitan alterar o evadir el débito de la facturación en perjuicio de la Empresa. De igual manera, efectuar extensiones clandestinas y demás actos irregulares sobre el funcionamiento del servicio que brinda la compañía.

No está permitido efectuar llamadas para realizar actividades comerciales particulares, como tampoco llamadas de larga distancia, nacionales y/o internacionales, no correspondientes a razones laborales.

CAPITULO VI

PROTECCIÓN DE BIENES DE LA EMPRESA

La Empresa posee diversos bienes que incluyen los bienes físicos y la información reservada. Esta última, incluye la propiedad intelectual y también la información confidencial utilizada por muchos empleados para el desarrollo de sus trabajos.

La protección de todos estos bienes es esencial y su pérdida, hurto o uso indebido podría ser perjudicial para la Compañía. Es responsabilidad de los Empleados no sólo proteger los bienes que les fueran confiados en relación a sus funciones sino también contribuir y precautelar la protección del patrimonio de la Empresa. Por ello, es necesario no sólo el cuidado de los bienes sino también el conocimiento y cumplimiento de los procedimientos de seguridad.

Cada empleado deberá estar atento a cualquier situación que pudiera conducir a la pérdida, hurto o uso indebido de los bienes de Entel S.A. y, al tener conocimiento de estas situaciones, deberán denunciarlas al superior inmediato y a los responsables indicados por las normas y procedimientos vigentes.

Los trabajadores, particularmente deberán:

- Cerrar debidamente escritorios, oficinas, vehículos e inmuebles.

- Reducir al máximo posible el acceso a las oficinas no destinadas a la atención de los clientes o públicos en general y los empleados de Entel S.A. que no tengan relaciones comerciales o propias de sus labores autorizadas.

- Observar las normas y procedimientos vigentes, cuidando la identificación, inspección de paquetes y registro de propiedades personales.

- Evitar derroches y daños en el empleo de los bienes de la Compañía.

- Proteger el ingreso a sus computadoras personales, con el password de su elección.

CAPITULO VII

INFORMACIÓN RESERVADA

Definición: Se considera información reservada, cualquiera sea el soporte que la contenga, aquella que fuera identificada expresamente de tal manera o que así fuera considerada por los niveles jerárquicos de la empresa.

Dicha información incluye los planes estratégicos, comerciales, financieros y otros relacionados con la actividad de la Compañía. También comprende la información relativa al personal como las historias médicas y datos sobre las retribuciones. Otro tipo de información reservada comprende los proyectos, diseños, procesos técnicos u

46

otros relacionados con la actividad de la Empresa y cualquier información surgida de la relación entre esta y personas u organizaciones externas, además de toda información considerada como propiedad intelectual.

CAPITULO VIII

DE LAS OBLIGACIONES RELATIVAS A LA DIVULGACIÓN Y USO DE LA IFORMACIÓN - SOLICITUD DE INFORMACIÓN

Es deber de cada Empleado, en calidad de productor, custodia, usuario o destinatario de información reservada, asegurarse de que la información en su posesión y/o bajo su control sea individualizada correctamente y custodiada de acuerdo a normas e instrucciones de la Empresa.

Ningún empleado sin contar previamente con la autorización respectiva, revelará conocimiento alguno adquirido como resultado del cumplimiento de sus funciones y en general de toda la información reservada a organización o individuo ajeno a la Compañía. Solamente se podrá revelar o utilizar información reservada en los casos autorizados por la Empresa, como por ejemplo, la información publicada en el curso normal de los negocios.

Durante el desarrollo de sus actividades en la Compañía, los trabajadores adquieren con frecuencia información acerca de la misma, de sus negocios o de los negocios de otras organizaciones cuando ésta no está todavía al alcance del público en general.

Los empleados no deben divulgar esta información, utilizarla en su propio beneficio (o de terceros) económico u obtener otro tipo de ventaja personal; tampoco podrán suministrar dicha información a terceros que obtengan beneficio de ella.

Si alguna persona ajena a la Empresa solicita información, ya sea en forma directa o a través de terceros, sólo deberá responder quien este autorizado a hacerlo.

Cualquiera que sea la circunstancia, únicamente la compañía podrá decidir a quien se le puede entregar información reservada y para qué podrá ser usada, con la excepción de los casos de obligaciones legales relativas a la publicación de informes u órdenes judiciales emitidas por la autoridad competente.

Considerando que la Empresa tiene relaciones de trabajo con otras organizaciones (consultoras y otros), las personas autorizadas para brindar información, deberán tomar los recaudos necesarios para que los que reciban la información en virtud al nexo que los une con Entel S.A. se obliguen a no divulgar la información recibida.

DE LOS DATOS ELABORADOS Y ARCHIVADOS EN CUMPUTADORAS

Los Empleados deberán dar adecuada protección contra daños, manipulación indebida, robos y acceso no autorizados a los sistemas de información computarizados y a los archivos generados por computadoras, los cuales serán considerados bienes de la Empresa y por tanto debidamente individualizados y custodiados de acuerdo a su naturaleza y/o reserva.

Los Empleados deberán respetar las normas e instrucciones de la Compañía sobre reproducción de software protegida y sobre su uso.

Está prohibida, salvo específica autorización, la utilización para fines ajenos a los laborales de comunicación de datos de Entel S.A.

CAPITULO X

FONDOS DE PROPIEDAD DE LA EMPRESA

Cada empleado debe cuidar al máximo los fondos de propiedad de Entel S.A.. Estos están representados bajo formas distintas: cheques, cuentas bancarias, fondos de caja, cobros, pasajes aéreos u otros, tarjetas de crédito de la Empresa, etc.; el tenedor de fondos de la Compañía es personalmente responsable de su custodia y su correcta utilización.

Los fondos gastados serán objeto de rendición de cuenta documentada y deberán registrarse adecuadamente. Además, los mismos deberán destinarse exclusivamente al pago de gastos de la Empresa. La modalidad de comportamiento en materia de gastos empresarios se informa en las instrucciones, normas y procedimientos de la Compañía; las explicaciones y/o aclaraciones sobre el uso correcto de dichos fondos podrán ser solicitadas al jefe inmediato superior.

CAPITULO XI

USO DE BIENES DE LA EMPRESA

Las instalaciones, materiales, equipos, vehículos, fondos financieros, sistemas y todos los recursos de Entel S.A. en general deberán utilizarse única y exclusivamente para llevar a cabo las actividades normales de la Empresa o para aquellos fines autorizados por los niveles jerárquicos competentes establecidos.

Los bienes de Entel S.A. no deben ser utilizados para fines personales, salvo específica autorización. Tampoco podrán ser dados en préstamo, alquilados o vendidos.

En el ejercicio de sus labores, los empleados deben utilizar solo los bienes autorizados. Asimismo, los empleados no utilizarán sus bienes (Ejemplo sus vehículos) para fines de la Empresa. Excepto cuando ésta específicamente lo autorice. En este sentido Entel S.A. no asume ninguna responsabilidad por el uso de propiedades, cualquiera sea su naturaleza, personales de los empleados en el desarrollo de su trabajo.

Queda prohibido el uso de vehículos de propiedad de Entel S.A. o alquilados por ésta para asuntos personales. Tampoco está permitido transportar en dichos vehículos a quienes no sean empleados, excepto en situación de emergencia o si expresamente se autorizara por la empresa.

Las tarjetas de Identificación de Entel S.A. deben ser utilizadas por los empleados exclusivamente en el ejercicio de sus funciones. Las mismas son de propiedad de la Empresa y deben ser restituidas ante el pedido del Jefe inmediato o de un Sector autorizado.

DOCUMENTOS, REGISTRO Y PRESENTACIÓN DE INFORMACIÓN

Los documentos de Entel S.A. correspondientes a obligaciones financieras legales y operativas son de fundamental importancia; consecuentemente, su redacción y contenido exige extrema atención:

Toda información que registre y presente cada empleado deberá ser precisa y verídica; es decir, los formularios que se confeccionen (órdenes de compra, recibos, ingreso de

49

materiales, etc.), los registros en libros, sistemas de computación, etc. (sobre facturación, horas trabajadas, ingresos, costos, etc.), los informes sobre trabajos realizados, gastos efectuados y en general toda información que se registre y difunda en la empresa.

La rendición de cuentas respecto a los gastos, es otro informe que deberá ser preciso y verídico, pues se reembolsarán sólo los gastos razonables y efectivamente realizados por cuenta de la Compañía y facturados a ésta.

Está prohibida la presentación fuera de la Empresa de informes no verídicos o que induzcan al error a quienes lo reciban. Tal comportamiento podrá tener consecuencias civiles y penales para el responsable y para la Empresa.

CAPITULO XIII

OBSEQUIOS, REGALOS O SIMILARES PERMITIDOS Y PROHIBIDOS

1. Definición.- Respecto a la oferta o recepción de obsequios, atenciones, regalos o similares de empresas, clientes u otras personas con las que se relaciona Entel S.A. existe un límite establecido por las características del regalo, mas allá del cual se desvirtúa la relación comercial. En este último caso, su aceptación puede interpretarse como un acto de cohecho.

2. Atenciones normales en los negocios.- está permitido ofrecer o aceptar algunas atenciones normales de negocios, tales como comidas, si los gastos efectuados se mantienen dentro de límites razonables.

3. Oferta de obsequios o similares.- Ningún empleado podrá ofrecer ni hacer ningún obsequio a favor (dinero, regalo o similar), directa o indirectamente a un ejecutivo, funcionario, empleado u otro representante de un proveedor, cliente, ente de la Administración pública u otra organización, si este hecho pudiera ser interpretado como conectado a la relación comercial de la Empresa.

La Gerencia de Relaciones Públicas determinará y comunicará los criterios y modalidades a seguir en cuanto concierne a la realización de regalos empresarios de carácter extraordinario o de carácter corriente (Ejemplo: regalos de fin de año).

50

4. Aceptación de obsequios o similares.- Ningún empleado, directa o indirectamente (por ejemplo a través de un familiar), podrá solicitar o aceptar de un proveedor o de un cliente que tenga o pretenda tener relaciones con la compañía, dinero u otros obsequios, si este hecho pudiera ser interpretado como conectado a la relación comercial de la Empresa.

5. Actitud ante un ofrecimiento no permitido.- El empleado que recibiera la oferta de un obsequio no permitido (dinero, un regalo o algún otro beneficio económico financiero), por su intervención en las relaciones normales que la Empresa mantiene con proveedores, DEBERÁ RECHAZARLO y en su lugar solicitar un beneficio a favor de Entel S.A. dentro de la relación comercial o económica corriente (bonificaciones, descuentos, etc.) Cuando dicho obsequio fuese ofrecido por un cliente también DEBERÁ RECHAZARLO pues su aceptación esta prohibida ya que EL CLIENTE TIENE DERECHO AL SERVICIO.

CAPITULO XIV

DEL CONFLICTO DE INTERESES

1.- Si bien Entel S.A. respeta la vida privada de los empleados, podría producirse un conflicto de intereses si un trabajador se comprometiese en una actividad externa o persiguiese intereses personales a expensas de los intereses de la Empresa.

Con el fin de evitar conflictos de intereses, es necesario determinar lo siguiente:

a) Sin autorización expresa, el dependiente de la Empresa no podrá trabajar para otra organización que preste los mismos servicios que Entel S.A., ya sea como empleado, consultor, miembro de su dirección o participar en sus decisiones. Tales actividades están prohibidas porque crean una situación dudosa a la lealtad a nuestra Compañía.

b) No comercializar por su cuenta ninguno de los servicios que presta Entel S.A. recibiendo por ello una remuneración o beneficio directo o indirecto.

c) No ser proveedor de Entel S.A. ni representarlo o cumplir para la Empresa proveedora funciones de dirección u otras susceptibles de incidir en sus decisiones.

d) No cumplir funciones de consultoría para un proveedor o aceptar dinero u otros beneficios por asesoría o servicio que pudiese prestarle a causa de la relación comercial de dicho proveedor con la Empresa.

e) No realizar u ofrecer un trabajo ajeno a la actividad de la Compañía en las oficinas de ésta o mientras se encuentre cumpliendo su horario o durante un permiso remunerado que se le haya dado para resolver asuntos personales. Tampoco podrá utilizar para dichos fines los equipos, teléfonos, materiales, información reservada y otros recursos de Entel S.A.

f) Si el cónyuge u otro miembro de la familia directa o cualquier persona cercana a un empleado de la Empresa es proveedor o empleado por éste, se considerara que existe un posible conflicto de intereses según sea: la función del empleado de Entel S.A. (por ejemplo si tiene intervención en las compras o contrataciones), la función del pariente o persona cercana a éste o el acceso que tenga cada uno a la información reservada de sus respectivas empresas.

g) Cuando un empleado tenga intereses financieros en una Empresa con la cual Entel S.A. tenga relaciones comerciales (por ejemplo un proveedor), se considerará que existe un posible conflicto de intereses si por su función en la empresa pudiese tomar acciones que protejan o mejoren dicha inversión.

h) Cuando un trabajador (cualquiera sea su nivel o ubicación en la Empresa) está facultado o en posibilidades de opinar, sugerir y/o determinar una adjudicación, concesión u otra acción a favor de terceros que pretendan realizar algún negocio o tener un vínculo comercial con la Empresa y tenga el empleado relación de amistad, familiar, o de cualquier otra naturaleza con los terceros, debe excusarse de participar en este hecho.

2.- Es responsabilidad de cada Empleado de Entel S.A.

a) Evitar situaciones en las cuales su lealtad a la Empresa pueda resultar afectada objetivamente.

b) Consultar con su superior inmediato o con la Gerencia de Legales antes de comenzar o proseguir una actividad externa que pueda crear un conflicto de intereses con la Empresa.

52

c) Si efectúa una actividad externa, cualquiera que sea o pueda llegar a ser incompatible con los intereses de Entel S.A., deberá declararlo mediante nota dirigida a la Gerencia de Recursos Humanos la cual indicará el curso de la acción a seguir.

CAPITULO XV

EXPRESIÓN DE OPINIÓN SOBRE CUESTIONES PÚBLICAS

Cuando cualquier empleado exprese su opinión sobre cuestiones públicas, es necesario que lo haga a título personal, sin dar nunca la impresión de hablar o actuar por cuenta de Entel S.A., salvo que se encuentre debida y formalmente autorizado.

CAPITULO XVI

DE LA ACTIVIDAD PÚBLICA

Cualquier empleado podrá, en calidad de ciudadano, participar en actividades públicas y asumir cargos cívicos. Sin embargo, deberá garantizar la ausencia de conflictos de intereses (presentes y futuros) entre su empleo en Entel S.A. y su cargo público, sea éste voluntario, electivo u obtenido mediante designación.

Respecto a los financiamientos y contribuciones políticas, Entel S.A. no permite el uso de fondos y otros bienes de su propiedad como fotocopiadoras, equipos de computación vehículos, teléfonos, y otros destinados al soporte de la actividad de partidos políticos o a la elección de un candidato.

Entel S.A. se empeña en que en el interior de la Empresa sea respetado el derecho constitucional para la Empresa y/o utilizando sus bienes.

CONCLUSIONES

Las normas anteriores tienden a privilegiar la importancia del respeto por parte de los trabajadores del más alto nivel de la ética, que constituye la garantía para mantener la confianza de los clientes y el respeto del público.

Cada empleado es personalmente responsable de sus acciones y su integridad profesional constituye un hecho de conciencia personal. Ningún acto ilícito puede ser justificado aduciendo que ha sido ordenado por un superior jerárquico y asimismo, nadie, independientemente de su jerarquía, esta autorizado o tiene competencia para ordenar un acto deshonesto o contrario a la ética.

53

205

Este título referido al comportamiento ético no contempla por supuesto todas las reglas aplicables a cada situación. Su contenido deberá comprenderse considerando las más amplias líneas de conducta ética y las demás normas, procedimientos e instrucciones de la Empresa.

Asimismo, la ausencia de una regla o de indicaciones de comportamiento referidas a una o determinada situación, no exime al empleado de una conducta correcta.

Las violaciones o presunciones de incumplimiento a cualquier norma enunciada en el presente documento o en otras normas, procedimiento e instrucciones de la Empresa deberán ser inmediatamente informadas al superior jerárquico.

Están prohibidas las amenazas y/o sanciones a cualquier empleado que de buena fe y razonable convicción haya informado sobre violaciones a las normas o sospecha de tales.

REGLAMENTO
INTERNO

REGLAMENTO INTERNO DE ENTEL S.A.

CAPITULO I

DISPOSICIONES GENERALES

ARTICULO 1.- El presente Reglamento Interno establece las obligaciones, deberes y derechos del personal y de la compañía, dentro de un marco de común voluntad de ambas partes, para el logro mejorado y continuado de la calidad de atención que merece el cliente interno y externo, del servicio en si mismo y de la rentabilidad de la compañía.

ARTICULO 2.- Queda comprendido bajo el presente régimen interno, todo el personal de planta y el de contrato a plazo fijo, que presta sus servicios en todos los distritos del territorio donde Entel S.A. contrata con ese carácter a su personal.

ARTICULO 3.- El presente reglamento es de aplicación general para todo el personal de Entel S.A. actual y para las nuevas incorporaciones, quedando en consecuencia, todos los trabajadores adheridos a este documento, que constituye parte de su contrato individual de trabajo con la Empresa.

CAPITULO II

DESENVOLVIMIENTO DE LA RELACIÓN DE TRABAJO

ARTICULO 4.- El personal cumplirá sus tareas en la función y lugar que le sea asignado por la Empresa, hecho al que están obligados todos los trabajadores como criterio general y en base a las especiales características de la actividad de telecomunicaciones. Dentro de condiciones normales de trabajo, se aplicará un amplio régimen de polivalencia funcional y movilidad geográfica, que estará fundamentada en razones de servicio y necesidad de la Empresa, sea individual o colectiva. Para este tipo de movilidad geográfica, la Empresa previamente evaluara la posibilidad de rotación interna del personal existente en el lugar al que se pretende movilizar al empleado.

ARTICULO 5.- La movilidad geográfica procederá previo cumplimiento de la Empresa respecto a la dotación de medios y/o recursos económicos establecidos para el efecto en la política de la Empresa.

ARTICULO 6.- La Empresa sufragará los gastos de traslado del trabajador cuando éste sea movilizado geográficamente por necesidades de servicio y determinación de la Empresa, quedando relevada de esta obligación si es el trabajador quien solicita su traslado y es aceptado previa evaluación de la factibilidad del requerimiento del trabajador.

CAPITULO III

HORARIOS DE TRABAJO

ARTICULO 7.- La jornada diaria de trabajo normal consiste en ocho horas/día, pudiendo ser cubiertas éstas horas durante el mes, en base a necesidades de servicio, de lunes a sábado (40 horas máximo semanal).

ARTICULO 8.- La distribución adecuada del horario de trabajo por jornada, será establecida por la empresa, considerando el interés y necesidades de servicio.

ARTICULO 9.- En función a las necesidades de servicio, la Empresa podrá determinar para los trabajadores horarios flexibles en cuanto a entradas y salidas, cuidando siempre que se cumpla con el mínimo de horas establecidas para la jornada de trabajo diaria.

ARTICULO 10.- Por necesidades de servicio y adecuada distribución del trabajo, la Empresa podrá disponer horarios flexibles "fijos" para personal que trabaja en horario habitual de oficina y que consisten en incrementar durante una semana las horas/día de trabajo ordinarias (40/semana) que serán compensadas en la semana siguiente o período posterior, precautelando que el total de horas trabajadas en el mes no superen las horas correspondientes al mes en cuestión. Estas modalidades, serán determinadas con anticipación y no son aplicables a casos de compensación por atrasos y/o faltas arbitrarias.

Domingos y feriados serán objeto de tratamiento de acuerdo a ley. Estos horarios no serán aplicables a personal que trabaja en turnos preestablecidos por la Empresa.

ARTICULO 11.- Las tareas a ser desarrolladas por personal técnico, operativo de tráfico, tiendas y cualquier otra unidad que por razones de servicio y atención al cliente se determine en horarios continuos (corrido) definidos por la Empresa, en ningún caso podrán exceder las horas establecidas por ley y regulaciones internas para éste tipo de horarios que, a su vez, serán preestablecidos con anticipación a fin de que los trabajadores sujetos a ésta modalidad puedan, mediante roles, conocer sus turnos.

ARTICULO 12.- La Empresa podrá establecer en todos los casos, horarios conforme a sus necesidades de servicio y naturaleza de las funciones que desempeñen los trabajadores, respetando las disposiciones legales que rigen sobre el particular. Asimismo, podrá establecer horarios especiales de acuerdo a circunstancias territoriales, climáticas o estacionales. Los horarios podrán ser también organizados de acuerdo a turnos rotativos, en base a lo señalado anteriormente.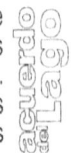

ARTICULO 13.- La Empresa podrá revisar las tipologías de horario de trabajo (turnos, horario continuo, horario normal) en función de mejorar los servicios comerciales y de atención al cliente y de los gastos.

CAPITULO IV

TRABAJO EXTRAORDINARIO

ARTICULO 14.- El trabajo extraordinario es el sobretiempo (respecto a la jornada habitual de trabajo) que realiza el trabajador una vez acumuladas las 40 horas/semana y las establecidas en trabajo continuo de turnos, nocturnos, a requerimiento de los superiores inmediatos competentes, con autorización formal y escrita del responsable superior correspondiente.

El trabajo extraordinario deberá ser previamente autorizado en las instancias superiores respectivas, que asumen la responsabilidad de la autorización.

ARTICULO 15.- De conformidad al Art. 50 de la Ley General de Trabajo, sólo se reconocerá como trabajo extraordinario dos horas diarias y diez semanales, con la salvedad de los trabajos realizados por emergencias, que serán ejecutados en el tiempo que sea necesario, según requerimiento de la Empresa y sujetos a la debida remuneración.

No corresponde el pago por trabajo extraordinario al personal que ocupa funciones en la estructura formal de la Compañía, de asesoramiento y aquellos que por la naturaleza de sus funciones ejerzan cargos de confianza en relación a la estrategicidad de la Empresa.

ARTICULO 16.- Las horas extraordinarias y el trabajo nocturno se pagarán de acuerdo a lo dispuesto por el art. 55 de la Ley General del Trabajo. No se considerarán horas extraordinarias aquellas ocupadas en el cumplimiento de trabajos habituales a la naturaleza del cargo, ni aquellas utilizadas en poner al día trabajos atrasados por responsabilidad o causas imputables al trabajador. Tampoco son horas extraordinarias aquellas utilizadas en subsanar errores del trabajador. De la correcta aplicación de este proceso, es responsable el jefe inmediato superior.

CAPITULO V

OTRAS MODALIDADES DE TRABAJO

ARTICULO 17.- Se definen como modalidades de trabajo en ENTEL S.A. los contratos a tiempo parcial (PART TIME), el trabajo compartido (JOB SHARING) y teletrabajo, cuya conceptualización se encuentra señalada en el acuerdo de trabajo suscrito en Puerto Pérez el 07-06-01. Para su aplicación, la Empresa se sujetará a las normas legales pertinentes.

CAPITULO VI

DISPONIBILIDAD PASIVA

ARTICULO 18.- Los trabajadores que, por razones de servicio y las funciones especiales que cumplen, son susceptibles de ser convocados en días no laborables o cuando se encuentran en vacaciones, con licencia y fuera de turno, serán comunicados de esta situación con la debida anticipación. Para tal efecto, dichos trabajadores deberán mantener contacto permanente con la empresa y/o dejar datos para poder ser ubicados de inmediato.

ARTICULO 19.- Si las necesidades de servicio imponen la presencia del trabajador en las condiciones señaladas en el articulo anterior para que preste servicios, la Empresa le remunerará, bajo la modalidad de trabajo extraordinario. Asimismo, si el trabajador, demostrara documentalmente haber incurrido en gastos para acudir a la llamada de servicio, será compensado (en igual monto a lo erogado) por parte de la Empresa. Los días de vacación interrumpida serán compensados posteriormente.

CAPITULO VII

LUGARES DE TRABAJO

ARTICULO 20.- El trabajador cumplirá sus funciones en el lugar geográfico que le sea asignado como base de trabajo, sin perjuicio de ser sujeto de movilidad geográfica en el marco de lo señalado por los arts. 4°, 5° y 6° del presente reglamento.

CAPITULO VIII

VIATICOS

ARTICULO 21.- El viático es la provisión de dinero para solventar gastos de alimentación, hospedaje y otros emergentes del desarrollo de tareas temporales encomendadas en localidades distintas al de la base de trabajo del empleado.

La escala y montos de viáticos serán fijados por la Empresa de acuerdo a sus necesidades y territorios.

60

CAPITULO IX

HIGIENE Y SEGURIDAD INDUSTRIAL

ARTICULO 22.- La Empresa en observancia de lo previsto por la Ley de Seguridad Industrial, Salud Ocupacional y Bienestar, otorgará a todo su personal la infraestructura adecuada que les permita cumplir sus labores en condiciones normales, además de proveer instrumentos y materiales de trabajo.

SEGURO MEDICO INTEGRAL

ARTICULO 23.- La Empresa, en responsabilidad compartida con FESENTEL y sus afiliados, mantendrá un seguro médico integral de cobertura individual y familiar para todos los trabajadores, paralelo al cubierto por la Caja Nacional de Salud.

VESTIMENTA, ELEMENTOS Y EQUIPOS DE TRABAJO

ARTICULO 24.- El personal de la Empresa que por la naturaleza de sus funciones requiera, será dotado de implementos de trabajo, indumentaria y otros que protejan su seguridad.

SEGURO DE VIDA

ARTICULO 25.- La Empresa mantendrá un seguro de vida y accidentes con cobertura a todos los empleados, con especial énfasis o prioridad para aquellos trabajadores que intervengan en la instalación y mantenimiento de los sistemas técnicos u otros que representen mayor riesgo. Asimismo, tendrán esta cobertura los trabajadores que por necesidad de su actividad laboral deban trasladarse al interior o exterior del país.

TRABAJO DE PERSONAL FEMENINO

ARTICULO 26.- La Empresa reconoce todos los beneficios concedidos por Ley al personal femenino. Otorgará todas las facilidades y beneficios correspondientes a la trabajadora en estado de gravidez, así como a los previstos por Ley 975 de 02-05-88.

CAPITULO X

REGIMEN DE REMUNERACIONES

ARTICULO 27.- Todo trabajador de la Empresa, por el desempeño de sus funciones tiene derecho a percibir una remuneración (consistente en doce sueldos/ año -uno por mes- más un aguinaldo de fin de año, este último pagadero conforme a ley) cuyo monto figurará en el documento que determine su incorporación en la Empresa como empleado.

ARTICULO 28.- Las remuneraciones, podrán ser anualmente incrementadas de acuerdo a parámetros reales del IPC, siempre y cuando las condiciones de rentabilidad de la compañía lo permitan. Los eventuales incrementos, se definirán en función de la incidencia sobre la masa salarial total y no sobre el haber básico.

ARTICULO 29.- Salvo casos excepcionales debidamente justificados, la Empresa pagará haberes en forma mensual al último día hábil del mes trabajado, mediante el sistema bancario habilitado para el efecto.

CAPITULO XI

BONO DE ANTIGÜEDAD

ARTICULO 30.- Desde el 01-07-01 el cálculo para el pago del Bono de antigüedad se efectuará conforme a normas que rigen el tema, sobre tres salarios mínimos nacionales, quedando consolidado, en términos económicos respecto al tiempo de permanencia en Entel S.A., el bono de antigüedad obtenido por el personal hasta el 30 de junio del año 2001. El personal que a ésta fecha no percibiera este beneficio por tener antigüedad menor a dos años, lo percibirá cuando le corresponda según su antigüedad en la Empresa, sobre la base de cálculo de los tres salarios mínimos nacionales.

ARTICULO 31.- En concordancia con el ARTICULO precedente, todo paso de una escala porcentual a otra superior, establecida en el art. 60 del D.S. No. 21060 de 29-08-85, emergente de los años de servicio en la Empresa, será objeto de la determinación de la diferencia entre el porcentaje anterior y el inmediato superior. Esta diferencia, será pagada al trabajador con la base de cálculo señalada en la cláusula anterior, última parte. En caso de que el Estado Boliviano determinara legalmente la modificación respecto a la referencia y/o el monto de los tres salarios mínimos nacionales antes citada para efectos del pago del Bono de antigüedad, la Empresa procederá en conformidad a la norma modificatoria de la actual.

PRIMA ANUAL

ARTICULO 32.- El pago de este beneficio lo realizará la Empresa en los términos previstos por ley al respecto.

PREMIO DE RESULTADO

ARTICULO 33.- Para la determinación del premio de resultado se hará referencia al macro indicador de desempeño empresarial EBITDA (earning before interest taxes depreciation and amortization/ganancias antes de intereses impuestos depreciación y

62

amortización), aplicando las dos tablas definidas en el acuerdo de trabajo suscrito en Puerto Pérez el 07-06-01, para la gestión 2001 y posteriores, respectivamente.

CAPITULO XIV

VACACIONES

ARTICULO 34.- El beneficio de vacación anual, será concedido, respecto a la antigüedad del trabajador en los términos de la escala vigente para el mismo y según lo dispuesto por el D.S.17288 del 18-3-80:

de 1 a 5 años cumplidos	15 días hábiles
de 5 a 10 años cumplidos	20 días hábiles
de 10 años adelante	30 días hábiles

Durante el tiempo que el trabajador haga uso de sus vacaciones, no podrá ser retirado, transferido ni suspendido como empleado de la Empresa.

ARTICULO 35.- Las vacaciones correspondientes a cada gestión se computan de enero a diciembre, deberán ser utilizadas (en base a roles previamente establecidos) durante el periodo que corresponda. Excepcionalmente, podrá postergarse el uso de vacaciones hasta febrero del próximo período.

ARTICULO 36.- Las vacaciones podrán ser tomadas por el trabajador, en forma total, parcial, por medios días y por horas.

Los permisos de carácter personal, se consignaran con cargo a vacaciones.

CAPITULO XV

DIAS LABORABLES Y FERIADOS

ARTICULO 37.- Son días habituales (normales) de trabajo de lunes a sábado. El art.67 del D.S. N° 21060 de 29-08-85 establece los días feriados, que no se aplican al sector técnico, operativo, tiendas y otros, que cumplen horarios de turnos preestablecidos y definidos con cumplimiento habitual.

De existir a futuro una modificación legal de la norma citada precedentemente, la Empresa asumirá cuanto determine la nueva norma legal que corresponda.

ARTICULO 38.- La jornada de horarios continuos y sus correspondientes descansos serán predeterminados y establecidos en estricto cumplimiento a lo señalado por las disposiciones legales específicas y las reglamentaciones emitidas por entidades competentes.

CAPITULO XVI

PERMISOS CON GOCE DE HABERES

ARTICULO 39.- Se aplican licencias especiales con goce de haberes, computo de antigüedad y sin cargo a vacación anual en los siguientes casos:

a) Las otorgadas por efecto de parte de baja médica extendidas por entidad competente.

b) Por matrimonio: Cinco días hábiles.

c) Fallecimiento de familiares: Tres días hábiles, si ocurre en el lugar del domicilio. Seis días hábiles si se produjera a más de 150 km. del domicilio. Para este efecto se reconoce como familiares a: Cónyuge, hijos, padres, hermanos, abuelos y padres políticos.

d) Los trabajadores que acrediten ser alumnos regulares de la universidad, tendrán derecho a la tolerancia señalada por ley. Los beneficiarios, deberán presentar certificados de aprobación de materias a la finalización de cada período lectivo, bajo pena de suspensión de este beneficio por incumplimiento, a la presentación de notas o cuando existan reprobaciones o abandonos de materias en mas de un cincuenta por ciento.

e) Los trabajadores que acrediten ser docentes universitarios, tendrán el tratamiento que para el efecto señala la ley.

f) Aquellos trabajadores que por su cuenta estuvieran estudiando en otros niveles no académico-universitarios (reconocidos oficialmente por las instancias competentes) y cuyos estudios sean afines con los intereses de la Empresa, podrán optar a tolerancias concertadas entre los interesados y la compañía.

g) Declaratoria en comisión para fines de capacitación auspiciados por la Empresa. Esta comisión será objeto de un acuerdo especifico entre el trabajador beneficiado y la Empresa.

h) Medio día de permiso sin cargo a vacación por onomástico del empleado. Esta tolerancia estará sujeta a las necesidades de servicio de la Empresa y, cuando por esta razón no pueda ser concedida en el mismo día, será objeto de compensación posterior o acumulación a las vacaciones anuales.

CAPITULO XVII

DAÑOS A TERCEROS

RESPONSABILIDAD POR DAÑOS Y PERJUICIOS

ARTICULO 40.- La Empresa asume la responsabilidad, directa o mediante seguro contratado, por daños y perjuicios ocasionados a terceros por actos u omisiones del trabajador en el ejercicio de sus funciones, salvo que estos daños y perjuicios provengan de la conducta dolosa o negligencia culpable del trabajador, en cuyo caso éste asume su propia responsabilidad.

ASISTENCIA LEGAL EN CASO DE ACCIDENTE U OTROS

ARTICULO 41.- Cuando el trabajador sea privado de su libertad por accidentes u otros hechos ocurridos durante el desempeño de sus funciones, la empresa brindará la asistencia legal necesaria sin costo para el empleado y abonará su salario mientras dure su privación de libertad, siempre que se trate de delitos excarcelables.

CAPITULO XVIII

DEL PREAVISO DE DESPIDO Y DE RENUNCIA

ARTICULO 42.- Excepto los despidos por justa causa, la relación de trabajo a tiempo indeterminado del trabajador podrá ser resuelta tanto por el propio empleado como por la Empresa, según las previsiones establecidas por la Ley General del Trabajo y otras disposiciones que rigen en la materia.

PRINCIPIOS DE COMPORTAMIENTO EN LA EMPRESA

ARTICULO 43.- Las características del servicio brindado por la Empresa, exigen un elevado nivel de colaboración y sentido de responsabilidad por parte de los trabajadores en el cumplimiento de las tareas asignadas. Por lo tanto, a fin de garantizar al cliente el mejor servicio, las relaciones entre los empleados y la Empresa deberán basarse en los siguientes principios:

a) En armonía con la dignidad del trabajador, los superiores llevarán las relaciones con los dependientes en un ambiente de colaboración y urbanidad.

b) En el ámbito de la relación de trabajo, el trabajador depende de los respectivos superiores, de acuerdo a la organización de la Empresa.

c) Las relaciones entre los trabajadores, a todo nivel de responsabilidad en la organización empresarial, deberán conllevar recíproca rectitud y educación.

d) Los superiores y dependientes deberán observar las normas de ley, los reglamentos empresariales y las disposiciones de servicio.

e) El trabajo asignado se realizará con diligencia, profesionalidad y el empeño necesarios para asegurar el alcance de los objetivos de la compañía.

f) Los trabajadores deberán cumplir el horario de trabajo con las formalidades prescritas por la Empresa en lo referente al control de asistencia. No podrá hacerse variaciones o cancelaciones en la tarjeta/badge; registrar la de otro trabajador o intentar por cualquier modo, alterar los registros del reloj de control.

g) Cuando no se cumpla con el registro de tarjetas de acuerdo a las normas respectivas, se considerará el hecho como falta injustificada. El registro posterior al horario establecido de ingreso será considerado como atraso.

h) Se deberá mantener absoluta reserva sobre los intereses de la Empresa y la más estricta confidencialidad acerca de información y datos relacionados con los intereses de la misma, incluso después de haber dejado de trabajar para la Empresa.

i) El trabajador no deberá sacar provecho de las actividades que realiza en la Empresa, ni ejercer directamente o por intermedio de otra persona (incluso fuera de horario de trabajo), atribuciones y/o actividades (a título gratuito u oneroso), que puedan determinar, incluso indirectamente, un conflicto de intereses con la compañía. En particular, el empleado deberá abstenerse de cualquier actividad directa o indirecta, en empresas u organizaciones de proveedores, clientes, competidores y distribuidores.

j) Durante el horario de trabajo el empleado deberá desempeñar con asiduidad y diligencia las tareas; mantener con el cliente una conducta uniformada con los principios de rectitud e integridad. En periodo de enfermedad, accidente, vacaciones o licencias particulares, deberá abstenerse de ejercer actividades laborales, inclusive aquellas no remuneradas.

k) Los trabajadores no deberán sustraer o dañar los bienes materiales o inmateriales de propiedad o uso de la Empresa, incluido el patrimonio informático. Asimismo no deberán falsificar y/o alterar datos, documentos, aparatos, procedimientos o software empresarial; ni duplicar, instalar y/o tomar programas y ningún otro producto software sin la explícita autorización.

66

l) No es permitido valerse de medios de comunicación, de instrumentos informáticos, de conexión en red o de cualquier otro bien de propiedad o en uso de la Empresa, por razones que no sean de servicio.

m) Los empleados deberán respetar rigurosamente las disposiciones que regulan el acceso de personas ajenas a la Empresa, particularmente en los ambientes no abiertos al público, salvo que estén debidamente autorizadas.

n) Los empleados deberán tratar a compañeros de trabajo, clientes y terceros con el máximo respeto a su condición de genero, a su dignidad y derechos como persona y consiguientemente abstenerse de realizar presiones o acoso de cualquier naturaleza y/o forma. Las infracciones a esta disposición darán lugar a sanciones disciplinarias que podrán, según la gravedad de hecho, llegar hasta el despido.

CAPITULO XIX

SUSPENCIÓN SIN GOCE DE HABERES

ARTICULO 44.- Procederá la suspención temporal sin goce de haberes del trabajador, según la naturaleza de su comportamiento o necesidad de comprobar una conducta observada. En caso de resultado absolutorio en favor del trabajador, se procederá a la restitución a sus funciones y el pago de sus haberes correspondientes al periodo de suspención. Por el contrario, si se prueban los hechos observados, el empleado suspendido no percibirá remuneración alguna por el tiempo de la suspención y se someterá a las medidas disciplinarias que correspondan, sin perjuicio de que la Empresa siga las acciones legales que correspondan para el resarcimiento respectivo.

CAPITULO XX

REGIMEN DISCIPLINARIO, INFRACCIONES Y SANCIONES

ARTICULO 45.- La inobservancia por parte del trabajador, a las disposiciones de ley, contractuales, del presente reglamento o de la normativa empresarial, puede dar lugar, según la gravedad de la infracción, a la aplicación de las siguientes medidas:

- apercibimiento verbal
    - amonestación escrita
    - sanción pecuniaria
    - suspensión temporal, sin goce de haberes

- despido

La suspensión temporal no es necesariamente un paso previo al despido. Operara únicamente cuando por la naturaleza del hecho y la investigación respectiva, el empleador requiera de un lapso para ello; no procede esta suspensión cuando las evidencias o pruebas sean irrefutables.

a) El empleador no podrá adoptar ninguna acción disciplinaria contra el trabajador sin que se lo haya notificado previamente o sin haber escuchado su defensa.

b) A exclusión del apercibimiento verbal, la notificación deberá ser efectuada por escrito y las medidas disciplinarias no podrán ser aplicadas antes que hubieran transcurrido cinco días hábiles, en el curso de los cuales el trabajador podrá presentar sus justificaciones por escrito. Para los casos tipificados como graves, el o los trabajadores observados podrán estar eventualmente asistidos por un representante de FESENTEL al cual el empleado conferirá mandato para este efecto.

c) Si la medida disciplinaria no fuese comunicada dentro de los diez días hábiles a la recepción de las justificaciones, éstas se considerarán aceptadas.

d) La notificación de la medida disciplinaria decidida por la Compañía, deberá ser comunicada por escrito, indicando el motivo. Este proceso será gestionado por la función de Recursos Humanos de Entel S.A.

CAPITULO XXI

AMONESTACIONES ESCRITAS, SANCIONES PECUNIARIAS, SUSPENCIONES TEMPORALES SIN GOCE DE HABERES

ARTICULO 46.- Incurre en las medidas de amonestación escrita, sanción pecuniaria o suspensión temporal sin goce de haberes, según la gravedad del caso, el trabajador que:

a) No se presente al trabajo, abandone su puesto laboral sin justificación, o no justifique su ausencia hasta el día siguiente, salvo el caso de justificado impedimento.

b) Sin motivo justificado retrase, adelante su salida, o suspenda sus actividades.

c) No observe una conducta uniforme con los principios de rectitud y urbanidad hacia los colegas y/o cometa una leve insubordinación hacia sus superiores.

d) No mantenga en la relación con los clientes o proveedores una conducta uniforme con los principios de urbanidad, servicio y transparencia.

e) Sea negligente en el trabajo que se le asignó y/o produzca daños a todo lo que forma parte del patrimonio de la Empresa.

f) Realice dentro de la Empresa actividades personales o de terceros, por mínimas que ellas sean; fuera del horario de trabajo y sin sustracción, pero con uso de medios de la Empresa misma.

g) Introduzca personas no autorizadas en ambientes de la Empresa.

h) Cometa comportamientos lesivos a la dignidad de las personas por su condición de genero.

i) Durante el horario de trabajo sea encontrado en estado de ebriedad o bajo el efecto de estupefacientes.

j) No observe las disposiciones legales, los procedimientos y los reglamentos empresariales y las normas internas en materia de seguridad y de higiene en el trabajo.

k) Incumpla la prohibición de no fumar dentro de las instalaciones de la Empresa, donde exista un cartel que lo indique.

l) La falta de comunicación escrita del trabajador a Recursos Humanos, en un plazo máximo de cinco días calendario respecto a cualquier cambio de su domicilio y numero telefónico, cuantas veces correspondiera.

La amonestación escrita se aplicará por las faltas de menor relevancia: La sanción pecuniaria y la suspensión sin goce de haberes, para las de mayor relevancia.

Los puntos antes citados son ejemplarizadores y no exhaustivos, salvo el principio de analogía para lo que aplique.

69

ARTICULO 47.- La aplicación de sanciones pecuniarias (Multas), por atrasos, faltas, abandonos de oficina, y otros, se procesarán mediante la respectiva función de Recursos Humanos de la Empresa.

CAPITULO XXII

CAUSALES DE DESTITUCIÓN
(DESPIDO)

ARTICULO 48.- Al margen de las causales establecidas por el Art. 9° de la Ley General del Trabajo y 16° de su Decreto Reglamentario las siguientes CONDUCTAS serán motivo de destitución sin derecho al pago de beneficios sociales.

a) Grave insubordinación a los superiores

b) Riñas en la compañía.

c) Daños relevantes causados a todo o parte de lo que forma objeto del patrimonio de la Empresa.

d) Faltas injustificadas continuas por un periodo superior a seis días consecutivos o diez discontinuas en el año. Es también aplicable esta sanción cuando por tres veces al año, la falta injustificada ocurre al día siguiente de un feriado.

e) Uso de productos de «software» u otros medios en uso de la Empresa, cuando ese uso está destinado a realizar actividades ligadas a finalidades personales de las cuales se derive directamente un lucro para el trabajador y/o un daño para la Empresa.

f) Uso de software ilegal y sin licencia, cuando éste no ha sido proporcionado por la Empresa.

g) Comportamientos ofensivos a la dignidad de la persona por su condición de género en las situaciones más graves.

h) Reincidencia en cualquiera de las faltas contempladas en el CAPITULO anterior.

70

i) Sustracción, daño o destrucción intencional de todo lo que forma parte del patrimonio material y/o no material de la Empresa.

j) Abandono injustificado del lugar de trabajo, del que pueda derivar un perjuicio a la seguridad de las personas, de las instalaciones, o a cualquier gestión de la Compañía.

k) Robo en la Empresa.

l) Ejercer a título gratuito o remunerado, actividades en contraste o en competencia incluso indirecta con la empresa, incluida cualquier forma de participación en empresas u organizaciones de proveedores, clientes, competidores o distribuidores.

m) Desempeño de otras actividades de trabajo, incluso no remuneradas, en estado de enfermedad, en ejercicio de sus vacaciones y/o licencias particulares.

n) Pedido o aceptación por cualquier motivo, de compensaciones económicas o de cualquier otra naturaleza en conexión con las obligaciones laborales.

o) Difusión de información confidencial de la Empresa.

p) Introducción de personas no autorizadas en ambientes empresariales si de tales comportamientos derive un grave perjuicio a la Empresa.

q) Fumar donde esto puede provocar daño a la seguridad de las personas o a la seguridad de las instalaciones.

r) Marcar tarjeta de ingreso ajena, beneficiando con éste registro a otro trabajador, que también será destituido.

s) Consumo de bebidas alcohólicas, estupefacientes en instalaciones de la Empresa.

CAPITULO XXIII

TRATAMIENTO EN CASO DE ENFERMEDAD Y ACCIDENTE FUERA DEL TRABAJO

ARTICULO 49.- El empleado ausente por enfermedad debe dar aviso a la Empresa

71

dentro el primer día en el que se produzca su ausencia, informando el lugar y dirección en la que se encuentre convaleciente, justificando la falta mediante la presentación de la certificación médica respectiva. De continuar la ausencia por enfermedad, el trabajador deberá presentar los certificados médicos que avalen ésta situación, hasta el segundo día del vencimiento de la primera baja médica.

La Empresa tiene la facultad de controlar el estado de salud y el desarrollo de su proceso de recuperación. Al efecto, el empleado, desde el primer día de ausencia por enfermedad, estará a disposición en el domicilio que señale, desde Hrs. 10:00 a 12:00 y de 17:00 a 19:00. Si por razones de recuperación de su salud debe ausentarse de la dirección señalada, deberá dar aviso a la Empresa del hecho en cuestión y, posteriormente, presentar la documentación respaldatoria.

ARTICULO 50.- El incumplimiento a lo señalado en el ARTICULO anterior, total o parcialmente, dará lugar a que la ausencia se considere como falta injustificada con la aplicación de las sanciones pertinentes.

CAPITULO XXIV

EJERCICIO DE LOS DERECHOS SINDICALES

ARTICULO 51.- La Federación Sindical de Trabajadores de ENTEL S.A. (FESENTEL), es el único organismo legal de los trabajadores de la Empresa, que aglutina a los sindicatos y comités sindicales en todo el país, constituyéndose en consecuencia como único ente sindical facultado para formular, negociar y suscribir acuerdo en temas de su competencia en representación de los trabajadores a nivel nacional, destacando en consecuencia que la relación trabajadoresEmpresa, en lo que hace a intereses generales, solo compete a FESENTEL y ENTEL S.A.

ARTICULO 52.- Los dirigentes sindicales reconocidos legalmente, gozan de fuero sindical con las prerrogativas, obligaciones y responsabilidades que este status conlleva de acuerdo a ley.

ARTICULO 53.- Los dirigentes sindicales, legalmente reconocidos y que fueran declarados en comisión a tiempo completo o parcial, son responsables de cumplir con las exigencias que señalan las disposiciones legales respecto a su situación de dirigentes sindicales, constituyendo el único ente jurídico que podrá negociar con la

72

Empresa en relación a la ejecución y cumplimiento de los acuerdos y convenios que 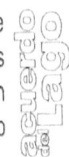 se suscriban con la compañia, así como denuncias por accidentes u otras circunstancias que les puedan ocurrir durante el ejercicio de sus actividades sindicales y que deban ser reportadas ante la Empresa, instituciones o autoridades pertinentes, por el tiempo que dure el mandato sindical.

Estas obligaciones y las responsabilidades de reporte, las asume FESENTEL que, en este sentido, podrá delegar atribuciones a sus sindicatos y comités sindicales del interior del país.

ARTICULO 54.- FESENTEL podrá efectuar sesiones, reuniones y asambleas en los ambientes de la Empresa, siempre que del evento se informe con la debida antelación y sea autorizado para esa utilización de ambientes por el responsables de la Empresa que tenga competencia para ella, debiendo realizarse estos actos fuera de horario de oficinas a fin de no interrumpir el servicio. Para casos de urgencia y fuerza mayor, por excepción, las partes coordinarán las medidas que el caso amerite y se altere la disposición antes mencionada, cuidando siempre de no perjudicar el servicio al cliente.

ARTICULO 55.- La Empresa apoyará, dentro de sus posibilidades presupuestarias, al equipamiento logístico de los ambientes de las oficinas del C.E.N. de FESENTEL y a dotarle de adecuados medios de comunicación interna para que pueda ejercer eficazmente su actividad sindical. Asimismo analizará la posibilidad de ampliar este apoyo a los Sindicatos departamentales, priorizando aquellos que cuenten con mayor número de trabajadores.

ARTICULO 56.- La Empresa podrá actuar como agente de retención de los aportes sindicales que, de ordinario, consisten en una cuota parte porcentual del total ganado del trabajador afiliado, en base a sus estatutos tomando en cuenta por principio que, la sindicalización es automática para todo nuevo trabajador. Las cuotas que correspondan a estos aportes serán comunicadas por FESENTEL en forma escrita.

ARTICULO 57.- Los desembolsos a favor de la representación sindical por los aportes laborales, en condiciones normales, serán efectivizados por la Empresa, en un plazo de trece días hábiles computables a partir del pago efectivo de sueldos. En caso de imponderables, la Empresa comunicará a FESENTEL las razones de un retraso respecto al plazo antes señalado.

ARTICULO 58.- A los dirigentes sindicales legal y formalmente declarados en comisión a tiempo completo, la Empresa les ofrecerá las mismas oportunidades de desarrollo profesional que brinde al resto del personal de la compañia.

73

CAPITULO XXV

PROCESOS ADMINISTRATIVOS INTERNOS

ARTICULO 59.- Si la Empresa considera necesario, podrá proceder a la instauración de un proceso administrativo interno por incumplimiento de las obligaciones laborales y/o inobservancia al presente reglamento interno.

ARTICULO 60.- El tribunal responsable de llevar a cabo el proceso administrativo interno, estará compuesto por un representante de asuntos legales, uno de Recursos Humanos, un tercero por parte del la unidad en la que preste servicios el trabajador procesado, un representante de la gerencia sectorial de la que dependa el empleado procesado y un representante sindical delegado por el C.E.N. de FESENTEL.

CONCLUSION DEL PROCESO ADMINISTRATIVO

ARTICULO 61.- El proceso administrativo concluye con el fallo final y la notificación formal con éste al personal procesado.

ARTICULO 62.- En caso de tratarse de un fallo absolutorio, el mismo dispondrá la restitución del procesado a su fuente de trabajo y el pago de sus haberes por el tiempo que corresponda a la suspensión de sus funciones si el procesado hubiera sido objeto de esta medida durante su procesamiento. Si el fallo final dispone la destitución sin derecho al pago de beneficios sociales, será puesto en conocimiento del Ministerio del Trabajo y Microempresa con las formalidades de ley, en un plazo máximo de veinticuatro horas de su notificación en forma personal al o los procesados.

CAPITULO XXVI

CODIGO DE ÉTICA

ARTICULO 63.- El contenido y texto del Código de Etica debe ser de conocimiento y cumplimiento obligatorio por parte de todos los trabajadores de la Empresa, cualquiera sea su función y nivel jerárquico. El incumplimiento a sus preceptos dará lugar a las sanciones establecidas en el reglamento interno, según el caso lo amerite.

DE LA ÉTICA DE LOS EMPLEADOS DE LA EMPRESA

ARTICULO 64.- Las normas de ética cuyo texto y contenido se describe a continuación, deben ser de conocimiento y cumplimiento obligatorio por parte de los trabajadores, cualquiera sea su función y nivel jerárquico.

ARTICULO 65.- Las normas de este Código, tienen por objeto enunciar las pautas  generales que deben regir la conducta de todos los integrantes de Entel S.A. en el cumplimiento de sus funciones. Estas pautas tienen su fundamento en la responsabilidad de los empleados hacia la Empresa y constituyen una guía para el cumplimiento de sus obligaciones laborales.

CAPITULO XXVII

DE LOS PRINCIPIOS GENERALES DE CONDUCTA PERSONAL
CONDUCTA PERSONAL CORRECTA

ARTICULO 66.- El trabajador de ENTEL S.A. debe tener una conducta ética en el trabajo, significa tratar en forma honesta y equitativa a los demás empleados, clientes, proveedores, individuos de otras organizaciones y al público en general.

ARTICULO 67.- La Empresa, sobre la base del respeto por el individuo, tendrá estricta consideración por la privacidad y dignidad de cada empleado; sin embargo, cuando considere que la conducta de alguno afectase de manera negativa su rendimiento, el de los demás empleados o los intereses legítimos de la Empresa, podrá considerar que tal conducta se convierte en un asunto que le concierne.

ARTICULO 68.-Una conducta personal correcta se funda sobre la integridad, lo cual significa ser responsable y honesto con cada bien de la compañía, cualquiera sea la naturaleza de éste.

En general los empleados deberán:

a) Respetar las disposiciones normativas vigentes en la Empresa, cumpliéndolas lealmente.

b) Obrar de buena fe cumpliendo con el deber de fidelidad y demás deberes expresados en las Leyes, acuerdos y/o acuerdos laborales vigentes.

CONDUCTA PERSONAL INCORRECTA

ARTICULO 69.- Se considera conducta personal incorrecta, a nivel enunciativo y no limitativo, sujeta a las sanciones establecidas en el presente Reglamento Interno:

a) Utilizar el tiempo correspondiente a la Jornada de Trabajo para desarrollar actividades ajenas a las laborales.

b) Consumir o estar bajo influencia de bebidas alcohólicas o sustancias ilegales durante el cumplimiento de sus funciones (en la oficina o en la conducción de vehículos de la Empresa, entre otras.)

c) Dirigirse a un Cliente interno y/o externo con lenguaje descortés, insultante, difamatorio u obsceno; interrumpir o no ofrecerle un adecuado servicio, ofertado por la Empresa y al que tiene derecho.

d) Tener un comportamiento ofensivo y/o violento.

e) Efectuar en el medio ambiente laboral discriminación u hostigamiento originado en prejuicios de raza, color, religión, ideológico, sexo, edad, nacionalidad, defecto físico o cualquier otro factor.

f) Realizar insinuaciones, acciones o comentarios que puedan crear un clima de intimidación, ofensa u otra forma de agresividad y hostilidad.

g) El acoso a dependientes con fines personales e interesados ejercido por los superiores jerárquicos, amparados en su cargo, constituye una acción que desvirtúa el trabajo en equipo y transparente, alterando el respecto y clima laboral óptimo que debe imperar en la Empresa.

CAPITULO 70.- El empleado que se considere objetivamente afectado por estas conductas, puede conducir sus reclamos desde el superior directo hasta los más altos niveles jerárquicos. No se admitirán amenazas, represalias ni medidas de castigo en contra de empleados que hayan efectuado estos reclamos en base a hechos ciertos y concretos.

76

PRINCIPIOS BÁSICOS DE CONDUCTA EN LAS RELACIONES COMERCIALES

ARTICULO 71.- El empleado debe EVITAR SER MAL INTERPRETADO; al efecto deberá considerar:

a) No dar información errónea o confusa.

b) Si se tuviese la sensación de haber procedido de esta manera, deberá corregirse inmediatamente la equivocación, efectuando las aclaraciones que correspondan.

CAPITULO XXIX

TRATAMIENTO JUSTO Y EQUITATIVO

ARTICULO 72.- En general, toda organización o individuo que se relacione con la Empresa tendrá derecho a un trato justo y equitativo, ya sea que dicha relación se origine en el desarrollo de una actividad de venta, compra o cualquier otra.

ARTICULO 73.- Las transacciones comerciales con los clientes se llevarán a cabo de tal manera que, dentro la misma categoría y condiciones similares, reciban el mismo trato.

ARTICULO 74.- Los Empleados de cualquier Sector no deberán gestionar reclamos de los clientes cuando no sea su función específica, es decir que no se efectuará favoritismo o trato preferencial a ningún cliente. Estos deberán canalizar sus solicitudes, reclamos y demandas en general solamente ante las oficinas comerciales y otros canales establecidos.

ARTICULO 75.- Todos los proveedores de bienes y servicios deberán ser tratados igualitariamente. En la selección de los mismos, todos los elementos considerados para la decisión serán evaluados de modo imparcial.

ARTICULO 76.- Se tenga o no influencia sobre la decisión relacionada con la evaluación y la selección de proveedores, el empleado no deberá efectuar o intentar efectuar presión o acción similar para obtener un tratamiento preferencial con determinado proveedor. También la simple apariencia de tener esta actitud podrá dañar la integridad de los procedimientos de la Empresa. Es esencial que los proveedores que compitan para realizar una negociación con la Compañía tengan confianza en los procedimientos de selección y adjudicación.

CAPITULO XXX

AMABILIDAD, CORTESIA, BUEN TRATO EN LAS RELACIONES

ARTICULO 77.- En general y necesariamente se debe mantener un trato amable con clientes, proveedores, individuos de cualquier organización y público en general.

ARTICULO 78.- Se deberá dar un buen trato (amable, cortés y justo) a los Clientes en las oficinas comerciales, por teléfono y en general en cualquier otra situación.

CAPITULO XXXI

DEL SECRETO DE LAS COMUNICACIONES

ARTICULO 79.- Los Empleados deberán respetar las disposiciones legales vigentes respecto al secreto de las comunicaciones, que sancionan los actos de escucha, violación y de interferir las mismas.

ARTICULO 80.- El secreto de las comunicaciones, además de constituir una obligación legal, es un derecho fundamental del Cliente que confía en el servicio de Entel S.A. y esperar que sus conversaciones sean privadas.

ARTICULO 81.- Cada empleado es responsable no sólo de garantizar el secreto de las conversaciones sino de salvaguardar el flujo de información en forma de datos, que podría provocar daños económicos y legales a las partes interesadas si son transferidos a terceros malintencionados.

ARTICULO 82.- Las reglas fundamentales del secreto de las comunicaciones son invariables y sus violaciones provocarían gravísimos daños a la reputación y corrección de la Empresa. Sintéticamente estas reglas son:

a) No entrometerse en una transmisión de voz, imágenes o datos.

b) No escuchar ni difundir ninguna conversación o comunicación, o permitir que estas sean controladas o registradas, excepto los casos debidamente autorizados de acuerdo a Ley.

c) No permitir a una persona no autorizada acceder a las comunicaciones transmitidas con medios de Entel S.A.. Esto incluye también la divulgación de información sobre los interlocutores o sobre el objeto de la conversación, excepto cuando esto sea autorizado por el Cliente o requerido por la correcta gestión de la actividad comercial.

d) No instalar ni consentir la instalación de ningún dispositivo que habilite a terceros escuchar, excepto en el caso de específica autorización de acuerdo a normas de la Empresa.

e) Informar al superior jerárquico inmediato si conoce que el secreto de las comunicaciones fuese violado o si se recibe un requerimiento de información por parte de terceros. Referido a cualquier servicio de Entel S.A..

CAPITULO XXXII

CUSTODIA Y USO DE LOS SERVICIOS DE COMUNICACIONES

ARTICULO 83.- Está prohibida la instalación de dispositivos o sistemas que permitan alterar o evadir el débito de la facturación en perjuicio de la Empresa. De igual manera, efectuar extensiones clandestinas y demás actos irregulares sobre el funcionamiento del servicio que brinda la compañía.

ARTICULO 84.- No está permitido efectuar llamadas para realizar actividades comerciales particulares, como tampoco llamadas de larga distancia, nacionales y/o internacionales, no correspondientes a razones laborales.

CAPITULO XXXIII

PROTECCIÓN DE BIENES DE LA EMPRESA

ARTICULO 85.— La Empresa posee diversos bienes que incluyen los bienes físicos y la información reservada. Esta última, incluye la propiedad intelectual y también la información confidencial utilizada por muchos empleados para el desarrollo de sus trabajos.

ARTICULO 86.- La protección de todos estos bienes es esencial y su pérdida, hurto o uso indebido podría ser perjudicial para la Compañía. Es responsabilidad de los Empleados no sólo proteger los bienes que les fueran confiados en relación a sus funciones sino también contribuir y precautelar la protección del patrimonio de la Empresa. Por ello, es necesario no sólo el cuidado de los bienes sino también el conocimiento y cumplimiento de los procedimientos de seguridad.

ARTICULO 87.- Cada empleado deberá estar atento a cualquier situación que pudiera conducir a la pérdida, hurto o uso indebido de los bienes de Entel S.A. y, al tener conocimiento de estas situaciones, deberán denunciarlas al superior inmediato y a los responsables indicados por las normas y procedimientos vigentes.
Los trabajadores, particularmente deberán:

a) Cerrar debidamente escritorios, oficinas, vehículos e inmuebles.

b) Reducir al máximo posible el acceso a las oficinas no destinadas a la atención de los clientes o públicos en general y los empleados de ENTEL S.A. que no tengan relaciones comerciales o propias de sus labores autorizadas.

c) Observar las normas y procedimientos vigentes, cuidando la identificación, inspección de paquetes y registro de propiedades personales.

d) Evitar derroches y daños en el empleo de los bienes de la Compañía.

e) Proteger el ingreso a sus computadoras personales, con el password de su elección.

CAPITULO XXXIV

INFORMACIÓN RESERVADA

ARTICULO 88.- Se considera información reservada, cualquiera sea el soporte que la contenga, aquella que fuera identificada expresamente de tal manera o que así fuera considerada por los niveles jerárquicos de la Empresa.

ARTICULO 89.- La información reservada incluye los planes estratégicos, comerciales, financieros y otros relacionados con la actividad de la Compañía. También comprende la información relativa al personal como las historias médicas y datos sobre las retribuciones.

ARTICULO 90.- Otro tipo de información reservada comprende los proyectos, diseños, procesos técnicos u otros relacionados con la actividad de la Empresa y cualquier información surgida de la relación entre esta y personas u organizaciones externas, además de toda información considerada como propiedad intelectual.

CAPITULO XXXV

DE LAS OBLIGACIONES RELATIVAS A LA DIVULGACIÓN Y USO DE LA INFORMACIÓN–SOLICITUD DE INFORMACIÓN

ARTICULO 91.- Es deber de cada Empleado, en calidad de productor, custodia, usuario o destinatario de información reservada, asegurarse de que la información en su posesión y/o bajo su control sea individualizada correctamente y custodiada de acuerdo a normas e instrucciones de la Empresa.

ARTICULO 92.- Ningún empleado sin contar previamente con la autorización respectiva, revelará conocimiento alguno adquirido como resultado del cumplimiento de sus funciones y en general de toda la información reservada a organización o individuo ajeno a la Compañía. Solamente se podrá revelar o utilizar información reservada en los casos autorizados por la Empresa, como por ejemplo, la información publicada en el curso normal de los negocios.

ARTICULO 93.- Durante el desarrollo de sus actividades en la compañía, los trabajadores adquieren con frecuencia información acerca de la misma, de sus negocios o de los negocios de otras organizaciones cuando ésta no está todavía al alcance del público en general. Los empleados no deben divulgar esta información, utilizarla en su propio beneficio (o de terceros) económico u obtener otro tipo de ventaja personal; tampoco podrán suministrar dicha información a terceros que obtengan beneficio de ella.

ARTICULO 94.- Si alguna persona ajena a la Empresa solicita información, ya sea en forma directa o a través de terceros, sólo deberá responder quien este autorizado a hacerlo.

ARTICULO 95.- Cualquiera que sea la circunstancia, únicamente la compañía podrá decidir a quien se le puede entregar información reservada y para qué podrá ser usada, con la excepción de los casos de obligaciones legales relativas a la publicación de informes u órdenes judiciales emitidas por la autoridad competente.

ARTICULO 96.- Considerando que la Empresa tiene relaciones de trabajo con otras organizaciones (consultoras y otros), las personas autorizadas para brindar información, deberán tomar los recaudos necesarios para que los que reciban la información en virtud al nexo que los une con Entel S.A. se obliguen a no divulgar la información recibida.

DE LOS DATOS ELABORADOS Y ARCHIVADOS EN CUMPUTADORAS

ARTICULO 97.- Los Empleados deberán dar adecuada protección contra daños, manipulación indebida, robos y acceso no autorizados a los sistemas de información computarizados y a los archivos generados por computadoras, los cuales serán considerados bienes de la Empresa y por tanto debidamente individualizados y custodiados de acuerdo a su naturaleza y/o reserva.

ARTICULO 98.- Los Empleados deberán respetar las normas e instrucciones de la Compañía sobre reproducción de software protegida y sobre su uso. Está prohibida, salvo específica autorización, la utilización para fines ajenos a los laborales de comunicación de datos de Entel S.A.

CAPITULO XXXVII

FONDOS DE PROPIEDAD DE LA EMPRESA

ARTICULO 99.- Cada empleado debe cuidar al máximo los fondos de propiedad de Entel S.A.. Estos están representados bajo formas distintas: cheques, cuentas bancarias, fondos de caja, cobros, pasajes aéreos u otros, tarjetas de crédito de la Empresa, etc.; el tenedor de fondos de la Compañía es personalmente responsable de su custodia y su correcta utilización.

ARTICULO 100.- Los fondos gastados serán objeto de rendición de cuenta documentada y deberán registrarse adecuadamente. Además, los mismos deberán destinarse exclusivamente al pago de Gastos de la Empresa. La modalidad de comportamiento en materia de gastos empresarios se informa en las instrucciones, normas y procedimientos de la Compañía; las explicaciones y/o aclaraciones sobre el uso correcto de dichos fondos podrán ser solicitadas al jefe inmediato superior.

CAPITULO XXXVIII

USO DE BIENES DE LA EMPRESA

ARTICULO 101.- Las instalaciones, materiales, equipos, vehículos, fondos financieros, sistemas y todos los recursos de Entel S.A. en general deberán utilizarse única y exclusivamente para llevar a cabo las actividades normales de la Empresa o para aquellos fines autorizados por los niveles jerárquicos competentes establecidos.

ARTICULO 102.- Los bienes de Entel S.A. no deben ser utilizados para fines personales, salvo específica autorización. Tampoco podrán ser dados en préstamo, alquilados o vendidos.

ARTICULO 103.- En el ejercicio de sus labores, los empleados deben utilizar solo los bienes autorizados. Asimismo, los empleados no utilizarán sus bienes (Ejemplo sus vehículos) para fines de la Empresa. Excepto cuando ésta específicamente lo autorice. En este sentido Entel S.A. no asume ninguna responsabilidad por el uso de propiedades cualquiera sea su naturaleza personales de los empleados en el desarrollo de su trabajo.

ARTICULO 104.- Queda prohibido el uso de vehículos de propiedad de Entel S.A. o alquilados por ésta para asuntos personales. Tampoco está permitido transportar en dichos vehículos a quienes no sean empleados, excepto en situación de emergencia o si expresamente se autorizara por la Empresa.

ARTICULO 105.- Las tarjetas de Identificación de Entel S.A. deben ser utilizadas por los empleados exclusivamente en el ejercicio de sus funciones. Las mismas son de propiedad de la Empresa y deben ser restituidas ante el pedido del Jefe inmediato o de un Sector autorizado.

DOCUMENTOS, REGISTRO Y PRESENTACIÓN DE INFORMACIÓN

ARTICULO 106.- Los documentos de Entel S.A. correspondientes a obligaciones financieras legales y operativas son de fundamental importancia; consecuentemente, su redacción y contenido exige extrema atención.

ARTICULO 107.- Toda información que registre y presente cada empleado deberá ser precisa y verídica; es decir, los formularios que se confeccionen (órdenes de compra, recibos, ingreso de materiales, etc.), los registros en libros, sistemas de computación, etc. (sobre facturación, horas trabajadas, ingresos, costos, etc.), los informes sobre trabajos realizados, gastos efectuados y en general toda información que se registre y difunda en la Empresa.

ARTICULO 108.- La rendición de cuentas respecto a los gastos, es otro informe que deberá ser preciso y verídico, pues se reembolsarán sólo los gastos razonables y efectivamente realizadas por cuenta de la Compañía y facturados a ésta.

ARTICULO 109.- Está prohibida la presentación fuera de la Empresa de informes no verídicos o que induzcan al error a quienes lo reciban. Tal comportamiento podrá tener consecuencias civiles y penales para el responsable y para la Empresa.

CAPITULO XL

OBSEQUIOS, REGALOS O SIMILARES PERMITIDOS Y PROHIBIDOS

ARTICULO 110.- Respecto a la oferta o recepción de obsequios, atenciones, regalos o similares de empresas, clientes u otras personas con las que se relaciona Entel S.A. existe un límite establecido por las características del regalo, mas allá del cual se desvirtúa la relación comercial. En este último caso, su aceptación puede interpretarse como un acto de cohecho.

ARTICULO 111.- Está permitido ofrecer o aceptar algunas atenciones normales de negocios, tales como comidas, si los gastos efectuados se mantienen dentro de límites razonables.

ARTICULO 112.- Ningún empleado podrá ofrecer ni hacer ningún obsequio a favor (dinero, regalo o similar), directa o indirectamente a un ejecutivo, funcionario, empleado u otro representante de un proveedor, cliente, ente de la Administración Pública u otra organización, si este hecho pudiera ser interpretado como conectado a la relación comercial de la Empresa.

ARTICULO 113.- La Gerencia de Relaciones Públicas determinará y comunicará los criterios y modalidades a seguir en cuanto concierne a la realización de regalos empresarios de carácter extraordinario o de carácter corriente (Ejemplo: regalos de fin de año).

ARTICULO 114.- Ningún empleado, directa o indirectamente (por ejemplo a través de un familiar), podrá solicitar o aceptar de un proveedor o de un cliente que tenga o pretenda tener relaciones con la compañía dinero u otros obsequios, si este hecho pudiera ser interpretado como conectado a la relación comercial de la Empresa.

ARTICULO 115.- El empleado que recibiera la oferta de un obsequio no permitido (dinero, un regalo o algún otro beneficio económico financiero), por su intervención en las relaciones normales que la Empresa mantiene con proveedores, DEBERÁ RECHAZARLO y en su lugar solicitar un beneficio a favor de EntelS.A. dentro de la relación comercial o económica corriente (bonificaciones, descuentos, etc.), cuando dicho obsequio fuese ofrecido por un cliente también DEBERÁ RECHAZARLO pues su aceptación esta prohibida ya que EL CLIENTE TIENE DERECHO AL SERVICIO.

CAPITULO XLI

DEL CONFLICTO DE INTERESES

ARTICULO 116.- La Empresa respeta la vida privada de los empleados aunque eventualmente podría producirse un conflicto de intereses si un trabajador se comprometiese en una actividad externa o persiguiese intereses personales a expensas de los intereses de la Empresa. Con el fin de evitar conflictos de intereses, es necesario determinar lo siguiente:

a) Sin autorización expresa, el dependiente de la Empresa no podrá trabajar para otra organización que preste los mismos servicios que Entel S.A., ya sea como empleado, consultor, miembro de su dirección o participar en sus decisiones. Tales actividades están prohibidas porque crean una situación dudosa a la lealtad a nuestra Compañía.

b) No comercializar por su cuenta ninguno de los servicios que presta Entel S.A. recibiendo por ello una remuneración o beneficio directo o indirecto.

c) No ser proveedor de Entel S.A. ni representarlo o cumplir para la empresa proveedora funciones de dirección u otras susceptibles de incidir en sus decisiones.

d) No cumplir funciones de consultoría para un proveedor o aceptar dinero u otros beneficios por asesoría o servicio que pudiese prestarle a causa de la relación comercial de dicho proveedor con la Empresa.

e) No realizar u ofrecer un trabajo ajeno a la actividad de la Compañía en las oficinas de ésta o mientras se encuentre cumpliendo su horario o durante un permiso remunerado que se le haya dado para resolver asuntos personales. Tampoco podrá utilizar para dichos fines los equipos, teléfonos, materiales, información reservada y otros recursos de Entel S.A.

f) Si el cónyuge u otro miembro de la familia directa o cualquier persona cercana a un empleado de la Empresa es proveedor o empleado por éste, se considerara que existe un posible conflicto de intereses según sea: la función del empleado de Entel S.A. (por ejemplo si tiene intervención en las compras o contrataciones), la función del pariente o persona cercana a éste o el acceso que tenga cada uno a la información reservada de sus respectivas empresas.

g) Cuando un empleado tenga intereses financieros en una Empresa con la cual Entel S.A. tenga relaciones comerciales (por ejemplo un proveedor), se considerará que existe un posible conflicto de intereses si por su función en la Empresa pudiese tomar acciones que protejan o mejoren dicha inversión.

h) Cuando un trabajador (cualquiera sea su nivel o ubicación en la Empresa) está facultado o en posibilidades de opinar, sugerir y/o determinar una adjudicación, concesión u otra acción a favor de terceros que pretendan realizar algún negocio o tener un vínculo comercial con la Empresa y tenga el empleado relación de amistad, familiar, o de cualquier otra naturaleza con los terceros, debe excusarse de participar en este hecho.

ARTICULO 117.- Es responsabilidad de cada Empleado de Entel S.A.:

a) Evitar situaciones en las cuales su lealtad a la empresa pueda resultar afectada objetivamente.

b) Consultar con su superior inmediato o con la Gerencia de Legales antes de comenzar o proseguir una actividad externa que pueda crear un conflicto de intereses con la Empresa.

c) Si el trabajador efectúa una actividad externa, cualquiera que sea o pueda llegar a ser incompatible con los intereses de Entel S.A., deberá declararlo mediante nota dirigida a la Gerencia de Recursos Humanos la cual indicará el curso de la acción a seguir.

CAPITULO XLII

EXPRESIÓN DE OPINIÓN SOBRE CUESTIONES PÚBLICAS
ARTICULO 118.- Cuando cualquier empleado exprese su opinión sobre cuestiones públicas, es necesario que lo haga a título personal, sin dar nunca la impresión de hablar o actuar por cuenta de Entel S.A., salvo que se encuentre debida y formalmente autorizado.

DE LA ACTIVIDAD PÚBLICA
ARTICULO 119.- Cualquier empleado podrá, en calidad de ciudadano, participar en actividades públicas y asumir cargos cívicos. Sin embargo, deberá garantizar la ausencia de conflictos de intereses (presentes y futuros) entre su empleo en Entel S.A. y su cargo público, sea éste voluntario, electivo u obtenido mediante designación.

ARTICULO 120.- La Empresa no realiza aportes, financiamientos ni contribuciones políticas, quedando prohibido el uso de fondos y otros bienes de su propiedad como fotocopiadoras, equipos de computación vehículos, teléfonos, y otros destinados al soporte de la actividad de partidos políticos o a la elección de un candidato. Entel S.A. se empeña en que en el interior de la empresa sea respetado el derecho constitucional para la empresa y/o utilizando sus bienes.

CAPITULO XLIII

FUNDAMENTOS Y PRINCIPIOS GENERALES DEL CÓDIGO DE ÉTICA

ARTICULO 121.- Las normas anteriores tienden a privilegiar la importancia del respeto por parte de los trabajadores del más alto nivel de la ética, que constituye la garantía para mantener la confianza de los clientes y el respeto del público.

ARTICULO 122.- Cada empleado es personalmente responsable de sus acciones y su integridad profesional constituye un hecho de conciencia personal. Ningún acto ilícito puede ser justificado aduciendo que ha sido ordenado por un superior jerárquico y asimismo, nadie, independientemente de su jerarquía, esta autorizado o tiene competencia para ordenar un acto deshonesto o contrario a la ética.

ARTICULO 123.- Este título referido al comportamiento ético, contempla reglas generales. Su contenido deberá comprenderse considerando las más amplias líneas de conducta ética y las demás normas, procedimientos e instrucciones de la Empresa.

ARTICULO 124.- La ausencia de una regla o de indicaciones de comportamiento específico, referidas a una o distintas situaciones, no exime al empleado de una conducta correcta.

ARTICULO 125.- Las violaciones o presunciones de incumplimiento a cualquier norma enunciada en el presente documento o en otras normas, procedimiento e instrucciones de la Empresa, deberán ser inmediatamente informadas al superior jerárquico.

ARTICULO 126.- Están prohibidas las amenazas y/o sanciones a cualquier empleado que de buena fe y razonable convicción haya informado sobre violaciones a las normas o sospecha de tales.

HOMOLOGACIÓN DEL MINISTERIO
DE TRABAJO

República de Bolivia
MINISTERIO DE TRABAJO
Y MICROEMPRESA

RESOLUCIÓN ADMINISTRATIVA No. 0568/01
La Paz, junio 18 de 2001

VISTOS:

La nota enviada de fecha 8 de Mayo de 2001, solicitando la Homologación del CONVENIO LABORAL, suscrito en fecha 07 de junio de 2001, entre la "EMPRESA NACIONAL DE TELECOMUNICACIONES (ENTEL S.A.)" representada por los Sres. Giacinto Maddalena (Gerente de Recursos Humanos) Carlos Vilar (Gerente de Relaciones Industriales) y el comité ejecutivo nacional de la "FEDERACIÓN SINDICAL DE TRABAJADORES DE ENTEL" representado por los Sres. Mario Sánchez (Secretario Ejecutivo), Fernando Arias (Secretario General), Luciano Sanjines (Secretario de Relaciones), Edgar Loras (Secretario de Hacienda), Patricia Murguia (Secretaria Organización), Fernando Deri (Secretario de Conflictos) y Norah Ajllon (Secretaria Permanente), documentación adjunta y todo lo demás que convino y se tuvo presente.

CONSIDERANDO:

Que corresponde a las autoridades de Trabajo garantizar el cumplimiento de acuerdos directos entre Empleadores y Trabajadores siempre que sus estipulaciones no contravengan Leyes Laborales y sociales en actual vigencia.

POR TANTO:

La Dirección Nacional de Trabajo, en uso de sus facultades y atribuciones conferidas por la Ley y el Estatuto Orgánico del Ministerio de Trabajo y Microempresa, una vez revisados aquellos antecedentes

RESUELVE:

HOMOLOGAR: El CONVENIO LABORAL, suscrito en fecha 07 de junio de 2001, entre la "EMPRESA NACIONAL DE TELECOMUNICACIONES (ENTEL S.A.)" y el comité ejecutivo nacional de la "FEDERACIÓN SINDICAL DE TRABAJADORES DE ENTEL", para que se cumpla como Ley entre partes conforme al Art. 6 de la Ley General de Trabajo y el Art. 519 del Código Civil.

Regístrese, comuníquese y archívese

ORIGINAL FIRMADO POR:
Dr. Nelira Reyes Brizuela
DIRECTORA GRAL. DE TRABAJO
Min. de Trabajo y Microempresa

Dirección
Nacional de
Trabajo

MINISTERIO DE
BOLIVIA

91

243

Entel

La Paz, 15 de Junio de 2001
GRH 044.01

Señor
Dr. Jorge Pacheco Franco
MINISTRO DE TRABAJO Y MICROEMPRESA
Presente.-

REF.: ACLARACION FECHA OFICIO GRH 042.01

Señor Ministro:

El 11 de junio pasado presentamos a su Despacho la solicitud de homologación de un acuerdo de trabajo suscrito entre ENTEL S.A. y la representación nacional sindical de sus trabajadores. Este oficio, cuya fotocopia adjuntamos, consigna por un error de impresión el mes de mayo cuando en realidad ha sido suscrito el 8 de junio del año en curso, aspecto que respetuosamente solicitamos se tenga en cuenta.

Agradeciendo su atención, saludamos a Ud. atentamente.

Entel S.A.
Gerente de Recursos Humanos
Giacinto Maddalena

Mario Sanchez
Secretario Ejecutivo
C.E.N. de FESENTEL

c.c. : Arch.

93

COMENTARIOS

República de Bolivia
MINISTERIO DE TRABAJO
Y MICROEMPRESA

EL MOVIMIENTO LABORAL BOLIVIANO
A LA VANGUARDIA EN LATINOAMÉRICA

A pesar de sus limitaciones estructurales y de su actual estado de desarrollo económico y social, Bolivia se ha caracterizado casi siempre por un vigoroso movimiento laboral que ha colocado al país, muchas veces a lo largo de la historia latinoamericana, en una posición de vanguardia.

De manera particular, la presencia activa de los trabajadores en nuestra historia republicana se hizo fundamental después de la Guerra del Chaco y durante el período de transición de la Bolivia feudal a la Bolivia moderna, cuando el movimiento sindical jugó un papel preponderante en el rico proceso de transformaciones que vivió nuestro país.

Bajo el nuevo entorno que vive nuestro país, como el resto del mundo, caracterizado por el creciente proceso de globalización ya no sólo de la economía, sino también de las corrientes políticas y sociales, nuevas experiencias en el ámbito de las relaciones empresa-trabajadores abren otra vez el sendero hacia experiencias capaces de colocar al movimiento sindical boliviano nuevamente a la vanguardia en el Continente.

El ejemplo más claro de la corriente renovadora que impulsa al sindicalismo en Bolivia es el más reciente Acuerdo alcanzado entre la primera empresa de telecomunicaciones (ENTEL) y la federación que agrupa a sus trabajadores (FESENTEL).

Por primera vez en nuestro país, una empresa y sus trabajadores encontraron el mecanismo para actuar juntos, en un nuevo entorno de libre competencia, en el interés común de garantizar el logro de los objetivos compartidos.

El Acuerdo, consecuencia lógica del diálogo constructivo, establece en ENTEL un novedoso y revolucionario sistema de relaciones industriales destinado a preservar los intereses conjuntos de ambas partes, constituidas en un todo.

Para ello, el sistema cuenta con los instrumentos necesarios y adecuados no sólo para concordar los objetivos empresariales, sino también para diseñar el camino a recorrer para alcanzarlos mediante una permanente y constante superación profesional y técnica de los recursos humanos y, fundamentalmente, para aprovechar de manera integral la moderna tecnología que existe en la actualidad, en la perspectiva de prestar más y mejores servicios a la ciudadanía. En resumen, para contribuir de manera cierta y efectiva al desarrollo no sólo de un sector, sino del país en su conjunto.

97

República de Bolivia
MINISTERIO DE TRABAJO
Y MICROEMPRESA

Se trata, sin dudas, de una experiencia inédita en Bolivia y, muy probablemente en Latinoamérica. Una experiencia capaz de marcar nuevos senderos para el movimiento sindical, a partir de una nueva concepción de lo que deben ser las relaciones entre una empresa y su capital humano, en un mundo en el que la imaginación de todos los actores del proceso productivo debe jugar un rol preponderante para superar los desafíos cada vez más exigentes de la competencia y la competitividad.

La Paz, 1 de Agosto de 2001

Edgar Azeñas Soza
DIRECTOR GENERAL DE EMPLEO, SALARIOS
Y MIGRACION LABORAL
MIN. DE TRABAJO Y MICROEMPRESA

Dr. Nativo Reyes Durado
DIRECTOR GRAL. DE TRABAJO
Min. de Trabajo y Microempresa

NUEVA FORMA DE UNIDAD

La situación social del trabajador se complica cada día más en todos los países llamados "en vía de Desarrollo", del " tercer mundo", o los "HIPIC" (que deviene del inglés: los "Países pobres altamente endeudados"). Entre esos países, infelizmente, Bolivia ocupa el primer lugar en cuanto a informalidad (corrupción) de la América del Sur, y también el primer lugar en pobreza.

Esta lamentable situación nos exige, en particular a los trabajadores, un exhaustivo análisis en función de los cambios registrados en los últimos tiempos, como la globalización, que nos introduce en el mundo del libre mercado que nos está sumiendo en un proceso de recesión que pinta de negro el panorama nacional.

En ese marco y ante semejante desafío, lo más grave para los trabajadores es que muchas empresas recurren, en gran medida, al fácil expediente de la reducción (relocalización) o al despido, incrementando el desempleo y la consiguiente miseria.

Por lo general, las autoridades de gobierno acatan dócilmente directivas de organismos foráneos, que no siempre conocen las peculiaridades del país, o aplican normas de otros países con resultados negativos. Se sabe bien de los proyectos de flexibilización de los Códigos del Trabajo y la Seguridad Social, que en los hechos ya se están aplicando cuando permiten trabajos de maquila, contratos por períodos menores a 90 días para eludir derechos sociales (aguinaldos, desahucios, indemnizaciones por tiempo de servicios), etc. Y nadie reclama por temor al despido. No es solución la que se obtiene mediante bloqueos o convenios que no se cumplen o que logran beneficios parciales o individuales. Esta situación nos está dividiendo, y cada vez somos más débiles. Hay que buscar medios o instrumentos que nos unan. Sólo unidos somos fuertes.

Las empresas no podrán funcionar si sólo cuentan con maquinaria moderna y tecnología de punta. Necesitarán siempre de trabajadores, técnicos y científicos. En resumen, del elemento humano, que es el motor de la producción. Algo más: debemos retornar al reconocimiento innato de que todo se mueve alrededor del hombre y todo hay que crear, hay que hacer, en servicio del hombre. De otro modo, sería cierta la teoría de Fukuyama. Pero como no se terminó la historia, nosotros tenemos un valioso instrumento legal que está escrito en la Ley General del Trabajo: el Contrato Colectivo.

99

Los trabajadores de una empresa, a través del sindicato, pueden realizar una negociación colectiva estableciendo todas las condiciones establecidas. Por ese camino se pueden lograr beneficios mayores o no previstos en las leyes pero nunca por debajo. La concertación de ese tipo de acuerdos redundará en la garantía y seguridad del trabajador. Pero, fundamentalmente, en el reconocimiento tácito del sindicato, hoy muy venido a menos.

El convenio así negociado supone que a ambas partes les interesa la subsistencia y la superación de la empresa, lo que las obliga al cumplimiento de lo pactado en beneficio de todos. En preservación de la propia fuente de trabajo y frente a la creciente competencia, ambas partes deben cumplir sus específicas tareas con responsabilidad y honestidad. Deben buscar, también, su propia superación Capacitarse para enfrentar el desafío. Desde la posición del trabajador, además de contribuir al objetivo común, una cada vez mayor capacitación redundará, por lógica, en el incremento de su remuneración.

Allí donde se abre esa posibilidad, los trabajadores tenemos la oportunidad de unirnos, para trabajar con garantía y seguridad mediante el sindicato, con autoridad y fuerza. Estaremos creando así una unidad de trabajo fuerte y organizada. En la medida en que vayan creándose estas unidades, estaremos sentando las bases para la fortificación de nuestras federaciones y confederaciones, hasta culminar con una otra vez fuerte y unitaria CENTRAL OBRERA BOLIVIANA, que representará dignamente a todas las unidades de producción del país, camino único para edificar una nación que cimentará su futuro en base de la producción de bienes y servicios.

Por todo esto, felicito a los trabajadores de FESENTEL, y a ENTEL, que se han dado este sistema legal de convivencia obrero–patronal.

agosto de 2001

Noel Vásquez Valdez*

* Contador, Ex Secretario. Permanente de la C.O.B. Ex Dirigente de la Federación Sindical de Trabajadores Mineros de Bolivia, Diputado Obrero, Control Obrero en al Empresa Minera Quechisla, Director, en tres periodos, de la COMIBOL.

100

EL CAMBIO DE LAS
RELACIONES INDUSTRIALES

Poco trabajo cuesta, porque resalta, encontrar la presencia de la **voluntad de cambio para cambiar**, en los textos del llamado "Acuerdo del Lago", Puerto Pérez, del 7 de junio de 2001, firmado entre los representantes de la empresa ENTEL y los trabajadores, Fesentel.

Pareciera que las vueltas y coqueteos de la historia maduran con el transcurso del cernidor del tiempo.

Años hace que, en los vericuetos de las luchas por conseguir, los unos mayores niveles de vida, y los otros por aumentar sus ganancias—representadas esas partes, respectivamente, por sus sindicatos y por empresas monopólicas, y otras aspirantes a serlo— aparecen voces, intentos de ahorrar energías de ambas partes, sustituyendo en espera de lo que la evolución de las sociedades puede traer, la característica belicosa de las aspiraciones en lucha de los contendientes, por términos de acuerdos posibles que se condensaron en las llamadas tentativas de cogestión obrero - patronal; que nuestro país también llegó a lograr y que no es del caso historiar.

Esa voluntad, parece, ha madurado con el tiempo, aun en nuestro país, como lo expresa el motivo que comentamos, del Acuerdo del Lago, que señala no solamente para el país, sino para la región sudamericana, por lo menos, y, porque no, para el continente, un rumbo novedoso y que se enlaza a una madurada voluntad de cambio para cambiar.

¿Fruto de la obligada -los medios de comunicación señalan- observancia de lo que sucede con las diferencias de pensamiento político, de credo religioso, de influencias y aspiraciones culturales, étnicas, etc. que culmina en este crepitar de guerras criminales –como todas-- que significan un desarrollo histórico de la codicia y crueldad de que lastimosamente es capaz la especie?

¿Producto de la consideración de estudiosos empresariales y tecnológicos, que ante el anatema centralizador y monopólico de los "grandes" que día a día fusionan gigantes para serlo más, y ante lo que se arriba a la conclusión de que la primera fusión que, para subsistir, es necesario lograrla de entre los que integran el conglomerado de trabajadores, empleados, administrativos, técnicos, directivos de una empresa de servicios que reclama un lugar bajo el sol?.

O, finalmente, ¿florecimiento de las particulares sensibilidades humanas de unos y otros, laborales y empresarios, por el rechazo de sus sentidos a hundirse también en las náuseas de las contiendas de lobos desatados en el lado oscuro del ser, por motivos económicos, religiosos, políticos, étnicos u otros?.

Resultado de alguna, o de todas esas posibles motivaciones, ahí está el citado Acuerdo del Lago, cuya simplificación en términos sencillos podría traducirse así:

"Entel: Bueno...el panorama de la competitividad establecida por los monopólicos y poderosos, así como por el de las variantes tecnológicas con que la justifican, y de todo lo cual hemos hecho conocer a ustedes, nos lleva a elaborar una estrategia empresarial cuyos términos son los siguientes, y que buscan asegurar tanto el funcionamiento de nuestra entidad como el de asegurar las fuentes de trabajo que la misma ofrece...

"Fesentel: Por toda la información que nos han hecho ustedes conocer, nos damos cuenta de que el tiempo venidero es difícil para la empresa y para nosotros, consiguientemente...Por eso, damos acuerdo a medidas ineludibles, pero queremos que ustedes conozcan también nuestra problemática, resultado de nuestros salarios, horarios, viáticos, seguros, etc...

Y creemos que sin dejar de lado nuestro planteo de algunas medidas que ustedes puedan aportar a la solución de nuestra problemática, corresponde que unamos esfuerzos en procura de facilitar las mismas...".

Y es claro que los tira y afloja puedan proseguir, entre Entel y Fesentel, pero sobre la nueva base de que ellos serán tratados con un espíritu renovado, de que conseguirlos es obra de un incesante concordar, a través de las herramientas que establece el Acuerdo del Lago, como el diálogo sistemático y permanente, o como esa Comisión para la Formación... y otras que tal vez el funcionamiento del Nuevo Sistema de Relaciones Industriales, acordado por las partes, pueda requerir...

102 _____

Y entre las que, ojalá para cultivar y asegurar el **cambio para cambiar,** podría llegar a sustanciar la de una Comisión de Cultura...

Porque siendo de Perogrullo la verdad de que el ser humano realiza un conjunto de necesidades físicas y espirituales, será de interés común, de ENTEL y Fesentel, el de procurar atender así como a la formación tecnológica, a la de la atención de las tendencias, vocaciones, hasta instintivas, por ejemplo a las actividades artísticas y por lo tanto culturales, que son las que para y desde el individuo, la unidad, lo humanizan, con el ejercicio de **sus** sentidos, que integran su irrenunciable sensibilidad e imaginación.

Así, la revolución apuntada al comienzo, de que el Acuerdo del Lago muestra una voluntad de cambio para cambiar... se completaría positivamente con la de que esto sea para **humanizar,** o neohumanizar al individuo y su proyección que es la colectividad, lo que constituye una hasta inconsciente –por eso a veces escondida–voluntad de la especie... de nuestra especie, de la que "no debemos diferir"...

agosto de 2001

Liber Forti*

* Hombre de teatro que participó activamente como asesor cultural de la Federación Sindical de Trabajadores Mineros de Bolivia y la COB.

GLOSARIO

Business = Negocio

Bussines as usual = Negocios como de costumbre

Change management = Gestión de Cambio

Controller = Experto en Control de Gestión

Coaching = Entrenamiento

Downsizing = Reducción de personal

E-learning = Enseñanza a distancia

Gainsharing = Participacion en utilidades

Job sharing = Trabajo compartido.

Know how = Conocimiento

Management = Gerenciamiento

Managers = Gerentes

Manpower externo = Manodeobra externa a la empresa

Meeting = Reunion

Networking = Trabajo conectado

Nick name = Apodo

Outplacement = Recolocación

Part time = Tiempo parcial

Reward = Recompensa

Shock = Golpe

Social shock absorbers = Amortiguadores sociales

Software = Soporte logico de un sistema informatico

Tournover = Cambio de personal

Welfare = Bienestar Social

BIBLIOGRAFÍA

Alles, M. *Dirección Estratégica de Recursos Humanos*, Ganica, Argentina.

Biasca, R. E. *Resizing*, Macci, Argentina.

Barragán, R. *El estado del Estado en Bolivia. Informe Nacional sobre Desarrollo Humano*, PNUD, Bolivia.

Börth, C. *Puentes para un diálogo democrático. Proyectos de constitución y estatutos: compatibilidades y diferencias*, Instituto Latinoamericano de Investigaciones Sociales, Bolivia.

Chávez León, M. *Autonomías indígenas y Estado Plurinacional, Revista* OSAL (Observatorio Social de América Latina), Argentina.

Claure, G. *Legislación laboral aplicada*, La Hoguera, Bolivia.

Craig, R. *La Revolución Capitalista en Latinoamérica*, Oxford Press, México.

De La Fuente, J. *Los alrededores de la Asamblea Constituyente*, Tinkazos, Bolivia.

FSTMB-SIDIS. *Evolución de la Lucha Política de los Trabajadores Mineros*, Ediciones Gráficas, Bolivia.

Fundación Milenio. *La Capitalización, cinco años después*, Creativa, Bolivia.

García Linera, A. *La Condición Obrera*, Muela del Diablo, Bolivia.

García Linera, A.; Chávez, M. y Costas, P. *Sociología de los movimientos sociales*, Plural, Bolivia.

García Linera, A.; Tapia, L. y Prada, R. *La transformación pluralista del Estado*, Muela del Diablo, Bolivia.

Gómez, G. *El Hombre y la economía en el pensamiento del CHE*, Pueblo y Educación, Cuba.

Grondona, M. *La Corrupción*, Planeta, Argentina.

Jiménez, R. (*Lecciones de Derecho Laboral*, Popular, Bolivia.

Moreno, J. C. *Modificar la Ley General y el Procedimiento Laboral*, Latinas Editores, Bolivia.

Moreno, J. C. *Fundamentos de Derecho del Trabajo y Procedimiento*, Latinas Editores, Bolivia.

Moreno, L. *En Defensa Propia, cómo salir de la corrupción*, Sud Americana,

Argentina.

Orozco, S. *Trayectoria política e ideológica. Historia del Movimiento al Socialismo (MAS)*, Revista Barataria, Bolivia.

Peña, A. (*Legislación Laboral Boliviana*, Peña del Villar, Bolivia.

PNUD, Bolivia. *Culturas Obreras y Empresariales*, Offset Boliviana Ltda., Bolivia.

Rivera, S. *Oprimidos pero no vencidos*, Yachay Wasi, Bolivia.

Sandoval, I. *Convenio o Contrato Colectivo de Trabajo*, Sirena, Bolivia.

Sandoval, I. *Derecho del Trabajo*, Sirena, Bolivia.

Sandoval, I. *Legislación del Trabajo*, Los Amigos del Libro, Bolivia.

Thomson, S. *Revolutionary horizons in Bolivia*, Verso, UK.

Zavaleta, R. *150 años de historia*, Los Amigos del Libro, Bolivia.

Zegada, L. *Ley General del Trabajo*, Juventud, Bolivia.